# 中国居民收入分配调节问题研究

## ——走中国特色社会主义共同富裕之路

沈水生 / 著

STUDY ON THE ADJUSTMENT OF
INCOME DISTRIBUTION OF CHINESE RESIDENTS

FOLLOW THE PATH OF
COMMON PROSPERITY UNDER SOCIALISM WITH
CHINESE CHARACTERISTICS

中国劳动社会保障出版社

**图书在版编目(CIP)数据**

中国居民收入分配调节问题研究：走中国特色社会主义共同富裕之路/沈水生著. -- 北京：中国劳动社会保障出版社，2022

ISBN 978-7-5167-5308-8

Ⅰ. ①中… Ⅱ. ①沈… Ⅲ. ①国民收入分配-研究-中国 Ⅳ. ①F126. 2

中国版本图书馆 CIP 数据核字(2022)第 032433 号

**中国劳动社会保障出版社出版发行**

（北京市惠新东街 1 号　邮政编码：100029）

*

北京虎彩文化传播有限公司印刷装订　新华书店经销

787 毫米×1092 毫米　16 开本　17. 25 印张　212 千字

2022 年 4 月第 1 版　2022 年 4 月第 1 次印刷

**定价：68. 00 元**

读者服务部电话：（010） 64929211/84209101/64921644

营销中心电话：（010） 64962347

出版社网址：http://www. class. com. cn

# 前言

本书是在我 2021 年 5 月答辩通过的博士论文《中国居民收入分配调节问题研究》基础上稍做调整而成。

2021 年 8 月 17 日，习近平总书记主持召开中央财经委员会第十次会议，研究扎实促进共同富裕问题。习近平总书记在会上发表重要讲话强调，共同富裕是社会主义的本质要求，是中国式现代化的重要特征，要坚持以人民为中心的发展思想，在高质量发展中促进共同富裕。促进共同富裕，既需要解放和发展生产力，也需要调节好居民收入分配。将这篇博士论文公开出版，是希望其对理论界和实务界在研究落实促进共同富裕这一宏伟战略时能有所裨益。

收入分配问题既是经济问题，也是社会问题、政治问题，是人类社会的永恒话题，古今中外概莫能外。在人类历史上，王朝政权的更替往往与收入分配严重不公有关。由于收入分配问题的重要性、现实性，现代经济学产生后，收入分配问题一直是经济学界研究的重要内容。西方经济学鼻祖威廉·配第、亚当·斯密、大卫·李嘉图和马克思主义政治经济学创始人卡尔·马克思，都将收入分配问题作为重要乃至主要研究对象，此后的 200 多年时间里，研究收入分配问题的成果汗牛充栋。在现在和将来，对收入分配问题也仍然需要结合现实情况与时俱进地进行研究。

社会对收入分配问题的关注，首先是居民收入分配结果，即一个国家的国民收入在全体居民中进行分配的方式、数量、格局；其次是收入分配制度，即一个国家实行的关于居民收入分配的法律制度，这是居民收入分配结果的最大影响因素。当前，国内外各界对居民收入分配结果和收入分配制度也是高度关注。

近些年来，世界上一些国家民粹主义盛行，其根源之一在于居民收入分配结果出了大问题。中国国内也有一些人因为对居民收入分配结果不满，进而否定中国特色收入分配制度甚至否定改革开放。那么，应该如何全面客观地评价中国的居民收入分配结果？这是一个亟待回答的现实问题。党的十九届四中全会围绕坚持和完善中国特色社会主义制度、推进国家治理体系和治理能力现代化，提出了“坚持和巩固什么、完善和发展什么”的重大命题。为了贯彻落实好党的十九届四中全会精神，更好地调节中国居民收入分配，逐步实现全体人民共同富裕，对于中国特色收入分配制度应该“坚持和巩固什么、完善和发展什么”？这是一个需要回答的理论问题。正是着眼于探讨回答以上两个紧密相关的现实和理论问题，我对中国居民收入分配调节问题开展了研究，完成了自己的博士论文。

为了回答以上第一个问题，全面客观地评价中国的居民收入分配结果，首先和最关键的一步是研究确定科学的评价标准，即科学地设定居民收入分配结果的理想状态，这种理想状态也就是完善收入分配制度、加强居民收入分配调节的目标。从已有文献来看，目前研究成果在评价中国居民收入分配结果时，其参照标准是“兼顾效率与公平”、收入差距适当、基尼系数保持在 0.4 以下。这些已有研究成果从局部看是正确的，但是不够全面，因而在指导实践时可能出现偏差，比如一些人仅仅以收入差距为标准来评价收入分配结果，进而得出吃不饱饭但收入差距小的计划经济时期比收入水平不断提高、生活水平蒸蒸日上的改革开放时期更好的错误结论。本论文第二章运用经济学、社会学、心理学理论，分别从财富视角、社会系统功能视角、社会心理视角，探讨居民收入分配结果的理想状态。提出理想状态不仅是理论界和实务界以及社会公众通常所关注的“兼顾效率与公平”、缩小收入差距、基尼系数保持在 0.4 以下，而且应该是一套复合的指标体系：从价值取向来衡量，理想的居民收入分配结果应该“效率与公平并重”；从社会功能来衡量，理想的居民收入分配结果应该能充分发挥保障功能、激励功能、资源配置功能、经济稳定功能四大功能；从特征来衡量，理想的居民收入分配结果应该“自然资源公有、劳动所得最多、分配方式公平、主体比例适合，守住民生底线、收入差距适当、水平不断提高、促进经济增长”。“自然资源公有”指的是对于稀缺性的不可再生的自然资源，不应该作为居民收入分配的对象，也不应该允许任何居民以自己的收入去购买或以其他方式取得所有权，而应该实行公有制，从而阻却任何个人获得、继承这类稀缺性的不可再生的自然资源的所有权，让这类财富永远地、可持续地为全体国民所有、使用。“劳动所得最多”指的是按劳分配为主体，劳动所得在居民可支配收入中占比应达到一半以上，成为居民收入的主体。“分配方式公平”指的是居民收入分配方式应该具有合法性、合理性、合情性。“主体比例适合”指的是在国民总收入的分配中，政府、企业和居民三大主体之间应该保持对于当时当地适当的比例；要让政府获得适当比例的收入并监督其为国民提供个人难以提供的公共产品，让企业获得适当比例的收入以使其有动力（有创造就能多得）、有能力（有积累和投资）不断创新和生产更多更好的产品，让居民获得适当比例的收入以满足其对美好生活的向往并且发挥居民收入分配的经济稳定功能，从而促进经济可持续增长，不断“做大蛋糕”。“守住民生底线”指的是在居民收入的分配中，应该发挥其保障功能，保障包括无生产要素、未对创造和生产国民总收入（经济财富）做出贡献的居民在内的全体国民都能获得生存必需的收入，从而守住人道主义的底线，弘扬人类文明，维护社会和谐稳定。“收入差距适当”指的是努力形成社会整体期望的居民收入分配格局，保持居民之间收入的适当差距。一般来说，“绝对平均主义”收入分配格局、“相对平均主义”收入分配格局、“贵族-平民”收入分配格局、“城乡二元”收入分配格局都是社会整体可接受的收入分配格局，但是公认最理想的是“橄榄型”收入分配格局。“水平不断提高”指的是在居民收入的分配中，应该努力实现社会个体对于本人和家庭的收入能够满足客观存在的生活需要、满足随着时间推移而不断增长的心理期望，从而让大多数国民都能拥有越来越多的收入，筑牢越来越厚实的物质基础，生活越来越幸福。“促进经济增长”指的是在居民收入的分配中，应该按照各类生产要素以及非生产要素财产在直接或间接创造和生产国民总收入（经济财富）中贡献的大小来分配，从而发挥居民收入分配的激励功能、资源配置功能；应该让企业获得适当比例的收入以进行积累和投资，而不能分光吃光，从而提高全社会的经济效率，创造更多更好的经济财富。

接着，本论文第三章研究了中国居民收入分配结果的现实状况。一是基于实地调研、运用归纳法分析现实中居民收入分配的方式，以用于评价居民收入分配结果是否符合理想状态中的“分配方式公平”。目前，国家统计局将居民可支配收入的来源划分为四类：工资性收入、经营净收入、财产净收入、转移净收入。这是一种高度概括的划分。本论文根据对现实状况的调研和总结，认为目前居民获得收入的具体途径更加复杂多样，归纳起来可分为八大类别近四十种方式，包括劳动收入（含工资、经营性收入、劳务收入、名人效应收入）、资本收入（含直接投资收入、间接投资收入）、其他生产要素收入（含土地要素收入、知识要素收入、技术要素收入、管理要素收入、数据要素收入）、非生产要素的财产性收入（含财产出租收入、财产买卖价差收入）、政府转移支付收入（含从政府及其部门获得的货币收入、从政府及其部门免费或低价获得的实物、从政府及其部门免费或低价获得的公共服务、从政府及其部门免费或低价获得的基础设施和公共服务设施使用权、从政府及其部门获得的税费减免、职务消费）、社会转移收入（含馈赠和遗产收入、社会捐助收入、社会奖励收入、志愿服务、互联网打赏等其他社会转移收入）、赔偿补偿收入（含赔偿收入、补偿收入）、非法收入（含居民通过犯罪或违反行政法律、民事法律等十多种违法手段而获得的收入）。二是采取定量研究与定性研究相结合方式，研究国民总收入和人均国民收入的水平和增长，以用于评价是否符合“促进经济增长”。三是研究国民收入分配中居民收入所占比例、居民可支配收入中劳动收入所占比例，以用于评价是否符合“主体比例适合、劳动所得最多”。四是研究人均可支配收入的水平和增长、人民生活水平变化、减贫情况，以用于评价是否符合“守住民生底线、水平不断提高”。五是采用欧希玛指数、五等份分组法、极差指标等方法测量城乡收入差距、区域收入差距、行业收入差距、所有制收入差距、群体收入差距，同时探索使用数据折线图方法，直观形象地展现各类收入差距状况，以用于评价是否符合“收入差距适当”。

然后，本论文第四章通过对中国居民收入分配结果的现实状况与理想状态进行比较，回答了“如何全面客观地评价中国的居民收入分配结果?”这一现实问题。本论文认为：现实状况实现了“自然资源公有、守住民生底线、水平不断提高、促进经济增长”，促进了经济社会长达四十多年的高效率发展，收入分配的保障功能、资源配置功能、经济稳定功能实现较好，总体上看成就巨大；但在“劳动所得最多、主体比例适合”方面存在一定差距，“分配方式公平、收入差距适当”方面与理想状态相差较大，需要进一步改进。值得特别指出的是，本论文通过深入分析，提出了希望理论界和实务界高度关注的两个问题。一是尽管近些年来我国不同区域之间，尤其是南方和北方之间的发展差距引起了广泛关注，似乎区域发展差距和区域收入差距成了收入分配领域的主要矛盾，但本论文分析后认为在我国各类收入差距中，城乡收入差距问题仍然最突出，仍然是需要研究解决的收入分配领域的主要矛盾，因为城乡收入差距不仅自身较大，而且影响和扩大了其他各类收入差距。具体表现在：迄今为止同一地区城镇居民与农村居民之间的收入差距一直大于不同地区居民之间的收入差距，而且在数据可得的最近年份 2018 年，最发达地区的农村居民收入仍然明显低于最不发达地区的城镇居民收入；区域收入差距主要表现在不同地区农村之间收入差距较大；行业收入差距主要表现在农林牧渔业收入太低，而且其收入水平显著低于其他行业收入，形成与其他行业收入的“差距悬崖”；群体收入差距主要表现在农村低收入户收入太低。二是从各类收入差距的变化趋势看，2007 年前后，我国收入差距总体上受到遏制并开始逐步缩小，但是 2016 年前后又开始有所反弹，需要高度重视、研究解决。具体来看，所有制收入差距 2000 年以来呈现逐年缩小的趋势；城乡收入差距在 2007 年达到峰值 3. 14 倍后逐步缩小，并且自 2010 年起下降到 3 倍之内；区域收入差距和行业收入差距在 2010 年达到峰值后逐步缩小，但 2016 年后出现反弹；城镇居民群体收入差距在2005年达到峰值后逐步缩小，但自2016年开始也出现反弹；农村居民群体收入差距一直在扩大，且自2016年起扩大的幅度提升，导致全国居民群体收入差距在高位徘徊。

为了回答以上第二个问题，明确中国特色收入分配制度应该“坚持和巩固什么、完善和发展什么”，本论文将收入分配制度区分为狭义和广义两种类型，从两个方面分别进行考察。其中狭义的收入分配制度是指作为基本经济制度组成部分的收入分配基本制度，广义的收入分配制度是指收入分配基本制度以及与收入分配有关的具体制度政策。

关于收入分配基本制度，目前的观点主要有三种：第一种观点是按劳分配，即认为劳动是进行收入分配的唯一依据，国民总收入在作出各项必要的社会扣除以后，应该按照居民个人提供给社会的劳动的数量和质量向其分配收入。这种观点已被计划经济体制的弊端证明在社会主义初级阶段是不合适的。第二种观点是按生产要素分配，即认为国民总收入应该按照劳动以及资本、土地、管理、技术、数据等各类生产要素在国民总收入创造过程中做出的贡献来进行分配，各类生产要素的贡献都是收入分配的依据。这种观点是在社会主义市场经济体制逐步建立过程中形成的。第三种观点是按劳分配为主体、多种分配方式并存，即认为在国民总收入分配中，应该以劳动为主要分配依据，同时允许存在其他多种分配方式。这种观点已被我国宪法和法律确立为现行的收入分配基本制度，但是法律法规并未明确“多种分配方式并存”的含义。一些已有研究成果认为，“多种分配方式并存”指的就是按资本、土地、管理、技术、数据等劳动以外的其他生产要素分配。本论文坚持第三种观点，但不赞同已有研究成果对“多种分配方式并存”的阐释，认为这种阐释既不符合我国改革开放以来的实践，也不符合居民收入分配结果理想状态的要求。为此，本论文第六章深入探讨了“多种分配方式并存”的内涵，提出：“按劳分配为主体、多种分配方式并存”的延伸内涵可以表述为“按劳分配为主体，按贡献分配与按需要分配相结合、由市场评价贡献与由政府调节分配相结合”。其主要含义是：(1) 劳动不是进行收入分配的唯一依据，但应该是主要依据；(2) 资本、土地、管理、技术、数据等劳动以外的其他生产要素在国民总收入创造过程中做出的贡献，也应该作为收入分配的依据；（3）出租的住房、出让的艺术品等居民财产虽然未直接参与国民总收入创造，不属于生产要素，但是对劳动力再生产、人民物质文化生活水平提高做出了贡献，也应该成为收入分配的依据；（4）无劳动能力、无生产要素、无财产性收入的老弱病残人员虽然不能对国民总收入的创造和社会发展做出贡献，但是从人道主义尤其是社会主义的宗旨出发，也应该按照保障其基本生活的需要向其分配一定标准的收入；（5）劳动以及资本、土地、管理、技术、数据等生产要素的贡献，出租的住房、出让的艺术品等不具有生产要素属性的居民财产的贡献，其数量大小、相应获得的收入多少，应该由市场进行评价；（6）由市场评价贡献并进行收入分配，存在着市场失灵现象，可能导致收入差距过大，甚至出现分配方式不公平，因此应该发挥政府调节收入分配的职能，从而努力使居民收入分配结果更加趋近于理想状态。本论文认为“按劳分配为主体、多种分配方式并存”这一收入分配基本制度既体现了社会主义制度优越性，又同我国社会主义初级阶段社会生产力发展水平相适应，是党和人民的伟大创造，是适合中国国情的理想收入分配基本制度，应该坚持和巩固。

关于与收入分配有关的具体制度政策，目前的研究成果非常丰富，从众多角度分析了存在的问题，提出了完善和发展的对策，本论文第一章中对此进行了综述。但在目前研究成果中仍然有一些影响居民收入分配结果的因素未得到应有的重视，缺少对此深入的研究，尤其是目前关于居民收入分配结果影响因素的研究成果系统性、综合性不够，尚未形成理论性的分析框架，需要不断补充和深化研究。为此，本论文确立了新的研究思路，即首先调查摸清居民获得收入的各种具体途径（第三章，上文已简述），接着分析影响居民获得收入的具体途径以及影响居民收入分配结果的各类因素（第五章），然后研究提出完善和发展与收入分配有关的具体制度政策，使其作用于这些影响因素，进而努力将居民收入分配结果调节到理想状态（第七章）。根据这一研究思路，本论文第五章在总结和吸收已有研究成果的基础上，研究构建了系统性、综合性的居民收入分配结果影响因素分析模型，提出以居民个人作为圆心，按照由里到外、从微观到宏观的次序排列，影响居民收入分配结果的因素包括：居民个人的能力素质和综合实力、居民个人的社会资本、居民个人工作单位的特征、居民个人所在地域的环境、国家的收入分配制度和发展阶段、市场机制的发育程度、具有收入分配效应的社会现象七类因素。本论文第七章研究提出了完善和发展与收入分配有关的具体制度政策的建议：针对目前“劳动所得最多、主体比例适合”方面存在的问题，研究提出了调节国民收入分配关系、增加居民收入的对策建议，比如提高农民工等普通劳动者工资收入，实现农民工等普通劳动者参加社会保险应保尽保，对小微企业、部分行业和普通劳动者减税等。针对目前“收入差距适当”方面存在的问题，研究提出了调节居民收入分配关系、缩小收入差距的对策建议，比如推进城乡融合发展、统筹区域协调发展、努力提高全体居民的能力素质、完善社会保障制度、推进基本公共服务均等化、加大对高收入居民的税收调节力度等。针对目前“分配方式公平”方面存在的问题，研究提出了全面推进依法治国、遏制不公平分配方式的对策建议，比如预防和打击犯罪，遏制犯罪收入；加强行政执法，遏制行政违法行为获取收入；强化民事案件裁判结果的执行力度，遏制民事违法行为获取收入；规范机关经济行为，遏制利益输送；深化国有单位人事制度改革，遏制社会阶层固化；完善市场机制，遏制不公平竞争获取收入等。

在本论文的撰写过程中，我始终秉持着追求实现居民收入分配结果的理想状态、促进达到共同富裕的初衷，以严谨认真的态度，努力全面深入地开展创新研究，但是囿于能力水平，文中一定有思虑不周密之处，敬请读者谅解并欢迎批评指正！

作者

2021 年 8 月 25 日

# 目录

# 第一章 绪 论

本章主要介绍中国居民收入分配调节问题的研究背景、研究视角、研究思路、已有研究文献综述等内容。

## 第一节 研究背景

居民收入分配问题是一个永恒的话题。自人类社会出现以来，居民收入分配就是社会成员关注的问题，尽管原始社会分配的不是今天所谓的收入而是食物、住所等实物，也没有今天所称的成文收入分配制度。在现代社会，居民收入分配从个人微观角度来看，直接影响着一个人及其家庭生存需要、享受需要、发展需要等赖以为基础的物质资料的数量和质量；从社会中观角度来看，居民收入分配实质是利益的分配问题，是社会群体与群体之间、个人与个人之间的社会关系中最重要的关系之一，是古今中外各种社会矛盾中的主要矛盾之一；从国家宏观角度来看，收入分配制度是一个社会的基本经济制度之一，直接或间接地影响经济、政治、文化、社会、生态等方方面面，良好的收入分配制度能够促进建设富强、民主、文明、和谐、美丽的现代化国家，而一旦收入分配制度出现严重问题，则会阻碍经济发展、影响社会和谐稳定。因此，在任何时代、任何国家，居民收入分配问题都是最重要的问题之一，不仅理论界和实务界从各个维度对其进行研究，而且社会公众也从各个角度对此发表意见、作出行为反应，国家对居民收入分配问题也必须予以高度重视、全面深入研究、努力妥善处理。

近些年来，一些国家广泛出现民粹主义，其根源之一就是很多人尤其是中低收入群体对居民收入分配的不满。在中国国内，改革开放以来，经济社会发展取得了举世瞩目的伟大成就，国家综合实力有了极大提高，社会面貌发生了翻天覆地的变化，人民生活水平有了巨大改善，但毋庸讳言的是，也有部分群体对居民收入分配结果严重不满，进而否定中国特色收入分配制度，甚至否定改革开放。那么，应该如何全面客观地评价中国的居民收入分配结果？其总体上到底是较好还是糟糕？如果存在收入分配差距大、不公平现象，是归因于中国特色收入分配制度不科学从而应重新探索，还是归因于发展过程中出现的不足从而应不断在发展中予以改革完善？如果居民收入分配结果总体上较好而只是存在不足，那么应该如何向严重不满的群众讲清道理，又应该如何改革完善收入分配制度、更好地调节居民收入分配使其结果趋于符合理想状态？这是我国社会提出的亟须全面深入研究解答的现实课题。

2019 年 10 月，党的十九届四中全会着眼于回答“坚持和巩固什么、完善和发展什么”这个重大政治问题，审议通过了《中共中央关于坚持和完善中国特色社会主义制度、推进国家治理体系和治理能力现代化若干重大问题的决定》，这是一篇马克思主义的纲领性文献，也是一篇马克思主义的政治宣言书。习近平总书记在党的十九届四中全会第二次全体会议上讲话提出，“确保全会确定的各项目标任务全面落实到位。要抓好3件事，一是坚持和巩固，二是完善和发展，三是遵守和执行”“各级党委（党组）要在党中央统一领导下，紧密结合本地区本部门本单位实际，推进制度创新和治理能力建设，抓紧就党中央明确的国家治理急需的制度、满足人民对美好生活新期待必备的制度进行研究和部署”。[①]《决定》将“按劳分配为主体、多种分配方式并存”的收入分配制度提升为社会主义基本经济制度，并提出：“坚持多劳多得，着重保护劳动所得，增加劳动者特别是一线劳动者劳动报酬，提高劳动报酬在初次分配中的比重。健全劳动、资本、土地、知识、技术、管理、数据等生产要素由市场评价贡献、按贡献决定报酬的机制。健全以税收、社会保障、转移支付等为主要手段的再分配调节机制，强化税收调节，完善直接税制度并逐步提高其比重。完善相关制度和政策，合理调节城乡、区域、不同群体间分配关系。重视发挥第三次分配作用，发展慈善等社会公益事业。鼓励勤劳致富，保护合法收入，增加低收入者收入，扩大中等收入群体，调节过高收入，清理规范隐性收入，取缔非法收入。”[②] 那么，为了贯彻落实好党的十九届四中全会精神，更好地调节中国居民收入分配，对于中国特色收入分配制度应该“坚持和巩固什么、完善和发展什么”？这是加强制度建设、推进国家治理体系和治理能力现代化提出的需要全面深入研究解答的理论课题。

正是着眼于探讨回答以上两个紧密相关的现实和理论课题，本论文确定开展中国居民收入分配调节问题研究，拟通过全面深入的研究，讲清中国特色收入分配制度的科学性，分析其不足并提出完善制

① 共产党员网. 习近平：坚持和完善中国特色社会主义制度推进国家治理体系和治理能力现代化［EB/OL］.（2020-01-01）. https://www.12371.cn/2020/01/01/ARTI1577865652215275.shtml.

② 共产党员网. 中共中央关于坚持和完善中国特色社会主义制度、推进国家治理体系和治理能力现代化若干重大问题的决定［EB/OL］.（2019-11-05）. https://www.12371.cn/2019/11/05/ARTI1572948516253457.shtml.

度的具体建议，以更好地调节居民收入分配。这有助于丰富中国特色收入分配制度的内涵、解答制度背后的理论基础，具有重要的理论意义；有助于人力资源和社会保障等有关部门在研究推进我国收入分配制度改革时作为决策参考，有助于不满收入分配现状的社会群体更加全面深入地认识我国居民收入分配问题，促进形成改革共识、构建和谐社会，具有重要的实践意义。

## 第二节　研究视角

由于收入分配问题的重要性和复杂性，现代社会科学对收入分配的研究存在不同的视角，归纳起来包括以下几个方面。

### 一、政治经济学的视角（宏观视角）

政治经济学是从全社会的宏观视角，融合了经济学、社会学、政治学乃至哲学的视野和知识，对收入分配问题进行研究。从威廉·配第、亚当·斯密的古典主义经济学，到马克思主义政治经济学，都是从政治经济学的视角研究收入分配问题。其研究对象都是国民总收入的分配；研究的主题都是在理想状态下，一个社会的国民总收入应该以何种原则和方式进行分配，这种理想的分配原则和方式应该能够促进经济的发展（经济学）、社会的公平（社会学）、政治的稳定（政治学）、人的自由和全面发展（哲学）。

古典主义政治经济学对以上问题的回答是：资本获得利润，土地获得地租，劳动获得工资。也就是说，这种学说的基本观点是国民总收入应该按生产要素分配。古典主义经济学中有关收入分配的探讨发轫于威廉·配第的劳动价值论，他在《赋税论　献给英明人士　货币略论》中提出，“土地为财富之母，而劳动则为财富之父和能动的要素”。亚当·斯密进一步明确指出，劳动是商品价值的决定因素，原材料经过劳动者的生产过程成为商品，在此过程中实现的价值增值可分为工资和利润两部分。由此，亚当·斯密构建了“三位一体”的古典主义收入分配理论：工人付出劳动获得工资，资本家投入资本获得利润，地主投入土地获得地租。让·巴蒂斯特·萨伊继承了亚当·斯密的“三位一体”收入理论，认为土地、劳动和资本是生产三要素。①

马克思主义政治经济学在吸收威廉·配第、亚当·斯密、大卫·李嘉图的古典主义经济学合理成分的基础上，提出了劳动价值论和剩余价值论，认为价值就是凝结在商品中的无差别的人类劳动，只有劳动才能够创造价值，因此也只有劳动才应该参与价值分配；在价值分配中资本获得利润，本质上是对劳动者剩余价值的剥削。为此，在生产资料所有制方面，应该实行公有制，杜绝私人因为占有生产资料而获得利润的可能性；在收入分配方面，共产主义社会的第一阶段（即社会主义社会）应实行按劳分配，共产主义社会高级阶段（共产主义社会）则实行按需分配。

## 二、宏观经济学的视角（宏观视角）

宏观经济学是经济学的一门分支学科，起源于弗朗索瓦·魁奈的《经济表》和托马斯·罗伯特·马尔萨斯的《人口原理》，“宏观经济学”概念则首先由挪威的雷格纳·弗瑞希于1933年提出。约翰·梅纳德·凯恩斯的《就业、利息和货币通论》出版后，宏观经济学迅速发展成为一门独立的经济学分支学科。宏观经济学对收入分配的研究

① 戴金平，王志勇，朱鸿．回归要素视角：收入分配理论的文献回顾［J］．新经济，2019（12）．

属于宏观视角，但主要限于宏观经济领域，一般不涉及社会、政治以及哲学的领域。其研究对象是国民收入总量及构成，研究的主题是国民总收入如何分配才能促进实现宏观经济四大目标，即经济增长、充分就业、物价稳定、国际收支平衡；同时也研究收入分配的公平问题。

宏观经济学对收入分配的研究经历过不同发展阶段。[①] 凯恩斯主义经济学认为，国民总收入、工资收入在不同群体之间的分配结构会影响社会总需求，因为个人消费与个人收入的关系中存在“边际消费倾向递减”规律，即当个人收入达到一定水平之后，再新增收入所引致的消费量将会逐渐减少，也就是说，“富人”新增收入中用于新增消费的数量小于“穷人”；所以，全社会的收入分配差距如果过大，将会减少社会总需求，阻碍经济增长甚至造成经济危机，导致大批劳动者失业；为此，应该通过国家干预的方式，建立收入分配的宏观调节机制，将收入分配差距控制在一定范围内。

新剑桥学派进一步完善凯恩斯收入分配理论，琼·罗宾逊认为，资本家的利润与其消费倾向成正比，与储蓄倾向成反比；随着资本家投资占资本总量比重的提升，经济不断增长，资本家利润在国民收入中的比重不断上升，这也意味着经济增长非但没有解决贫困问题，反而扩大了社会收入差距，使得收入分配的天平不断向利润所有者倾斜。福利经济学认为，一切经济活动的最终目的都是提升社会福利，从货币的边际效用考虑，一个理性人的收入水平越高，货币带来的边际效用越小，进而由效用表示的社会福利水平降低；因此，为了提升社会福利总体水平，一个重要的途径是将高收入群体的收入向低收入群体转移，实现收入分配均等化。

制度经济学将“交易成本”概念引入收入分配的分析中，认为市

① 戴金平，王志勇，朱鸿. 回归要素视角：收入分配理论的文献回顾［J］. 新经济，2019（12）.

场经济中劳动报酬的分配取决于社会经济的运行效率，如果社会的制度安排存在缺陷，那么由此带来的高额交易成本会极大损害经济效率，进而扭曲社会成员的劳动报酬分配。

发展经济学代表人物西蒙·史密斯·库兹涅茨根据经济发展与收入分配的动态变化特征提出了“倒U型曲线”假说，认为在经济从传统农业经济向工业经济过渡的早期，国民总收入不断增长，但收入差距持续扩大，在经历一段稳定期后，收入差距会随着经济的持续增长逐渐缩小。

金融发展理论的奠基人罗纳德·麦金农分析了在金融抑制严重的发展中国家，由于金融价格扭曲，资本积累和经济增长受阻，居民收入差距扩大的现象。

需要指出的是，西方经济学一般将收入分配的研究分为功能收入分配和规模收入分配两类视角[①]，其中功能收入分配指的是研究国民总收入在不同生产要素之间的分配；规模收入分配（也称居民个人或家庭收入分配）指的是研究居民个体（或家庭）数量规模与收入数量规模之间的关系，以此分析收入分配差距与收入分配公平性问题。国内有的经济学者认为，古典主义经济学、新古典主义经济学对收入分配的研究属于功能收入分配研究，而凯恩斯经济学以及其后的新剑桥学派、福利经济学、制度经济学、发展经济学、金融发展理论等则属于规模收入分配研究。[②] 作者认为，从另一个角度来看，功能收入分配研究的是国民总收入的分配原则和分配方式，并且也隐含着研究收入分配的公平性（认为国民总收入按照生产要素分配或者按劳分配才是公平合理的）；规模收入分配研究的是国民总收入的分配结果，同时隐含着研究收入分配的公平性。

---

① 布朗芬布伦纳. 收入分配理论［M］. 方敏，李翱，刘振楠，等译. 北京：华夏出版社，2009.

② 戴金平，王志勇，朱鸿. 回归要素视角：收入分配理论的文献回顾［J］. 新经济，2019（12）.

## 三、财政学的视角（宏观视角）

财政学也是经济学的一门分支学科，主要研究政府在资金筹集（税收及其他非税收入）和使用（财政支出）方面的理论、制度和管理方法。财政学对收入分配的研究也是从国民总收入的宏观视角，研究对象是国民总收入，研究的主题是如何进行国民总收入的再分配。

财政学对国民总收入再分配的研究内容主要包括：一是所得税，比如针对企业经营利润征收的企业所得税，针对股票、债券、房产、土地使用权等资本在出售时取得的收益征收的资本利得税，针对个人或家庭收入征收的个人所得税；二是财产税，比如针对房地产持有人征收的房地产税，针对财产转移征收的遗产税、赠与税；三是其他税收的收入再分配效应，比如间接税占税收收入的比重与收入再分配之间的关系，农业税、环境税对居民收入分配的影响等；四是民生给付支出，比如养老保险、医疗保险、工伤保险、失业保险、生育保险、护理保险等社会保险支出，社会救助、社会优抚、社会福利等其他社会保障支出等；五是基本公共服务，比如公共就业服务、义务教育、卫生健康服务、公共文化服务等；六是公共服务设施，比如学校、医院、图书馆、博物馆、文化馆、青少年活动中心等。

## 四、劳动经济学的视角（中观视角）

劳动经济学也是经济学的一门分支学科，其围绕劳动力资源这一最重要的生产要素的配置问题，研究劳动力供给、劳动力需求、劳动力市场、工资、就业、失业、人力资本投资等领域。[①] 劳动经济学对

① 杨河清，张琪. 劳动经济学［M］. 北京：中国人民大学出版社，2018.

收入分配的研究相对于政治经济学、宏观经济学、财政学来说属于中观视角，其研究对象只是国民总收入中的工资，研究的主题是作为劳动力价格的工资处于何种水平才能实现劳动力资源的最优配置。

劳动经济学中主流的劳动力需求理论是约翰·贝茨·克拉克提出的边际生产力理论。它衡量的是在其他条件不变前提下，每增加一个单位生产要素投入所增加的产量即边际物质产品，以及每增加一个单位生产要素投入带来的产量所增加的收益即边际收益产品。根据边际生产力理论，假定其他生产要素投入不变，在劳动力这一生产要素的投入数量较少时，每增加一个单位的新投入，将带来比上一个劳动力投入更多的边际收益产品，劳动力投入处于边际收益产品递增阶段，此时其平均收益产品、总收益产品也递增；随着劳动力的投入达到某个数量值 $a$，再新增一个劳动力的投入，带来的边际收益产品将比上一个投入带来的边际收益产品减少，劳动力投入进入了边际收益产品递减阶段，但其平均收益产品、总收益产品继续递增；随着劳动力投入达到某个数量值 $b$，再新增一个劳动力的投入，不仅边际收益产品递减，而且平均收益产品也递减，但总收益产品仍然递增；随着劳动力投入达到某个数量值 $c$，再新增一个劳动力的投入，则边际收益产品、平均收益产品、总收益产品均递减。在生产中投入的劳动力要素是有成本的，当成本大于产出时，生产者会停止投入。如果劳动力价格已知，生产者投入的劳动力数量值就是新增的劳动力创造的边际收益产品等于劳动力价格（即工资）之时的数量值。如果以投入的劳动力数量为 $X$ 轴、以工资水平为 $Y$ 轴建立坐标系，那么随着工资水平的变化，生产者投入的劳动力数量（劳动力需求数量）呈现为自左上向右下的曲线。

劳动经济学中主流的劳动力供给理论是加里·斯坦利·贝克尔提出的时间配置理论和工作-闲暇决策模型。根据这一理论，劳动力的全部时间包括为获得工资而工作的时间、用于消费或休闲的闲暇时间

（含家务劳动时间），工资和闲暇都是个人的需要，但工作时间增加则闲暇时间减少，反之则不然。如果以每日闲暇时间为 $X$ 轴、以日工资收入为 $Y$ 轴建立坐标系，则劳动力愿意选择的闲暇时间与工资收入的不同组合呈现为一条等效用曲线。在每小时的工资率既定情况下，连接 24 小时闲暇时间之点与 24 小时工作收入之点的直线为其预算约束线。预算约束线与等效用曲线相切的切点就是工资率既定情况下该劳动力愿意工作的时间，即劳动力供给数量。当工资率变动时，劳动力供给数量也发生变动，前者的变动对后者的变动产生两种相反的影响：一是替代效应，即随着工资率的提高，闲暇时间的机会成本上升，劳动者愿意用更多的收入替代闲暇，因此会延长工作时间、增加劳动力供给；二是收入效应，即随着工资率的提高，劳动者相同工作时间获得的工资收入增加，变得更富裕了，希望享有更多的闲暇时间，因此会缩短工作时间、减少劳动力供给。在劳动者的工作时间较短时，替代效应会大于收入效应；随着工作时间延长到一定数量，收入效应大于替代效应。因此，如果以每日工作时间为 $X$ 轴、以小时工资率为 $Y$ 轴建立坐标系，劳动力供给的数量呈现为自左下向右上的曲线；但当工资率提高到一定程度后，曲线将向后弯曲（即向左上方弯曲）。

劳动力需求曲线与劳动力供给曲线相交的均衡点，就是劳动力市场上劳动者就业的均衡数量以及劳动者的均衡工资率。当实际工资率高于均衡工资率时，将会造成劳动力供大于求，出现失业问题；当实际工资率低于均衡工资率时，将会造成劳动力供不应求，出现生产力不足的问题。

## 五、劳动法学的视角（中观视角）

劳动法学是法学的分支学科，以劳动法为研究对象；而劳动法是调整劳动关系以及与劳动关系密切联系的社会关系的法律规范的总称。劳动法学的研究领域包括就业促进法、职业培训法、工资法、劳动标准法、劳动合同法、社会保险法、劳动监察法、劳动争议调解仲裁法等。劳动法学在研究收入分配时，其研究对象也只是国民总收入中的工资，属于中观视角；研究的主题是，基于资强劳弱的基本状况，为了平衡劳资双方的权利义务关系，构建和谐劳动关系，应该如何维护劳动者的工资权益。

劳动法学对工资的研究主要包括：一是最低工资制度，即法律规定在劳动者提供了正常劳动的情况下，用人单位向其提供的工资不得低于法定下限（最低工资标准）的强制性制度；二是工资支付行为，即法律规定的用人单位向劳动者支付工资的时间、方式等；三是休息休假和加班加点工资，即法律规定的劳动者在法定节假日、休假日、休息日以及加班加点时的工资权益；四是法定津贴补贴，即法律规定的在特殊情况下劳动者应该享有的津贴补贴，如高温津贴、生育津贴等；五是工资集体协商制度，即法律规定的用人单位与劳动者群体就工资水平、工资增长等问题而开展集体协商的制度；六是工资约定，即法律规定用人单位与劳动者应当在劳动合同中约定劳动报酬的条款。

## 六、管理学的视角（微观视角）

管理学是研究人类社会各种管理活动的横跨自然科学与社会科学两大领域的综合性交叉学科，其下包括工商管理、人力资源管理等分支学科，而薪酬管理是工商管理、人力资源管理的重要内容。可见，收入分配也是管理学研究的重要内容。管理学针对收入分配进行研究的对象是国民总收入中用人单位支付的工资；研究的主题是，如何结合某个单位的实际制定实施合理的工资分配制度，发挥工资分配的激励功能、促进本单位绩效提升。这种研究视角着眼于全社会中的单个用人单位、国民总收入中的工资，属于微观视角。

用人单位薪酬管理的主要内容包括：一是薪酬构成，即薪酬所包含的具体组成部分，如岗位工资、技能工资、奖金、津贴、补贴等；二是薪酬结构，即本单位全体人员之间的薪酬关系，如管理人员薪酬、技术人员薪酬、工勤人员薪酬等横向结构，以及高级管理人员、中层管理人员、基层管理人员、一线人员薪酬等纵向结构；三是薪酬标准，即各层级、各系列、薪酬各组成部分的数量标准；四是绩效管理，即如何考核评估各内设机构、各人员的工作业绩；五是薪酬数量的确定，即如何确定薪酬支出和人工成本的总量，根据何种因素确定各人员具体的薪酬数量；六是薪酬的支付方式，即在符合法律规定的前提下，确定薪酬支付的具体时间和方法；七是其他与薪酬管理有关的问题，如工资集体协商、工资增长等。

## 七、本论文的研究视角

归纳起来看，收入分配问题是一个非常复杂的问题，不仅涉及经济学，而且涉及哲学、政治学、社会学、法学、管理学等多个领域；即使在经济学领域内，收入分配问题既属于劳动经济学的研究范畴，也属于政治经济学、宏观经济学、财政学的研究范畴。必须将收入分配问题作为一个系统，以更大的视野、运用多学科的视角、从不同侧面进行研究，才能更好地认识这一重要而复杂的社会现象。本论文研究的对象是中国居民收入分配调节问题、中国特色收入分配制度的坚持和完善问题，属于宏观的范畴，因此将采取多学科视角进行研究，但主要采用劳动经济学、政治经济学研究视角。

## 第三节 研究思路

探讨改革完善任何一项制度、政策，基本上都遵循以下逻辑思路：首先要明确该制度、政策期望实现的理想状态；然后准确描述该制度、政策在实施中的实际状况；接着以理想状态为标准去衡量评价实际状况，总结其成效、发现其不足，分析存在不足的原因；最后有针对性地研究提出完善该制度、政策的建议，努力使其接近实现理想状态。为了讲清现行中国收入分配制度的成效及科学性，分析其不足，并提出完善制度的具体措施建议，以更好地调节居民收入分配结果，本论文拟采取的研究思路如下。

第一，探讨什么是居民收入分配结果的理想状态，即探讨明确收入分配制度的目标。为此，本论文将在梳理已有研究成果的基础上，运用系统论思维，将居民收入分配这一子系统放在国家和社会这一大系统中去定位，研究提出其在大系统中应该具备的功能。根据社会学的“结构功能主义”理论，履行好在大系统中的功能，就是子系统的理想目标。

第二，调查居民收入分配结果的现实状况如何，即调查现行收入分配制度实施情况。为此，本论文将通过实地调研，努力全面系统地归纳现实中居民收入分配的各种方式、途径，搞清楚现实中收入是如何被分配给居民的；然后运用国家统计局公布的国家数据库中的相关数据，分析居民收入的水平、增长状况、分配差距等。

第三，评价居民收入分配结果的现实状况，即评价现行收入分配制度的科学性和存在的不足。为此，本论文将依据“实践是检验真理的唯一标准”原理，以居民收入分配结果的理想状态为标准，对照分析现实状况是否符合理想状态、还存在哪些不足；如果现实状况符合理想状态则表明制度的科学性，如果现实状况存在不足则应完善制度以更好地进行调节。

第四，分析居民收入分配结果受到哪些因素的影响，即分析各种收入分配方式及其分配数量的影响因素。为此，本论文将介绍已有研究提出的影响因素，重点论证本次研究创新提出的影响因素，并且尝试按照从微观到宏观的次序构建居民收入分配结果影响因素的分析模型。

第五，提出推动居民收入分配结果由现实状况转变为理想状态的调节措施建议，即提出坚持和完善收入分配制度的建议。为此，本论文将根据前文分析的居民收入分配结果的进步和不足，论证提出我国现行收入分配制度应该坚持和巩固什么、完善和发展什么，并且尝试对我国理想状态的收入分配制度进行理论概括；然后根据前文构建的居民收入分配结果影响因素分析模型，研究提出调节居民收入分配结果的具体措施。

在按照以上思路进行研究的过程中，将采取多种研究方法：

一是文献研究。广泛阅读有关居民收入分配的理论研究成果和应用研究成果，撰写学科前沿文献综述报告。

二是实地调查。针对不同阶层、不同职业的劳动者和城乡居民进行访谈调查，了解其获得收入的各种来源途径，并分析影响收入数量的因素。

三是规范研究与实证研究相结合。为了论证居民收入分配结果的理想状态，需要将居民收入分配放在财富、国民收入创造、人民群众的期望等更大系统中，运用演绎方法进行规范研究。为了准确判断居民收入分配结果的现实状况，需要搜集各种效度、信度高的现象指标，运用归纳方法进行实证研究。

四是定性研究与定量研究相结合。对复杂的居民收入分配现象进行定性研究，同时充分利用国家统计局官网公布的国家数据库等资料来源，针对居民收入分配水平和增长、居民收入分配差距等问题开展数据加工和定量分析，提高定性分析的科学性。

五是多学科综合研究。居民收入分配问题是一国社会大系统中一个子系统，其本身又由多个子系统组成，虽然居民收入分配首先表现为经济现象，但一国实行何种收入分配制度涉及政治制度，不同群体的收入分配又与其所属社会阶层相关，收入途径的合法与否直接取决于法律和行政管理政策，而居民对收入分配状况的评价和期望与社会心理、社会思潮密切相关。为此，本论文以政治经济学和劳动经济学为基础，同时运用社会学、社会心理学、管理学、法学等多学科知识进行研究。

本论文的特色和创新体现在：在学习继承已有研究成果的基础上，全面深入地探讨居民收入分配结果的理想状态，全面调研归纳居民收入的各种来源途径，尝试构建居民收入分配结果的影响因素分析模型，对现行收入分配制度的内涵进行发掘并尝试对理想状态的中国特色收入分配制度进行理论概括，对完善和发展中国特色收入分配制度补充提出新的对策建议。

## 第四节　已有研究文献综述

居民收入分配由于其重要性而受到持续广泛的关注，自经济学学科产生以来，一直有大量研究文献以居民收入分配为主题。有关中国居民收入分配的研究成果也很多，大量专著和论文研究了中国收入分配的历史演变、现状、存在的问题及对策。中国知网收录的相关论文按被引次数从高到低排列，前 100 篇文章中，研究的具体主题为居民收入分配格局现状的有 20 篇（其中关于居民之间收入差距的 15 篇、关于城乡区域之间收入差距的 1 篇、关于政府企业和居民之间国民收入分配的 4 篇)，研究收入分配差距过大的原因及对策的有 45 篇，对收入分配格局的现状、原因及对策进行综合研究的有 10 篇，研究收入分配公平问题的有 1 篇，以上共占总篇数的 76%；此外，研究收入分配对消费、旅游、经济增长、资本积累、投资结构、财产分布、中等收入陷阱的影响的有 19 篇，研究基尼系数、“倒 U 型假说”等基础理论问题的有 5 篇。由此可见，目前绝大多数研究成果研究的主要内容是中国居民收入分配现状、存在收入差距过大的原因、调节收入分配的对策，而研究居民收入分配结果的理想状态、如何全面客观地评价中国居民收入分配结果等其他内容的成果较少。

## 一、关于居民收入分配结果的理想状态

目前研究成果提出的居民收入分配结果的理想状态，主要有以下几种观点。

一是认为理想的居民收入分配结果是正确处理好效率与公平的关系。这是改革开放以来，关于居民收入分配结果理想状态的广泛共识，很多学者都对此进行过论述。董国楹认为，收入分配要兼顾效率与公平，是从总体和长期来讲的；效率优先、兼顾公平，是就社会主义市场经济体制的战略决策来讲的。这里所称“效率”主要是指经济效率，即对资源的合理配置和有效利用的程度；所称“公平”是指参与劳动或经营竞争的机会与条件公平，结果所得收入公平（收入的差别程度合理)。[①] 张桂文认为，应以发展的观点看待、分析和处理公平与效率的关系问题。在经济发展初期，生产力发展水平较低，产品供给能力严重不足，劳动力供给充分，资本要素稀缺。这一阶段的主要任务是通过资本积累带动就业，提高产品供给能力。因此，在公平与

① 董国楹. 社会主义收入分配要正确处理效率与公平的关系 [C] //社会主义与市场经济——全国社会主义与市场经济学术交流大会论文集. 太原：[出版者不详]，1999.

效率的权衡上通常会更加重视效率。进入中等收入阶段以后，一方面产品供给能力大幅度提升，另一方面收入差距过大会制约消费需求的增长，影响社会稳定。因此，无论为了保持经济持续健康增长还是为了促进社会和谐发展，在公平与效率的权衡上都要求更加注重公平。①

二是认为理想的居民收入分配结果是收入差距保持在一个合理的限度内，也就是基尼系数保持在合理限度内。基尼系数是西方经济学中定量测定收入差距程度的指标，通常认为基尼系数低于 0.2 表明收入分配绝对平均，0.2 至 0.3 之间表明比较平均，0.3 至 0.4 之间表明相对合理，0.4 至 0.5 表明差距较大，0.5 以上表明差距悬殊。我国多数学者都采用这一理论，认为理想的居民收入分配结果是基尼系数不高于 0.4。但也有学者提出了不同的基尼系数理论最佳值。如林毓鹏、王志江认为，合理的收入分配及其所带来的贫富差距既要为大多数人所接受，又要有利于效率的提高，否则将会破坏社会稳定，妨碍社会发展。在假定社会理想收入分配是按照人口分组呈阶梯状分布条件下，计算结果表明，理想的收入分配格局中，基尼系数理论最佳值要小于 0.326 7。②

三是认为理想的居民收入分配结果是形成橄榄型分配格局。陈宗胜等人认为，橄榄型分配格局是目前公认的最理想的形态。这种形态的收入分配格局即中等收入群体在总人口中占比最大，而高收入群体和低收入群体在总人口中占比均较小，呈现两头小、中间大的特征。③中等收入群体在总人口中占比多大才理想呢？林毓鹏、王志江认为，应该占比 60%以上。④

四是认为理想的居民收入分配结果是努力形成合理有序的收入分

① 张桂文. 正确处理收入分配中公平与效率的关系 [N]. 人民日报，2013-06-03.

②④ 林毓鹏，王志江. 和谐社会目标下理想收入分配格局初探 [J]. 统计与决策，2007 (13).

③ 陈宗胜，等. 中国居民收入分配通论：由贫穷迈向共同富裕的中国道路与经验 [M]. 上海：格致出版社，2018.

配格局。谢旭人在学习贯彻党的十七大精神的著文中提出，要深化收入分配制度改革，努力形成合理有序的收入分配格局。文中未直接论述“合理有序”的含义，但是提出要把握好几个原则：坚持从整体上调节国民收入分配，既要做大“蛋糕”，又要分好“蛋糕”；坚持按劳分配为主体、多种分配方式并存的分配制度，既要坚持生产要素按贡献参与分配，又要注重提高劳动者报酬在初次分配中的比重；坚持着力提高低收入者收入水平，逐步扩大中等收入者比重，有效调节过高收入；坚持正确处理效率与公平的关系，更加注重社会公平；坚持规范个人收入分配秩序，完善国有企事业单位收入分配制度，强化对分配结果的监管；坚持突出重点，切实解决人民群众最关心的现实问题，缓解收入差距扩大的矛盾。①

以上主要代表性观点从局部看都是正确的，但是第二、第三种观点视角太窄，可能导致将收入差距作为衡量居民收入分配结果是否理想的单一指标。社会上一些人否定改革开放时代而怀念吃不饱饭的计划经济时期，原因之一就是用收入差距单一指标衡量收入分配制度及其结果的好坏。第一种观点内容太抽象，需要进一步具体化。第四种观点侧重于实践，理论分析不够。这些方面都需要进一步研究完善。

## 二、关于中国居民收入分配结果的现实状况

居民收入分配属于国民收入分配的组成部分，研究居民收入分配必然需要研究国民收入分配。有关著作和论文对中国国民收入分配格局现状的研究结论多数认为，居民收入占国民收入的比例过低。安体富、蒋震通过计算我国国民收入初次分配和最终分配的基本格局，并将我国与美国、日本的国民收入分配格局进行比较，得出结论：我国

---

① 谢旭人. 深化收入分配制度改革　努力形成合理有序的收入分配格局［J］. 中国财政，2008（5）.

当前的国民收入分配格局是"向政府和企业倾斜"，居民最终分配比率不断下降，国民收入最终分配格局处于向政府和企业倾斜的失衡状态。[①] 曾晓安认为，从政府、企业、居民三部门可支配收入占国民收入比重的国际比较来看，我国政府部门占比并不高，但企业部门占比较高，居民部门占比偏低；我国国民收入分配格局虽然还需进一步完善，但更需关注当前我国政府、企业、居民三部门内部收入分配的结构性问题。[②]

关于中国居民收入差距的现状，有关著作和论文的研究结论尽管在具体的计量数据上不尽相同，但都认为差距过大。樊晓燕、刘儒认为，1978 年以来，个人之间、城乡之间、地区之间的收入差距不断拉大。2012 年 12 月 9 日西南财经大学发布的《中国家庭金融调查报告》显示，2010 年中国家庭基尼系数为 0.61，超过 0.4 的相对合理线。2010 年城乡居民收入比达到 3.33∶1，如果将城乡之间在教育、社会保障、医疗、住房、就业等公共服务方面的差异考虑进去，这种差距更大。[③]

陈宗胜等人则认为，虽然我国居民收入差距过大，但是在公有制经济中以劳动差别为主要影响因素的城镇和乡村内部收入差别，以两种公有制为基础的城乡之间收入差别，在伴随城镇化推进的经济社会发展中呈现先升后降的"倒 U 型"变化，符合"收入差别倒 U 理论"模型假设。[④]

从以上情况来看，目前关于居民收入分配现实状况的研究，重点是从不同侧面描述收入差距及其发展趋势。但是为了评估收入分配制

---

① 安体富，蒋震. 对调整我国国民收入分配格局、提高居民分配份额的研究 [J]. 经济研究参考，2009 (25).

② 才科. 财政部曾晓安：我国财政收入分配结构优化方向 [N]. 经济参考报，2019-10-16.

③ 樊晓燕，刘儒. 我国收入分配问题日益尖锐 [J]. 经济研究参考，2014 (71).

④ 陈宗胜，等. 中国居民收入分配通论：由贫穷迈向共同富裕的中国道路与经验 [M]. 上海：格致出版社，2018.

度的优劣，还需要更加全面地研究，既研究居民收入差距，也研究居民收入水平及增长；既研究基尼系数所表示的全体居民收入差距情况，也研究城乡、区域、行业、所有制、群体收入差距情况；既研究长期趋势，也研究不同阶段的特征尤其是找出重要转折点。

## 三、关于中国居民收入差距过大的原因

有关著作和论文对居民收入存在差距尤其是差距过大的原因进行了广视野、多角度的研究分析。对这些原因以合理性为标准进行分类，可以分为三类。

### （一）合理的原因

一些著作和论文分析了造成居民收入差距的合理原因，认为这些原因和结果是无法回避的必然。

1. 发展所处的历史阶段。张亮认为，造成收入分配格局不合理的原因是多方面的，有些收入差距是由所处的历史阶段等无法回避的因素造成的。我国正处于城乡二元经济结构逐步向城乡一体化发展转型的历史阶段，这对收入差距必然会产生影响。① 刘社建、徐艳研究提出，经济体制改革以来我国城乡居民收入差距不断扩大的原因，包括城乡二元经济结构、工农业产品“剪刀差”等多种因素。② 姚玉祥、吴普云认为，城镇化与社会收入分配不平等之间存在“倒 U 型”关系，即城镇化在初期阶段会扩大收入分配不平等，而随着城镇化进程的不断深入，在后期将有助于改善收入分配格局。③

2. 自然资源禀赋差异。张亮认为，有些居民收入差距是由自然

① 张亮. 我国收入分配领域改革：进展、问题及政策建议 [J]. 发展研究，2018 (10).
② 刘社建，徐艳. 城乡居民收入分配差距形成原因及对策研究 [J]. 财经研究，2004 (5).
③ 姚玉祥，吴普云. 中国城镇化的收入分配效应——理论与经验证据 [J]. 经济学家，2019 (9).

资源禀赋差异造成的。不同地区的自然资源禀赋可能存在差异，这些差异会造成收入分配差距。[①]

3. 市场正常竞争。张亮认为，市场正常竞争是造成收入差距的无法回避的原因之一。[②]

4. 先天条件的不同。张亮认为，先天条件的不同，也会造成收入差距。[③]郑宏志、刘高秀提出，由于每个人拥有的生产要素在数量、质量等方面存在差异，收入差距问题的存在便是社会发展的必然。[④]

5. 自身努力程度不同。张亮认为，有些收入差距是由自身努力程度不同造成的。[⑤]

### （二）不合理的原因

一些著作和论文分析了造成居民收入差距的不合理因素。

1. 合理的生产要素分配机制尚未形成。张亮认为，合理的生产要素分配机制尚未形成，使得居民收入在初次分配环节所占比重长期偏低，这是影响我国收入分配格局的重要因素。[⑥]郭庆旺、吕冰洋研究提出，要素收入分配与居民收入分配之间存在密切联系。由于居民收入中劳动收入不平等程度一般大大低于资本收入不平等程度，要素收入分配向劳动倾斜将有助于缩小居民收入差距。我国国民收入中税后劳动要素分配份额的持续下降，是城乡居民收入比和城乡居民消费比扩大的重要原因。[⑦] 杭行研究提出，居民收入的多少取决于个人拥有的生产要素所产生的效益的多少以及国家采取的收入分配政策对其应得份额的确定。由于生产要素市场事实上的分割性，同样的生产要素在不同行业、地区、企业由于其所处的市场环境不同，往往会产生不同的经济效益，其所获得的报酬当然也不相同。中国目前正处于经济

---

①②③⑤⑥ 张亮．我国收入分配领域改革：进展、问题及政策建议［J］．发展研究，2018（10）．

④ 郑宏志，刘高秀．我国个人所得税对居民收入分配的影响［J］．价值工程，2019，38（33）．

⑦ 郭庆旺，吕冰洋．论要素收入分配对居民收入分配的影响［J］．中国社会科学，2012（12）．

转轨时期，市场经济还很不成熟，要素市场分割的情况还相当严重；相关的发展战略、产业政策、区域政策等都会通过影响产品和要素市场，从而对收入分配产生间接效应。①

2. 不正当竞争。张亮认为，尽管国家近年也在加快推进市场化改革，同时也加大了反腐的力度，但是目前市场不公平不规范竞争的问题仍然较为普遍，通过权力、行政垄断等非市场因素获取收入的问题仍大量存在。②

3. 税收制度不完善。张亮认为，促进收入公平分配的税收制度体系没有真正建立，个人所得税演变成主要对工资薪金所得征税，对资本利得征税较少，财产方面的税收制度不合理以及一些财产税税种缺失等问题，严重制约着税收调节收入分配作用的发挥。③骆永民、樊丽明使用中国省级面板数据和多种计量模型研究论证后提出，随着间接税比重的提高，城乡收入差距扩大；但随着城乡二元经济结构特征的弱化，间接税扩大城乡收入差距的作用也在减弱。④

4. 社会保障制度不完善。张亮认为，社会保障制度设计碎片化、保障机制设计不合理、低收入群体保障不足等问题，使得其对于缩小收入差距方面的作用十分有限，一些制度设计甚至会造成一些“逆向调节”的情形。⑤

5. 价格机制不健全。张明提出，相对价格扭曲是促成中国城乡收入差距的重要因素，其不仅会直接形成城乡收入差距，而且会通过加剧城乡投资失衡以及拉大工农生产率差距等方式恶化城乡收入分配。⑥

---

① 杭行. 中国居民收入分配差距扩大的原因及对策分析 [J]. 复旦学报（社会科学版），2002 (2).

②③⑤ 张亮. 我国收入分配领域改革：进展、问题及政策建议 [J]. 发展研究，2018 (10).

④ 骆永民，樊丽明. 宏观税负约束下的间接税比重与城乡收入差距 [J]. 经济研究，2019，54 (11).

⑥ 张明. 相对价格扭曲对中国城乡收入差距的影响 [J]. 当代经济研究，2018 (7).

6. 社会等级关系的存在。林光彬认为，社会等级关系和市场经济相互作用形成的分配关系是城乡收入差距扩大的根本原因。社会等级关系与市场经济本身有不断扩大城乡收入差距的趋势，而国家执行扶强扶优的政策，使宏观调控烫平城乡差距的政策发生错位与缺位，加快了城乡收入差距的扩大。中国城乡收入差距扩大的发生机制与根本原因是社会等级秩序格局、失衡的财富与收入分配格局、资源的流动性障碍格局与市场等级化格局等一系列社会安排的相互作用，在计划机制与市场机制双重的游戏规则下，形成了一种“收入差距不断扩大的自我强化机制”。[①]

7. 腐败的收入分配效应。陈刚、李树研究提出，腐败是造成城镇居民收入差距的最主要原因。腐败的收入分配效应具体表现为：增加城镇20%最高收入组居民收入的同时降低了城镇其他收入组居民收入。他们还认为，由于其测算城镇居民收入差距的数据摘自官方统计资料，没能将大量与腐败租金相关联的“非法收入”和“灰色收入”包括进来，因此这意味着陈宗胜（2001）和王小鲁（2007）的早期研究均低估了腐败对居民真实收入差距的影响。[②]

### （三）中性原因

在经济社会发展过程中，有一些现象的出现是客观必然，它们对收入分配等经济社会的其他领域又会产生正面或负面的影响，这些客观必然的现象就是影响收入分配的中性原因。目前有大量的著作和论文研究分析了影响收入分配的中性原因。

1. 经济和技术的进步。张亮提出，随着全球化的日益深化，资本、技术、知识等生产要素的流动更加自由，致使财富积累的能力更强，从而生产要素能力的高低，会对收入产生更为明显的影响，具有

---

① 林光彬．等级制度、市场经济与城乡收入差距扩大［J］．管理世界，2004（4）．

② 陈刚，李树．中国的腐败、收入分配和收入差距［J］．经济科学，2010（2）．

更高资本、技术、知识等生产要素能力的劳动者获取收入的能力进一步提升，积累的财富规模也大幅增长，从而使得财富向少数人积累的趋势越来越强。与此同时，随着行业技术的转型升级，人工智能和互联网等技术的快速发展，生产方式也会发生较大变化，一些技术水平较低的就业群体就会面临收入能力下降的风险。这样收入差距会被进一步拉大。[①] 陈宗胜、周云波认为，随着经济的发展，行业结构转换已经成为影响当前中国城镇居民收入差距及其变动的最主要因素。[②]

2. 经济增长或发展。赵人伟、李实提出，城市非国有经济的较快发展，农村非农产业的较快发展，农业生产的发展，都具有收入分配效应。[③] 蔡昉、王美艳提出，国际经验表明，经济发展停滞与收入分配恶化之间具有互为因果和互相强化的关系，可能导致一些曾经高速增长的国家落入中等收入陷阱。[④]

3. 经济改革或体制变迁。赵人伟、李实提出，经济改革或体制变迁也具有收入分配效应，包括农村价格改革、农村家庭联产承包责任制、农村劳动力的流动、城市住房制度的改革等有序变化，以及寻租活动、内部人控制、垄断、腐败等无序变化。[⑤]

4. 经济政策及其变化。赵人伟、李实提出，经济政策及其变化，包括农产品低价收购、城市补贴的减少、城市居民福利转化为个人财产等，也具有收入分配效应。[⑥]

5. 政府发展战略。陈斌开、林毅夫研究提出，如果政府采取比较优势发展战略，那么“先富带动后富”的“滴落”机制将会发生

① 张亮. 我国收入分配领域改革：进展、问题及政策建议［J］. 发展研究，2018（10）.

② 陈宗胜，周云波. 城镇居民收入差别及制约其变动的某些因素——就天津市城镇居民家户特征的影响进行的一些讨论［J］. 经济学（季刊），2002（2）.

③⑤⑥ 赵人伟，李实. 中国居民收入差距的扩大及其原因［J］. 经济研究，1997（9）.

④ 蔡昉，王美艳. 中国面对的收入差距现实与中等收入陷阱风险［J］. 中国人民大学学报，2014，28（3）.

作用，收入分配格局会不断改善；但是如果政府推行重工业优先的发展战略，个体财富收敛速度将减慢，收入分配会趋于恶化，甚至造成长期“两极分化”的态势。[①]

6. 金融发展政策。张立军、湛泳论证发现，金融发展可能扩大城镇居民收入差距。[②] 孙一先认为，金融市场作为一种资源配置的重要形式，与居民收入分配有着重要的关系，金融体系的不断完善，能让居民收入明显增加；但是由于我国商业银行等金融机构在政策和管理标准方面都更加倾向于城镇的发展，使得城乡居民收入差距逐步增大。[③] 李实等人认为，居民的金融资产对总财产分布不平等的推动作用将会进一步增强。[④]

7. 经济开放程度。陈洋林、许越洋研究发现，现阶段城乡居民收入差距随着经济开放度提高有扩大趋势，这同城乡开放的非对称性相关。[⑤] 范言慧、段军山提出，外商直接投资通过产业链条、外资部门的溢出效应、资金吸引和带动贸易来影响外资部门与非外资部门、外商投资活跃与稀少地区之间的收入差距，造成了地区之间尤其是东西部地区之间和全国收入差距扩大。[⑥]

8. 公有住房的私有化。李实等人认为，城镇公有住房的私有化过程既造成了此间城镇财产性收入差距的缩小，同时又扩大了城乡之间乃至全国财产性收入差距；而随着土地收益的下降，土地价值在农村居民财产总值中相对份额降低，造成其原本具有的缩小全国财产性

---

① 陈斌开，林毅夫. 金融抑制、产业结构与收入分配［J］. 世界经济，2012，35（1）.

② 张立军，湛泳. 我国金融发展与城镇居民收入差距的关系［J］. 财经论丛（浙江财经学院学报），2005（2）.

③ 孙一先. 中国金融发展与开放对居民收入分配的影响［J］. 中外企业家，2020（2）.

④ 李实，魏众，丁赛. 中国居民财产分布不均等及其原因的经验分析［J］. 经济研究，2005（6）.

⑤ 陈洋林，许越洋. 基于安徽省16市近15年数据的经济开放与城乡居民收入差距研究［J］. 齐齐哈尔大学学报（哲学社会科学版），2019（8）.

⑥ 范言慧，段军山. 外商直接投资与中国居民的收入分配［J］. 财经科学，2003（2）.

收入差距的作用减弱。[①]

9. 铁路提速。杨茜、石大千研究认为，铁路提速通过促进劳动力、资本和技术等生产要素在城乡之间的流动，从而缩小了城乡收入差距。[②]

10. 环境规制模式。何兴邦研究认为，命令控制型环境规制模式显著加剧城镇居民收入不平等，而市场激励型环境规制模式对城镇居民收入分配的影响程度较小且不显著。[③]

11. 起点公平和机会公平。谢舒舒在李爽等人研究成果的基础上，进一步分析了起点公平和机会公平对居民收入分配的影响，认为产权制度、就业制度和基础教育、公共医疗卫生、基础设施等基本公共服务制度的不完善，影响到城乡之间的起点公平和机会公平，进而形成城乡居民之间的收入差距。[④]

12. 受教育程度差异。张明提出，市场化改革和经济开放使得受教育程度的差距日益成为影响城乡居民收入分配的重要因素。[⑤] 江威认为，城乡居民的家庭教育投入的比值与城乡居民的收入差距的比值表现出正向关系，加大城乡家庭教育投入会使城乡家庭收入增加，但是两者的收入差距会增大。[⑥]

13. 人口老龄化。朱振华、曹克认为，人口老龄化加剧了农村地区的收入分配不平等，却对城镇地区收入分配不平等有一定程度的缓解作用；不同年龄群体内的收入不平等程度随着年龄增加而加大。[⑦]

---

① 李实，魏众，丁赛. 中国居民财产分布不均等及其原因的经验分析［J］. 经济研究，2005（6）.

② 杨茜，石大千. 交通基础设施、要素流动与城乡收入差距［J］. 南方经济，2019（9）.

③ 何兴邦. 环境规制与城镇居民收入不平等——基于异质型规制工具的视角［J］. 财经论丛，2019（6）.

④ 谢舒舒. 起点公平和机会公平对收入分配的影响分析［J］. 现代商业，2019（13）.

⑤ 张明. 相对价格扭曲对中国城乡收入差距的影响［J］. 当代经济研究，2018（7）.

⑥ 江威. 我国教育不平等对城乡收入差距的影响分析［J］. 经济研究导刊，2019（22）.

⑦ 朱振华，曹克. 人口老龄化对中国居民收入分配的影响［J］. 南京财经大学学报，2019（4）.

从以上情况来看，目前关于居民收入差距原因的研究非常广泛而丰富，但仍然有一些影响居民收入分配结果的因素未得到应有的重视，缺少对此深入的研究；尤其是目前关于居民收入差距原因的研究成果系统性、综合性不够，尚未形成理论性的分析框架。

## 四、关于调节中国居民收入分配的对策建议

一些著作和论文从不同视角对调节中国居民收入分配提出了对策建议。

### （一）针对造成居民收入差距不合理原因的对策

1. 形成合理的生产要素分配机制。郭庆旺、吕冰洋提出，生产要素收入分配应向劳动倾斜，逐步提高国民收入中税后劳动要素分配的份额。政府可以通过调整针对生产要素收入的税率，同时改变两种收入分配状况。① 杭行认为，要深化市场经济体制改革，改变要素市场分割的状况，努力使同样的生产要素在不同行业、地区、企业产生相同的经济效益，并获得相同的报酬。②

2. 促进公平竞争。张亮认为，应依法遏制权力、行政垄断等非市场因素获取不公平的收入，构建公平的社会法治环境，促进公平竞争，改善收入分配格局。③ 杭行认为，应通过完善竞争制度、公平竞争环境、培养竞争能力来实现经济公正，这属于高水平的经济公正，能从根本上消除收入分配上的两极分化。具体对策包括：加快西部中心城市的建设，继续推进市场化建设等。④

---

① 郭庆旺，吕冰洋．论要素收入分配对居民收入分配的影响［J］．中国社会科学，2012（12）．

②④ 杭行．中国居民收入分配差距扩大的原因及对策分析［J］．复旦学报（社会科学版），2002（2）．

③ 张亮．我国收入分配领域改革：进展、问题及政策建议［J］．发展研究，2018（10）．

3. 完善税收制度。张亮认为，应进一步发挥个人所得税、资本利得税以及财产税在调节收入分配方面的重要作用。[①] 骆永民、樊丽明提出，应进一步降低间接税在总税收中的比重，促进缩小城乡收入差距。[②]

4. 完善社会保障制度。张亮认为，应建立统一的社会保障制度，设计合理的保障机制，保障低收入群体权益，尤其是要避免社会保障“逆向调节”的情况发生。[③]

5. 健全价格机制。张明提出，要进一步推进市场化转型和经济开放，健全价格机制，从而弱化相对价格扭曲及其带来的城乡收入分配扭曲。[④]

6. 消除社会等级关系的不利影响。林光彬认为，收入分配公平深深地依赖于政治和社会安排，要实现政府主导的城乡统筹发展、缩小城乡收入差距警戒性扩大的根本性措施是：实现城乡等级法权地位平等化、收入分配格局平衡化、农村资源充分流动化与市场一体化。[⑤]

7. 预防和打击腐败。陈宗胜[⑥]、张亮[⑦]和陈刚、李树[⑧]等许多学者均提出，预防和打击腐败既是维护法纪、廉清风气之需要，也是缩小居民收入分配差距的重要措施。

### （二）针对造成居民收入差距中性原因的对策

1. 不断提升就业群体的职业能力。张亮认为，技术水平较低的就业群体为了避免自身收入能力下降，就要适应经济和技术的进步，

---

①③⑦ 张亮. 我国收入分配领域改革：进展、问题及政策建议［J］. 发展研究，2018（10）.

② 骆永民，樊丽明. 宏观税负约束下的间接税比重与城乡收入差距［J］. 经济研究，2019，54（11）.

④ 张明. 相对价格扭曲对中国城乡收入差距的影响［J］. 当代经济研究，2018（7）.

⑤ 林光彬. 等级制度、市场经济与城乡收入差距扩大［J］. 管理世界，2004（4）.

⑥ 陈宗胜，等. 中国居民收入分配通论：由贫穷迈向共同富裕的中国道路与经验［M］. 上海：格致出版社，2018.

⑧ 陈刚，李树. 中国的腐败、收入分配和收入差距［J］. 经济科学，2010（2）.

不断提升职业能力。①

2. 促进经济发展。蔡昉、王美艳提出，中国在中等偏上收入阶段遭遇经济增长减速，应该进一步促进经济发展，避免扩大收入差距。②

3. 深化经济体制改革。赵人伟、李实提出，应该深化经济体制改革，促进农村劳动力流动等有序变化，避免发生寻租活动等无序变化。③

4. 完善经济政策。赵人伟、李实提出，完善经济政策，包括将城市居民福利转化为个人财产等，有利于提高低收入群体的收入。④

5. 选择正确的政府发展战略。陈斌开、林毅夫提出，应该选择比较优势发展战略，从而使“先富带动后富”的“滴落”机制发生作用，改善收入分配格局。⑤

6. 完善金融发展政策。孙一先认为，不断完善金融体系，逐步扭转商业银行等金融机构在政策和管理标准方面倾向于城镇的趋势，既能明显增加居民收入，也能缩小城乡收入差距。⑥

7. 扩大经济开放。范言慧、段军山提出，应该扩大各产业部门、各地区的经济开放，均衡外商直接投资的区域分布，减少外商直接投资对收入分配差距的影响。⑦

8. 铁路提速。杨茜、石大千提出，应该推动铁路提速，从而促进劳动力、资本和技术等要素在城乡之间的流动，缩小城乡收入差距。⑧

9. 选择合理的环境规制模式。何兴邦提出，要优化环境规制工

---

① 张亮．我国收入分配领域改革：进展、问题及政策建议［J］．发展研究，2018（10）．

② 蔡昉，王美艳．中国面对的收入差距现实与中等收入陷阱风险［J］．中国人民大学学报，2014，28（3）．

③④ 赵人伟，李实．中国居民收入差距的扩大及其原因［J］．经济研究，1997（9）．

⑤ 陈斌开，林毅夫．金融抑制、产业结构与收入分配［J］．世界经济，2012，35（1）．

⑥ 孙一先．中国金融发展与开放对居民收入分配的影响［J］．中外企业家，2020（2）．

⑦ 范言慧，段军山．外商直接投资与中国居民的收入分配［J］．财经科学，2003（2）．

⑧ 杨茜，石大千．交通基础设施、要素流动与城乡收入差距［J］．南方经济，2019（9）．

具设计，鼓励政府决策者利用市场手段，增加企业自主决策空间，实现环境治理和企业发展双赢的局面。①

10. 促进起点公平和机会公平。谢舒舒在李爽、张红宇、孙敬水等人研究成果的基础上进一步分析提出，应该不断完善产权制度、就业制度和基础教育、公共医疗卫生、基础设施等基本公共服务制度，促进城乡之间的起点公平和机会公平，缩小收入分配差距。②

11. 大力推进教育公平。江威提出，应该大力发展教育，推进城乡家庭在子女教育上的公平，缩小城乡之间受教育程度的差异，从而缩小收入分配差距。③

12. 有效应对人口老龄化。朱振华、曹克提出，应该有效应对人口老龄化，健全居民养老保险制度，缩小农村地区的收入分配不平等。④

### （三）其他对策建议

1. 优化国民收入分配结构。曾晓安提出，在政府收入方面，建议保持政府收入比重基本稳定，加快建立权责清晰、财力协调、区域均衡的中央和地方财政关系。在企业收入方面，要针对企业部门收入分配“脱实向虚”问题，继续实施向制造业倾斜的减税降费方案，优化政府对企业的生产性补贴，规范国家与国有金融机构的分配关系。在居民收入方面，要稳步提高居民收入占国民收入的比重，缩小居民收入差距。⑤

2. 调整各层次国民收入分配。蔡昉、王美艳提出，在初次分配

---

① 何兴邦. 环境规制与城镇居民收入不平等——基于异质型规制工具的视角［J］. 财经论丛，2019（6）.

② 谢舒舒. 起点公平和机会公平对收入分配的影响分析［J］. 现代商业，2019（13）.

③ 江威. 我国教育不平等对城乡收入差距的影响分析［J］. 经济研究导刊，2019（22）.

④ 朱振华，曹克. 人口老龄化对中国居民收入分配的影响［J］. 南京财经大学学报，2019（4）.

⑤ 才科. 财政部曾晓安：我国财政收入分配结构优化方向［N］. 经济参考报，2019-10-16.

环节中长期以来存在着导致收入差距过大的因素，而这种状况可以通过再分配环节进行调整。要深化国民收入初次分配和再分配领域的改革，缩小收入差距和避免中等收入陷阱风险。[①] 郭玉燕提出，目前初次分配不合理，再分配没有达到缩小收入差距的效果，三次分配机制尚未形成，需要加快收入分配制度改革，调整初次分配，提高劳动报酬比重，增加居民财产性收入；调整再分配，完善税收体系和社会保障体系；调整三次分配，构建慈善文化和制度环境。[②] 张巍、张奎提出，建设体现效率、促进公平的收入分配体系需要从推动实现更高质量和更充分就业，优化税制结构，提高基本公共服务均等化程度，聚焦重点群体带动城乡居民增收等方面协同发力，加快补上收入分配体系建设的短板。[③] 刘社建、徐艳提出，为确保社会稳定与实现经济的全面、协调、可持续发展，有必要通过推进城乡一体化实现“五个统筹”、加大农村教育投入、促进农村剩余劳动力顺利转移与构建完善的农村社会保障体系等措施，在确保城乡居民收入水平都能不断提高的情况下切实缩小城乡收入差距。[④]

从以上情况来看，关于调节居民收入分配的对策建议，与居民收入分配的影响因素是密切相关的，研究对策建议的基本思路往往都是“对症下药”，因此与目前居民收入分配影响因素的研究存在相似问题。有关调节居民收入分配对策建议的研究成果虽然广泛而丰富，但仍然缺少对一些重要影响因素的对策建议，尤其是有关对策建议的系统性、综合性不够，需要不断补充和深化研究。

---

① 蔡昉，王美艳. 中国面对的收入差距现实与中等收入陷阱风险［J］. 中国人民大学学报，2014，28（3）.

② 郭玉燕. 民生共享背景下的收入分配制度改革［J］. 现代经济探讨，2019（12）.

③ 张巍，张奎. 体现效率促进公平的收入分配体系测度评价［J］. 调研世界，2019（10）.

④ 刘社建，徐艳. 城乡居民收入分配差距形成原因及对策研究［J］. 财经研究，2004（5）.

# 第二章 居民收入分配结果的理想状态探讨

全面客观地评价中国居民收入分配结果，首先需要设定评价标准，也就是明确居民收入分配结果的理想状态。那么，什么样的居民收入分配结果是最理想的？不同的立场会导致不同的答案，本论文的立场是兼顾社会整体利益和社会成员的个体利益。不同的研究方法也会导致不同的答案，本论文运用马克思主义政治经济学的方法论。马克思主义政治经济学是以哲学视角研究政治经济学，以哲学的思维方法分析把握政治经济学，从更宏观的视野准确、全面、深刻地认识经济、研究经济。马克思明确指出，《资本论》的方法，不仅是辩证的，而且是唯物的，是唯物主义辩证法。[①] 列宁认为，“在《资本论》中，逻辑、辩证法和唯物主义的认识论（不必要三个词：它们是同一个东西）都应用于同一门科学”。[②] 可见，社会存在决定社会意识的唯物

① 共产党员网. 马克思《资本论（第一卷）》（节选）学习导读［EB/OL］.（2018-05-03）. http://news.12371.cn/2018/05/03/ARTI1525354408175174.shtml.

② 潘正文. 从《资本论》的起点看逻辑、辩证法、认识论的一致性［J］. 中山大学学报（社会科学版），1983（1）.

史观、"两点论"与"重点论"相统一的唯物辩证法、实践是认识基础的实践认识论是马克思主义政治经济学的重要方法。为此，本章将运用唯物史观、唯物辩证法、实践认识论的方法，从社会大系统的宏观视野分析居民收入分配这一子系统，探讨居民收入分配结果的理想状态。

## 第一节　从财富视角看理想的居民收入分配结果

马克思主义政治经济学既有价值论分析又有财富论分析①，西方经济学的开山之作就是亚当·斯密的《国富论》，因此研究居民收入分配首先要从财富的视角进行分析。人对收入的追求，源于对财富的追求。人的衣、食、住、行、用、教育、医疗、娱乐等一切生存、享受和发展所需，既需要使用物质财富，也需要使用精神财富，财富是人类生存、享受和发展的基础条件。因此，对财富的拥有和使用，是人类整体和几乎每一个个体追求的目标之一，尽管程度上存在差别。正因为如此，要想研究清楚居民收入分配结果的理想状态，必须研究财富。

### 一、财富的形态

根据《现代汉语词典》中的定义，"财富"是"具有价值的东西"。按照不同的标准，可以对财富进行不同的分类。以使用价值为标准进行分类，财富包括人身财富、物质财富、精神财富；以经济性质为标准进行分类，财富包括经济财富、非经济财富；以来源为标准

① 洪银兴. 中国特色社会主义政治经济学财富理论的探讨——基于马克思的财富理论的延展性思考［J］. 经济研究，2020，55（5）.

进行分类，财富包括自然资源财富、人类创造的财富。

### （一）自然资源财富

自然资源财富指的是大自然的禀赋，即自然界存在的对人具有价值的东西，包括土地资源、矿产资源、森林资源、生物资源、水资源、油气资源、风力地热潮汐太阳能等新能源资源等。在当时的社会生产力水平下人类尚不能利用的物质可称为“潜在资源”，随着科技的进步，潜在资源不断转变为资源，资源的范围不断拓展。

### （二）人类创造的财富

人类创造的财富指的是人类通过自己的体力或脑力劳动，利用或者未利用自然资源而创造出来的具有价值的东西。由于人类的创造过程和创造结果非常复杂、丰富，因此很难对人类创造的财富进行精确的分类，但大致可归纳为以下方面。

1. 人力资源财富。其指的是人类的劳动能力。人类的健康、体力、智力、知识、技能、经验、意志、品格等，是绝大多数财富之源泉，正所谓“劳动是财富之父”，因而其自身也就具有了价值，是重要的财富。在知识经济时代，人力资源被认为是最宝贵的资源。人力资源既有自然的生理特征，同时更是教育、文化、制度等人类行为的产物，是人类创造出来的财富。

2. 产品财富。其指的是人类创造出来的有形的物品。一是基础设施，如公路、铁路、机场、港口等交通设施，电信、互联网、广播、电视等信息通信设施，水、电、气、热、垃圾处理等生活基础设施。二是军事设施，如军事基地、武器等。三是公共服务设施，如教育、科研、文化、公共卫生设施等。四是生产经营设施，如写字楼、厂房、飞机、火车、轮船等。五是加工过的原材料，如钢材、棉纱、沙石、水泥等。六是住宅设施，如商品房、公租房、自建住房等。七是耐用消费品，如计算机、冰箱、洗衣机、电视机、空调、电扇、汽车、游艇等。八是日常用品，如衣服、轻工食品、饮料、文化用品、娱乐用品等。九是农业产品，如粮食、蔬菜、水果、水产品、畜牧产品等。十是其他用品，如宝石、艺术陶瓷、雕塑、邮票等。

3. 服务财富。其指的是个人或社会组织为其他人提供的不能以有形物品为结果，但是具有价值的无形劳动。当人类对衣、食、住、行、用等产品财富的需求得到基本满足之后，对无形服务的需求将随之产生。服务财富主要包括两大类：一是生产性服务，如会计、金融、咨询、设计、法律服务等；二是生活性服务，如家政服务、养老服务、美容美发、物业服务等。

4. 知识财富。其指的是人类从事智力活动所取得的成果，这些智力成果能够给人带来物质或精神上的收获，能够以货币衡量经济价值，是现代经济活动中的重要行为。一是著作权，包括文字作品，口述作品，音乐、戏剧、曲艺、舞蹈、杂技艺术作品，美术、建筑作品，摄影作品，视听作品，工程设计图、产品设计图、地图、示意图等图形作品和模型作品，计算机软件等。二是专利权，包括发明专利、实用新型专利、外观设计专利。三是商标权，包括商品商标、服务商标、集体商标、证明商标。

5. 文化财富。其指的是人类社会整体创造的、形式和内容都无形、难以用货币衡量经济价值、但对人的精神状态具有正面影响的成果，包括信仰、信念、思想、道德、风尚、习俗等。

6. 心理财富。其指的是个人心理认为对自己具有价值的、除以上各类财富以外的其他东西。“财富”是“具有价值的东西”，而什么东西具有价值，既取决于该东西的物质属性即使用价值，又取决于人的价值观即人的心理的主观判断。获得他人的称赞、家庭和睦、子女成才、有闲暇从事自己感兴趣的事情等，这些东西在某些人看来对自己具有价值，因而也属于财富。可见，心理财富的形式和内容也都无形、难以用货币衡量经济价值、对人的精神状态具有正面影响，其与文化财富的区别在于文化财富是社会整体创造的成果，而心理财富是个体创造的成果。

在以上财富种类中，自然资源财富、人力资源财富、产品财富、服务财富、知识财富属于经济财富，即能够用货币计算经济价值并进行市场交换的财富；文化财富、心理财富属于非经济财富，即不能用货币计算经济价值，也不能够进行市场交换的财富。

## 二、财富的使用

各种形态的财富，只有被人使用，才能满足人的生存、享受和发展需要。在现实中，从居民个人的角度来看，使用财富包括两大类。

### （一）间接使用财富

人是社会性的物种，人类的生存、享受和发展需要良好的社会秩序。国家需要强大的国防，预防和抵抗外来侵略；社会需要良好的治安，需要清洁的空气、干净的水，这些都属于公共产品。根据人类长期的实践总结和理论研究，公共产品主要包括国防、外交、宏观调控、社会管理、市场监管、公共服务、环境保护等。公共产品难以由单个的社会组织或个人提供，而需要由政府提供。政府在公共产品领域投入资源创造出的军事设施、基础设施等财富，其中有很大部分，对于绝大多数的个人来说，是不会直接拥有、不能直接使用的，但是他们又确实享受了这些财富带来的效用，因此可以说他们通过非拥有的方式间接使用了这些财富。

### （二）直接使用财富

除间接使用的部分公共产品之外，其他部分公共产品以及全部的私人产品，属于个人直接使用财富。个人作为财富的直接使用主体，要顺利完成直接使用财富的过程，必须具备以下条件：第一，客观上存在财富；第二，使用主体拥有了财富，也就是得到或者保持着某种东西；第三，使用主体有能力使用该财富；第四，使用主体实际采取了使用该财富的行为，而非使其闲置等。

## 三、对直接使用财富的拥有

拥有财富是直接使用财富的先决条件。在现实中，个人拥有财富的方式主要包括以下情形。

### （一）自然拥有

这里所称的“自然拥有”指的是个人对某些财富可以根据自身意愿自由采取行为去得到或者保持，这种拥有行为具有自然正义的特征而无须法律作出明确规定，假若侵害这种拥有行为，将会受到法律制裁。一是对非稀缺性自然资源的自然拥有。一般来说，阳光、空气等一些财富相对于人类的需求来说可以无限供给，不具有稀缺性，任何个人客观上都可以自由拥有和使用。二是对人力资源财富的自然拥有。每个人对自身的健康、体力、智力、知识、技能、经验、意志、品格等人力资源财富，都可以自由拥有和使用。三是对文化财富的自然拥有。社会中的信仰、信念、思想、道德、风尚、习俗等文化财富，具有可复制性的特征，相对于人类的需求来说可以无限供给，任何个人客观上都可以自由拥有和使用。四是对心理财富的自然拥有。家庭和睦、子女成才、有闲暇从事自己感兴趣的事情等外在状态，以及积极乐观的内在心态，都是任何个人可以自由拥有和使用的心理财富。

### （二）合法拥有

这里所称的“合法拥有”指的是个人依据现行法律规定对某些财富的得到或者保持，也就是个人对某些财富享有的合法权利。在人类的财富中，稀缺性的自然资源财富、产品财富、服务财富、知识财富相对于人类的需求来说具有稀缺性，某些主体拥有和使用了，则其他主体就不能拥有和使用，因此，在社会主体之间就产生了对拥有和使用这些财富的竞争。法律是调整社会主体对财富的拥有和使用行为、维护社会秩序的重要规范，符合法律规定的属于合法拥有，违反法律规定的属于非法拥有。根据现行法律，合法拥有包括以下方面。

1. 取得所有权。《中华人民共和国民法典》（以下简称《民法典》）规定的“所有权”指的是所有权人对自己的不动产或者动产，依法享有占有、使用、收益和处分的权利。第一，所有权是物权中权能最大的权利，包括占有权、使用权、收益权、处分权，其中核心是处分权，这是所有权区别于其他物权的关键权能。第二，所有权仍然受到法律规定的限制，并不是绝对的自由行使。比如，对土地的所有权受到国家领土主权的限制，土地所有权人在行使处分权时，不得将土地给予其他国家作为其他国家的领土。第三，一般的所有权可以转让，但是根据《中华人民共和国宪法》（以下简称《宪法》）、《民法典》等法律规定，专属于国家所有的不动产和动产，任何单位和个人不能取得所有权。也就是说，法律规定的国家专属所有权，不得通过任何方式转让给其他任何组织或个人。第四，实际生活中，在个人或社会组织对财富的合法拥有中，取得所有权是最主要的、比重最大的方式。比如居民取得劳动报酬或利润，城镇居民购买及农村居民自建住宅，居民购买汽车、家具、家用电器，居民存款等。

2. 取得用益物权。《民法典》规定的“用益物权”指的是用益物权人对他人所有的不动产或者动产，依法享有的占有、使用和收益的权利。用益物权不包括处分权。根据《民法典》《中华人民共和国农村土地承包经营法》《中华人民共和国土地管理法》等法律规定，农村土地承包经营权、农村宅基地使用权、建设用地使用权、地役权、海域使用权、探矿权、采矿权、取水权，以及使用水域、滩涂从事养殖、捕捞的权利等，都属于用益物权。

3. 取得担保物权。这里所称的“担保物权”指的是为确保债权的实现而设定的，以直接取得或者支配特定财产的交换价值为内容的权利。《民法典》规定，担保物权人在债务人不履行到期债务或者发生当事人约定的实现担保物权的情形，依法享有就担保财产优先受偿的权利，但是法律另有规定的除外。担保物权包括不动产的抵押权，以及动产的质权、留置权。

4. 取得债权。这里所称的“债权”指的是按照合同的约定或者依照法律的规定，在当事人之间产生的特定的权利和义务关系，享有权利的人是债权人，负有义务的人是债务人。债权人要求债务人履行的主要是给付义务和保护义务。债权包括四种类型：一是合同之债，即根据债权人与债务人之间依法签订的合同而产生的债权。比如甲方作为房屋所有权人与作为承租人的乙方签订房屋租赁合同，则乙方享有要求甲方交付房屋占有、使用权的债权，而甲方享有要求乙方给付租金的债权。二是侵权之债，即由于债务人侵害了债权人的人身权或财产权，债权人依法享有的要求债务人给付赔偿等的权利。三是无因管理之债。“无因管理”是指没有法定或者约定义务，为避免他人利益受损失而主动管理他人事务或为他人提供服务的法律事实。无因管理事实发生之后，管理人依法享有请求受益人偿还因管理事务而支出的必要费用的债权。四是不当得利之债。“不当得利”是指没有法律根据而取得不当利益、造成他人损失的法律事实。不当得利事实发生之后，受损失的人依法享有要求受益人归还该不当利益的债权。

5. 取得实时服务使用权。这里所称的“实时服务使用权”指的是个人对不能储存、不能取得物权的实时服务所享有的拥有和使用的权利。社会上所提供的服务，可以大致分为两类。一类是实时服务，即服务不能通过有形的实物形态存在、提供（供给）服务与消费（需求）服务需要同时进行、不能储存以供其他时间消费的服务。比如养老服务、家政服务、美容美发等。另一类是非实时服务，即服务的结果可以通过有形的实物形态存在、提供（供给）服务与消费（需求）服务不必同时进行、可以储存以供其他时间消费的服务。比如软件开发服务、咨询服务、产品设计服务等，服务结果可以通过软件、咨询报告、设计方案等实物形态存在，服务对象可以在不同时间内反复使用服务结果。实际生活中，有些服务可以选择实时服务或非实时服务形式，比如对学生的课外补习服务，如果是课堂授课，属于实时服务；如果是课堂授课并提供录像，则属于非实时服务。个人对非实时服务的拥有，通常表现为对该服务所存在实物形态享有所有权；但是对于实时服务的拥有，则是一种在特定时间段内、提供与消费同步、拥有与使用同步的拥有。

6. 取得公共物品使用权。这里所称的“公共物品使用权”指的是个人对政府或者社会公益组织享有所有权的物品进行非排他性拥有和使用的权利。比如政府建设的公共图书馆，其所有权归属于政府，但是符合规定的个人都可以进行拥有和使用。

7. 取得单位资源使用权。这里所称的“单位资源使用权”指的是个人由于在特定单位中所担任的职务，对于单位具有物权的资源，可以根据职务进行拥有和使用的权利。大致可以分为：一是单位设施的使用，包括办公室、空调、电梯、食堂等；二是职务消费，包括公务用车、接待、出差、会务、办公等费用支出；三是对单位关键资源的使用，包括行使管事、管人、管钱、管物、管信息的权力而对单位这些关键资源的使用等。

### （三）非法拥有

这里所称的“非法拥有”指的是个人违反法律规定或者没有法律依据而占有其他个人、社会组织或国家的财富，也可以称之为“非法占有”“无权占有”，包括“善意占有”和“恶意占有”。

1. 善意占有。这指的是无权占有人误认为其有占有的权利，因而对某物进行的占有，也就是虽然未违反法律的明文规定但是也没有法律依据的占有。比如甲在生前借用乙的物品，未及返还，甲即去世；甲的继承人丙不知该物品是他人的财产，作为甲的遗产继承并占有。善意占有人在使用占有的不动产或者动产时被法律推定为物的权利人，具有占有使用的权利。

2. 恶意占有。这指的是无权占有人明知其没有占有的权利，或对其有无占有的权利有怀疑，但仍然进行占有。根据所违反的法律性质的不同，可以将“恶意占有”区分为三类：（1）违反民事法律规定、依法应当承担民事法律责任的恶意占有，比如无效买卖合同中买受人的占有、租赁期届满后承租人对租赁物的占有等；（2）违反行政法律规定、依法应当承担行政法律责任的恶意占有，比如厂商制假售假并占有买方支付的钱款、聚众赌博并占有赢得的钱款等；（3）违反刑事法律规定、依法应当承担刑事法律责任的恶意占有，比如贪污公款后非法占有、受贿后非法占有、侵吞国有资产后非法占有、抢劫后非法占有等。

## 四、财富的分配

“分配”，在《现代汉语词典》中的含义是“按一定的标准或规定分（东西）”或者“安排；分派”或者“经济学上指把生产资料分给生产单位或把生活资料分给消费者。分配的方式取决于生产资料所有制”。在现实中，“分配”的含义更为复杂，在不同的具体情境下，“分配”的含义可能有所不同。对于“财富的分配”来说，既可能指财富“分配”的行为、过程，也可能指“分配”的结果；既可能指某一主体对财富进行“分配”的行为，也可能指无单一主体采取“分配”的行为而实际形成的各社会成员对财富的拥有状况等。这里所研究的“财富的分配”指的是全社会的各类财富通过各种方式分给社会居民后，最终的拥有或使用状况。

上文分析的个人通过多种方式拥有的财富，是如何分配给个人的呢？对现实情况进行归纳可以看出，财富的分配方式包括大自然的客观规律、国家法律制度、个人等社会主体的经济社会行为，具体包括以下方式。

### （一）自然分配

这里所称“自然分配”指的是大自然和人本身主导的分配，分配的结果对应于财富的自然拥有。阳光、空气等非稀缺性自然资源财富、人力资源财富、文化财富、心理财富的分配，属于自然分配。大自然赋予某些地域充沛的阳光，而赋予另一地区连绵的阴雨；赋予高原地区稀薄的空气，而赋予其他地区充足的氧气。每一个生活在特定区域的人，都可以按照自己的意愿去拥有和使用阳光、空气等自然资源，大自然对待他们基本上是平等的。对于人力资源财富、文化财富、心理财富的分配来说，既受到大自然先天的影响，也取决于个人后天的选择。人的智商、体质、性格，某个地区历史积累的文化财富、经济社会发展水平等，对于个人来说属于先天的影响因素；同时，一个人是否品行端正、积极乐观、勤奋好学，对于他能否拥有更多的人力资源财富、文化财富、心理财富，也起着重要的影响作用。

### （二）法律规定公有

这里所称“法律规定公有”指的是国家法律规定某些财富归属于国家或集体公共所有，也就是法律直接规定对全体社会成员平等分配这些财富。稀缺性自然资源财富和产品财富中的基础设施财富，对于当代人及其子孙后代的生存、享受和发展具有重要价值，其所有权制度非常重要。在私有制国家，稀缺性自然资源以及基础设施财富往往以归个人或社会组织所有为主、归国家所有为辅；但中国作为社会主义国家，稀缺性自然资源以及基础设施财富一般由法律规定属于公有。

根据我国《宪法》和《民法典》等规定，稀缺性自然资源以及基础设施财富的所有权归属可以分为三类。一是所有权归国家专属，即只能专属于国家所有、全民所有，任何单位和个人不能取得所有权。主要包括矿藏、水流、海域，城市的土地，无线电频谱资源，国防资产等。二是所有权归国家所有或集体所有，即只能公有，其他任何单位和个人不能取得所有权，而且国家可以依法征收集体所有的土地。主要包括农村（含城市郊区）的土地，森林、山岭、草原、荒地、滩涂等。法律规定属于国家所有的，属于国家所有；法律规定属于集体所有的，属于集体所有。三是所有权归国家所有或其他社会主体所有，即一般归属于国家所有，但是其他社会主体也可以依法取得所有权。主要包括野生动植物资源，文物，铁路、公路、电力设施、电信设施和油气管道等基础设施，国家机关直接支配的不动产和动产，国家举办的事业单位直接支配的不动产和动产，国家出资企业中的出资人权益。在这类财富中，民营企业等其他社会组织也可以依法取得所有权，比如投资建设公路、出资并购国有企业并获得所有权。对于以上前两类财富，法律规定个人或社会组织可以依法取得用益物权、使用权，从而更好地发挥其在经济活动中的作用。

### （三）法律允许的非商品分配

在产品财富、服务财富、知识财富中，有部分属于非商品性质，不纳入国内生产总值（GDP）统计。这包括：一是家务劳动，比如家庭成员自己洗衣、擦地、做饭、整理居所；二是自给自足性生产，比如自留地里种的仅供自家食用的蔬菜；三是志愿服务，比如志愿者向农村留守儿童免费提供的生活帮扶和心理抚慰服务；四是单位创造的未作为商品出售的知识财富，比如企业发明专利、注册商标等。对于这些非商品财富，法律允许其生产者自行分配（如果属于商品则归入国民收入分配）。

### （四）非法分配

个人通过非法行为而获得的财富，属于非法分配，对应的分配结果是财富的非法拥有。非法分配和拥有的财富包括不纳入 GDP 统计的“地下经济”成果，也包括部分国民收入。

### （五）国民收入分配

国民总收入（GNI）即国民生产总值（GNP），指的是一国国民在一定时期内新生产出的产品财富和服务财富（含进行了商品交换的知识财富）的总和。它等于国内生产总值（GDP）加上来自国外的净要素收入，即：国民总收入（GNI）= 国民生产总值（GNP）= 国内生产总值（GDP）- 在本国内生产但归属于非本国国民所有的增加值 + 在国外生产但归属于本国国民所有的增加值。由于 GNP 与 GDP 的数值通常差别不大，比如 2019 年中国 GNI 为 988 528.9 亿元，GDP 为 990 865.1 亿元，GNI 比 GDP 少 2 336.2 亿元，仅占本年度 GDP 的 0.24%，因此研究国民总收入或人均国民收入时，往往忽略来自国外的净要素收入，而以国内生产总值近似替代。

在现实中，自然分配、法律规定公有属于已经完成的分配，其分配格局基本上是静态的、全民平等的；法律允许的非商品分配、非法分配在财富分配中占比较小；与此不同，一个社会每时每刻都在进行社会生产，新的产品、服务和知识不断被创造出来并进行分配，因此，对产品财富、服务财富、知识财富的国民收入分配，属于正在进行的分配，其分配格局基本上是动态的，不同居民所得往往是不同的。由此可以说，国民收入分配是财富分配的主要组成部分。

从分配方式看，国民收入分配通过各种经济社会行为而进行。包括用人单位向劳动者支付工资、卖方从买方获得销售收入、政府向经济主体征收税费等。国民收入分配通常以货币价值形态进行，居民个人想要拥有和使用具体财富的使用价值时，采取市场交换方式获得，也就是说，市场交换是作为使用价值形态而非价值形态的财富的主要分配方式。

从分配的次序看，国民收入分配包括初次分配与再分配。“初次分配”指的是国民收入创造出来后，在生产单位内部和国家之间进行的第一次分配。主要包括劳动者获得劳动报酬、企业获得固定资产折旧和营业盈余、国家获得生产税净额。具体包括资本（资本所有者）获得利润、劳动（劳动者）获得劳动报酬、土地（土地所有者）获得地租、借贷资金（借贷资金所有者）获得利息、管理（一般为高级经营管理者）获得管理报酬（如年薪）、技术（技术所有者）获得专利使用费或劳动报酬、国家获得税收等。“再分配”指的是国民总收入经过初次分配之后，各收入主体之间通过各种渠道实现收入转移的再次分配过程。根据分配主体的不同，再分配包括多种渠道：一是国家再分配，指的是国家通过税收等方式从社会组织和个人获得财政收入，然后通过财政支出将部分收入转移给其他社会组织和个人；二是社会公益组织再分配，指的是社会公益组织通过募捐等方式从社会组织和个人获得收入，然后通过公益活动支出将部分收入转移给其他社会组织和个人；三是其他社会组织再分配，指的是除国家机构和社会公益组织以外的其他社会组织将自己的部分收入通过捐助、开展公益活动等方式，转移给其他社会组织和个人；四是个人再分配，指的是居民个人将自己的收入通过捐助、赠送、遗产等方式转移给其他社会组织和个人。

居民作为与政府、企业并列的分配对象时，其通过初次分配和再分配所获得的可支配收入，就是通常情况下理论界和实务界所研究的“居民收入”。但是，由于部分居民是私营企业等社会组织的所有者，社会组织获得的收入也是这些居民的财产，因此社会舆论讨论中的“居民收入”往往既包括狭义的“居民收入”，也包括居民个人对私营企业等社会组织收入的所有权，是更加广义的范畴，既涉及收入分配制度又涉及财产所有制度。本论文研究的“居民收入分配”，除作出特别说明外，指的是通常所使用的狭义范畴。

## 五、财富分配与居民收入分配

从以上分析可以看出财富与居民收入的关系。

第一，财富比居民收入的范畴更大，对增进居民幸福感更为重要。人类的生存、享受和发展以使用财富为物质基础，广义的财富既包括作为居民收入分配源头的国民总收入，也包括未列入国内生产总值统计的非商品或非法生产的产品财富、服务财富、知识财富，还包括自然资源财富、人力资源财富、文化财富、心理财富。各种财富共同构成满足人的生存、享受和发展需要的物质基础。

第二，居民对于自然分配的财富无须获得收入而可以自然拥有和使用。这些财富包括非稀缺性自然资源财富、人力资源财富、文化财富、心理财富。“自然分配”基本上取决于自然因素及居民本人意愿，是大自然公平的分配。居民可以通过增强自身素质、汲取社会优秀文化、保持积极乐观的心态、营造和睦温暖的家庭氛围等方式，而不断提升自身的幸福感。

第三，居民对于一些公共财富无须获得收入而可以使用。对于国防、社会治安等国家提供的公共产品，居民可以免费间接使用；对于道路、污水处理、公园等基础设施，图书馆、文化馆等公共服务设施，疾病防控、法律援助等公共服务，居民都可以免费直接拥有和使用。还有很多基础设施和公共服务，比如公租房、公立学校、公立医院等，居民可以支付较低的费用而直接拥有和使用。这表明，国民收入分配中，政府收入不是最终收入而是包括通过公共产品等方式再分配给居民的收入，因此评价居民收入、企业收入和政府收入在国民总收入中的占比时，不能简单地以比例大小为标准，而要看政府收入的用途，看其是否用于为社会提供必需的公共产品，以及公共产品的经济性、平等性、可及性等。现实生活中，在一些村庄里多数居民家庭有较高的收入、较多的家庭财产，但是公共产品匮乏，道路坑洼、环境脏乱、水利工程破旧，没有统一供暖、自来水和污水处理设施等，村民总体生活质量不高；反之，在另外一些村庄，虽然居民家庭的收入和财产相比前者较少，但是公共产品更加丰富，道路平整、环境整洁、水利工程良好运转，实行统一供暖、供水和污水处理，村民的总体生活质量相比前者反而更高。

第四，居民对于用人单位提供的一些资源也可以无须获得收入而直接使用。居民作为用人单位的工作人员，可以免费使用用人单位的办公设施设备、进行职务消费，这些实际上增强了工作人员的幸福感。由于不同用人单位的办公条件、职务消费情况存在差别，因此居民从不同用人单位直接拥有和使用的这部分资源财富也存在差别，这些因素在现实生活中也是居民求职的重要影响因素。

第五，对于稀缺性的自然资源实行“法律规定公有”的所有制，是相对来说最为合理的所有制制度和分配制度，能够永久、公平地增强全体居民的幸福感。土地、矿藏、海域等稀缺性的自然资源，是人类生存、享受和发展最基础的物质条件，产生于大自然而非人力，且不可再生，因此对这类财富的分配最好的制度就是实行“法律规定公有”，其含义包括：一是明确其专属国家所有，或者只能由国家或农村居民集体所有；二是明确这类财富不可作为分配对象，任何居民和其他社会组织也不得通过市场交换或其他任何方式取得这类自然资源的所有权；三是明确居民和其他社会组织可以依法通过市场交换、划拨等方式取得这类自然资源的用益物权，以充分发挥这类自然资源的使用价值。在现实中，尽管“法律规定公有”（公有制）不能确保社会共同体全体成员都能平等拥有和使用不可再生的自然资源财富，但是能够阻却任何居民个人尤其是其后代无须努力劳动而世袭拥有不可再生的自然资源财富。当然，为了充分发挥居民个人的积极性、主动性、创造性，对于可由人类创造的财富，包括人力资源财富、产品财富、服务财富、知识财富、文化财富、心理财富，则不可统一实行“法律规定公有”制度，避免重走“一大二公”、实行单一公有制的错误道路。

第六，私营企业收入与居民个人收入存在一定区别。一方面，企业收入是企业扩大再生产的基础，是创造国民收入必不可少的投资需要，社会必须允许企业包括私营企业参与国民收入分配；另一方面，财富只有使用才能增加居民个人的效用和幸福，居民个人对于有些财富即使无收入、不拥有也可以使用，而私营企业所有者对企业财富即使拥有也不一定使用于个人生活消费，“纵有家财万贯，一日也只三餐”，因此国民收入在居民、政府、企业三类主体的分配中，居民收入占比不是越高越好，而应与政府收入和企业收入保持合适的比例关系；在衡量评价居民收入时，也不可将私营企业的收入与企业所有者的个人收入完全混为一谈。

总之，研究讨论“居民收入分配”，必须站在作为人类生存、享受和发展的物质基础、能够给人增加效用和幸福的“财富”的高度，区分“财富”“经济财富”“国民收入”“居民收入”等不同概念，了解人之终极目的是满足生存、享受和发展所需，增加效用和幸福，而追求获得收入只是手段；既要理解人们为了追求财富中的经济财富而必然追求在国民收入分配中获得更多数量、更大比例的居民收入，又要明白在获得收入与增加效用和幸福之间，还存在着多种可能性，所以在评价和讨论规范居民收入分配问题时，不能仅仅衡量收入的绝对数量和相对比例，而应该站在是否满足居民生存、享受和发展所需、增加效用和幸福的高度去衡量。

## 第二节　从社会系统功能视角看理想的居民收入分配结果

社会学理论中的结构功能主义认为，社会是一个大系统，由许多相互关联的子系统按一定的结构组成，每一个子系统在大系统中都发挥着特定的功能，所有的子系统良好地发挥自己应有的功能，社会大系统就会均衡良好地运转；反之，如果子系统功能不全或不良，则社会大系统的良好运转就会受到不利影响。①

根据马克思主义政治经济学理论，经济是社会大系统的基础，经济活动就是国内生产总值的创造过程，也可称为社会生产总过程，包括四个环节。一是生产环节，指的是社会组织或个人通过劳动创造产品或服务的活动。这是社会生产总过程的第一个环节，是人类社会最基础、最具有活力、处于变革最前沿的活动，是经济财富的源泉。二是交换环节，指的是由于社会生产力的提高和社会分工的存在，不同社会组织或个人用自己拥有的产品或服务与其他社会组织或个人所拥有的产品或服务进行互换。只有进行了互换，产品或服务才成为“商

① 帕森斯. 社会行动的结构［M］. 张明德，夏翼南，彭刚，译. 北京：译林出版社，2003.

品”，属于商品生产而非自给自足生产；只有进行了互换，以商品生产而非自给自足生产为目的的产品或服务才能发挥其使用价值、成为财富；也只有进行了互换，产品或服务的生产者才能换回货币，收回已经投入的成本和实现新创造的增加值。三是分配环节，指的是全社会在“生产”环节新创造出来、并且通过交换环节得以实现价值的产品或服务，被归属于各社会主体的过程和结果。这里的分配是国民收入分配，而不包括其他财富分配。四是消费环节，指的是社会主体为了特定的目的而使用自己通过分配获得的产品或服务。这里的消费包括生活消费和生产消费。①

居民收入分配是国民收入分配的一部分，是社会生产总过程中一个重要环节，因此是社会大系统中一个重要子系统，应该承担着特定功能。只有居民收入分配的功能充分发挥好，才能保障社会大系统良好运转。总结现实情况，理想的居民收入分配应该承担并且发挥好以下四大功能。

## 一、保障功能

居民收入分配的保障功能指的是不管居民个人具体情况如何，社会分配给任何个人的收入都应该维持在一定水平之上，能够保障其最低生活所需，使其能够按照生活于其中的特定的社会标准得以生存。

人的生存、享受和发展所赖以为基础的经济财富，是通过收入分配而得到保障的。在少数情况下，收入分配采取实物配给方式；在大多数情况下，收入分配采取货币化方式，居民获得货币收入后再购买所需的产品或服务，以满足生存、享受和发展需要。在漫长的历史长河中，很多人由于获得的收入难以满足生活所需而饿死、冻死；但在

---

① 马克思．资本论［M］．姜晶花，张梅，编译．北京：北京出版社，2007.

一个文明的现代社会，保障每个人的生存权是普遍的社会价值观，也是社会稳定和谐的基本条件，因此理想的居民收入分配结果必须具备保障功能。反之，如果居民收入分配结果出现部分人群无收入而饿死、冻死，不能发挥保障功能，则这样的居民收入分配结果就是存在很大弊端的。

由收入分配的保障功能，衍生出很多与收入分配相关的社会制度。一是最低工资保障制度，即立法规定在劳动者提供了正常劳动的情形下，用人单位向其支付工资的最低数额不得低于法定最低工资标准。二是最低生活保障制度，即立法规定对于居民家庭实际收入低于法定最低生活标准时，政府应当予以补足。三是其他社会救助制度，包括特困人员供养、受灾人员救助、医疗救助、教育救助、住房救助、就业救助（就业援助）、临时救助等。四是扶贫政策，即针对农村贫困人口采取特别扶持政策帮助其脱贫。

## 二、激励功能

居民收入分配的激励功能指的是居民获得收入的数量与其劳动、创业、创新、投资等创造性活动成正相关关系，从而激发人创造的积极性、主动性，增加社会总财富。

根据马克思主义政治经济学学说，在社会生产总过程各环节中，生产环节是决定性环节，决定着分配、交换和消费环节；国民总收入归根到底是生产出来的，收入的有或无、多或少，根本上取决于生产；在生产中，人的劳动是决定性因素，在经济财富创造中发挥最重要作用。与此同时，分配、交换和消费环节也反作用于生产环节，因为收入是几乎每个理性人都追求的目标，如果收入分配与经济财富生产相一致，收入的数量与每个人的创造性活动成正相关关系，勤奋工作、艰苦创业、开拓创新的人能够获得更高收入，那么就能激发人创造的积极性、主动性，从而在其自身获得更高收入的同时也增加了社会总财富。这样的居民收入分配结果是理想状态。反之，如果收入分配与经济财富生产相背离，生产创造财富的人不能获得应有的份额，而对经济财富创造未做出贡献的人却能不劳而获，那么就不能激励社会成员努力创造财富，这样的居民收入分配结果就不能发挥激励功能，存在很大弊端。

居民收入分配的激励功能包括多个层面：一是企业、民办非企业单位等社会组织内部收入分配的激励功能，这涉及国家法律是否赋予社会组织内部收入分配权，以及该社会组织内部薪酬管理水平的高低；二是机关、事业单位等某一类社会组织收入分配的激励功能，这涉及该类社会组织收入分配制度的合理性；三是全社会收入分配的激励功能，这涉及一个国家收入分配制度的合理性。在最理想的情况下，居民收入分配在微观、中观、宏观各层面均发挥着激励功能，而且在各层面对全部主体都发挥着激励功能。在难以实现最理想状态的情况下，居民收入分配激励功能要求分配制度能够调动财富创造中最关键群体的积极性、主动性。比如在资本短缺时，收入分配将倾向于投资人、经营管理者；在劳动力相对短缺时，收入分配将倾向于劳动者。

由收入分配的激励功能，也衍生出一些与收入分配相关的社会制度。一是企业内部分配自主制度，即企业内部工资制度、不同人员之间的工资关系、工资结构、绩效考核等，由最了解实际情况的本企业（有的为经营管理者，有的还包括职工代表）自主决定，从而使收入分配能发挥激励功能。二是国有企业工资总额管理制度，即由特定政府部门在对国有企业进行保值增值考核的基础上，核定其工资总额，从而引导国有企业努力实现本企业的保值增值。三是收入分配行为规范制度，即通过法规政策规范收入分配方式，努力使其合法、合理、合情，避免因收入分配方式的不公平而减弱收入分配的激励功能。四是收入分配调节制度，即通过法规政策提高低收入群体收入、扩大中等收入群体规模、调节过高收入，避免因收入分配差距过大而引起普遍不满的社会思潮、减弱收入分配的激励功能。收入再分配制度是收入分配调节制度的重要组成部分。

## 三、资源配置功能

经济财富的创造需要投入资源，而资源的配置有多种方式，包括立法、行政命令、公益行为、市场等。在市场经济条件下，市场在资源配置中发挥着决定性作用，其他方式只是起补充作用。市场配置资源的主要手段是调节资源的价格，资源拥有者按照“价高者得”的原则出售资源，资源购买者付出了更高价格购买资源后，为了弥补高成本将努力创造出更多的经济财富，从而使资源得到最大限度的利用。

居民收入分配的资源配置功能，包括狭义和广义两种内涵。从狭义上来说，指的是用人单位的劳动者工资收入作为人力资源的价格，由人力资源市场自发调节形成，对人力资源的配置发挥着关键作用，能够引导人力资源在不同用人单位、不同地区、不同行业、不同职业之间合理流动，被配置到最能发挥作用的岗位，从而实现人尽其才、才尽其用。从广义上来说，指的是资本、土地、管理、技术等其他生产要素在国民总收入中所分配得到的收入，也由各类生产要素市场调节形成，生产要素所有者为了获得更高收入，努力将生产要素资源合理配置到最能发挥作用的地区、行业、社会组织，从而创造更多的经济财富。

理想的居民收入分配结果，应该能够发挥收入作为生产要素价格，通过市场机制合理配置各类生产要素资源的重要作用。反之，如果收入分配结果不合理，也就是生产要素价格不合理，就可能造成生产要素资源的错误配置，这样的居民收入分配结果存在很大弊端。

由收入分配的资源配置功能，也衍生出一些与收入分配相关的社会制度。一是人力资源市场制度，立法明确劳动者自主择业，用人单位自主用工，双方平等自愿、双向选择，在遵守最低工资制度等法规的前提下，双方可在人力资源市场调节下协商约定劳动者工资收入。二是其他生产要素市场和商品市场制度，立法明确由资本、土地、管理、技术等其他生产要素或者各类商品的供需双方在不违反法律法规的前提下自由买卖，由市场自发调节形成价格，并以价格引导各种资源配置。

## 四、经济稳定功能

居民收入分配的经济稳定功能指的是，在国民收入的分配中，居民收入应该占有合适的比例，从而稳定经济，促进实现经济增长、充分就业、币值稳定、国际收支平衡四大宏观经济调控目标。

经济增长、充分就业、币值稳定、国际收支平衡是现代各国经济发展和国家治理普遍追求的宏观目标，而居民收入分配结果对四大宏观经济调控目标的实现具有重要影响。一般来说，如果居民收入在国民收入分配中占比过高：一是可能挤占企业利润和政府财政收入，导致全社会的积累和投资不足，从而阻碍经济增长；二是可能导致企业的劳动力需求数量下降，从而阻碍充分就业；三是可能导致消费品供不应求，从而产生需求拉动型通货膨胀；四是可能导致本国产品的成本和价格过度提高，从而阻碍出口，不利于国际收支平衡。反之，当居民收入在国民收入分配中占比过低：一是可能导致社会总需求“三驾马车”中的消费需求不足，从而阻碍经济增长；二是在社会总需求不足的状况下，经济的实际增长率低于潜在增长率，会阻碍充分就业；三是在经济增长受阻的情况下，各类生产要素和产品服务普遍供大于求，引起通货紧缩；四是居民收入占比过低往往伴随着劳动者工资收入占比过低，可能导致损害本国劳动者权益去过分扩大出口，也不利于国际收支平衡。

需要指出的是，在居民收入总量占比不变情况下，居民之间的收入分配格局也可能影响社会总需求。根据凯恩斯所揭示的“边际消费倾向递减规律”，人们的消费虽然随收入的增加而增加，但在所增加的收入中用于增加消费的部分越来越少。当部分居民的收入已经提高到成为社会的富裕阶层，其基本上拥有了该时代的各种消费品，再继续增加收入，用于增加消费的比例就会越来越低。与此不同，社会的中产阶层和低收入阶层尚缺乏很多该时代的消费品，增加收入后用于增加消费的比例会提高。基于以上原因，如果居民收入分配的差距过大，少数人拥有大部分财富而大多数人只拥有小部分财富，将会抑制社会整体上的边际消费倾向，出现潜在消费需求不足的状况。

理想的居民收入分配结果应该是居民收入在国民收入中占有合适的比例，从而促进四大宏观经济调控目标的实现，促进经济社会的稳定发展。如果居民收入在国民收入分配中比例失当，那么居民收入分配结果就存在很大弊端。多大比例是适当的比例，这需要在实际中结合经济运行状况进行测度，因为一个国家的社会制度、文化观念、发展阶段等多重因素都影响着该国该阶段居民收入在国民收入中适当比例的数值。比如在前工业化和低收入发展阶段，人均国民收入过小，大部分国民收入只能用于居民的吃喝穿着，恩格尔系数高，因此居民所得占比较高；在工业化前期中期和中等收入发展阶段，因为企业扩大再生产、基础设施建设、公共服务供给存在大量短板需要投资，因此居民所得占比降低；而在工业化后期和高收入发展阶段，消费需求成为“三驾马车”的主力，因此居民所得占比应该较高。目前有研究分析指出，1992 年以来我国国民收入分配中居民收入占比逐年下降，并认为这是不合理的。作者认为，1999 年我国由低收入国家进入中等偏下收入国家行列，2010 年进入中等偏上收入国家行列，因此 1992

年以来居民收入占比逐年下降是符合特定发展阶段要求的；真正的问题是在即将进入高收入国家行列时居民收入占比仍然较低。

由居民收入分配的经济稳定功能衍生出的与收入分配相关的社会制度包括：一是保持居民收入在国民总收入中的适当比例，如果比例较低则采取措施提高、如果比例较高则采取措施降低；二是保持劳动报酬在国民收入初次分配中的比例，即与税费、利润、地租、利息相并列的劳动报酬，在国民收入的初次分配中应保持适当的比例，如果比例较低则采取措施提高、如果比例较高则采取措施降低。

## 第三节　从社会心理视角看理想的居民收入分配结果

社会心理学理论认为，应该通过调查研究，了解和掌握社会心理的动向及其变化原因，为我们开展各项社会活动、丰富社会生活提供心理依据，使人们在各项活动中积极发挥心理能量，促进个性发展和集体生活的发展，也为社会决策提供有代表性的社会心理依据，使我们的决策代表社会发展的根本利益，又能够被多数群众所接受。① 为中国人民谋幸福，为中华民族谋复兴，是中国共产党和人民政府的初心使命。人民群众满意不满意，是党和政府作决策、抓落实首先要考虑的问题，包括居民收入分配在内的一切工作都要努力让人民群众满意，符合社会期望。为此，研究居民收入分配结果的理想状态，也需要从社会心理视角进行研究。从现实情况看，人民群众对居民收入分配的期望，包括社会个体和社会整体两个层面。

① 沙莲香. 社会心理学［M］. 北京：中国人民大学出版社，1987.

## 一、社会个体对居民收入分配的通常期望

通常来说，个人对自己及家庭收入的期望包括以下几个方面。

### （一）期望收入能满足客观存在的生活需要

这是关于本人收入与生活需要的关系的心理诉求。人的生存、享受和发展需要的满足，以财富为物质基础，而经济财富是财富的重要组成部分，所以人追求获得与生活需要相对应的收入和经济财富，以满足自身及家庭客观存在的生活需要。人类的生活需要本身是复杂的。第一，生活需要从类别来说，包括衣、食、住、行、用、教育、医疗、美容、娱乐等。随着创新和社会生产力的发展，生活需要的种类越来越多，20 世纪 90 年代之前人类尚不知手机为何物，但 21 世纪 20 年代手机已经成为人类的必需品。第二，生活需要从综合方式来说，有多种多样的类型。不同群体对工作与生活以及衣、食、住、行、用等生活需要种类的选择不同，形成独特的组合，也就是通常所称的“生活方式”，有的“朝九晚五”上班，有的周游世界；有的偏重于物质享受，有的注重精神富足；有的是美食家，有的是体育迷。多种多样的生活方式使得世界和人生丰富多彩，也使不同群体对收入形成不同的期望。第三，生活需要从数量和质量来说，可以划分为很多档次。实际生活中往往分为最低档次、基本档次、高级档次、奢侈档次，人的自然属性通常是追求更高的档次；但人也具有社会属性，有不同的信仰和价值观，如中国的儒家、道家倡导简朴的生活，佛教更是主张清修的生活。因此不同群体对生活需要的档次追求不同，有的满足于基本档次，有的则追求奢侈档次。第四，生活需要从时间与品质的关系来说，存在刚性。在人的自然属性中，各种本能欲望得到满足后就会感到幸福，反之则不会感到幸福甚至感到悲伤、愤怒。因

此，人的衣、食、住、行、用等本能欲望派生出来的生活需要一旦得到了满足，使人产生了幸福感，这种生活需要就被保持甚至强化，必须继续得到满足才会产生幸福感，这就是生活需要的刚性，也就是通常所说的“由俭入奢易，由奢入俭难”。第五，生活需要从满足的可能性来说，可以大致分为一定能实现、可能实现、一定不能实现。这取决于个人的条件、外界的环境以及未来的不确定性（所谓的运气）。通常来说，由于个人欲望的无限性和国民收入的有限性、分配的竞争性，实际情况往往是部分群体的生活需要能够确保得到满足，部分群体经过努力也得到了满足，而也有部分群体的生活需要不能得到满足；由于受到满足可能性的现实约束，人往往会调整自己对生活需要的期望，进而调整对经济财富和收入数量的期望。

从全社会的宏观角度看，满足全部个人关于收入能满足客观存在的生活需要的期望，尽管非常难以做到，但是在理论上说是可能实现的，其条件是 GDP 的总量、国民收入的分配以及居民个人的生活需要之间实现合理的调节和匹配。

### （二）期望收入能够不断增长

这是关于本人不同时期收入之间的关系的心理诉求。除满足客观存在的生活需要之外，个人往往还会期望自己及家庭的收入能够不断增长，现在的收入比过去的收入更多、未来的收入也比现在的收入更多。在实际生活中，居民经常进行这种时间维度上的比较，当个人和家庭的实际收入一段时间内无增长时可能会有所抱怨，如果现在的实际收入与过去相比减少了，可能就会产生严重不满；对未来实际收入的预期，也会影响其对人生、社会乃至国家政策的肯定与否。

期望个人及家庭收入能不断增长，主要出于几种动机。第一，满足客观需要的动机。随着经济社会发展，人的生活需要不断提升，相应地需要更多的经济财富和收入去购买交换生活需要的产品和服务。

在这种情况下，期望个人及家庭收入能不断增长，与以上分析的期望收入能满足客观存在的生活需要密切相关。第二，满足收入刚性的动机。在以上分析的刚性生活需要的作用下，人对收入的期望也存在刚性，即随着时间的推移，自己和家庭的收入只能增加而不能减少，否则就会产生不幸福甚至悲伤、愤怒等负面情绪。第三，满足安全需求的动机。心理学家亚伯拉罕·马斯洛的需求层次理论认为，人类的需求从低到高可分为五个层次，分别为：生理需求、安全需求、社交与归属的需求、尊重与自我尊重的需求、自我实现的需求。人出于安全需求，居安思危、乐不忘忧，会期望收入能够不断增长，因为人生充满着不确定性，生老病死、意外事件常常会不期而遇，需要有足够的财力去应对。第四，满足自我实现需求的动机。因为人总是希望自己和家庭能不断发展，境遇越来越好，行走在不断上升的道路上而不停滞、更不后退，因此也会希望经济财富和收入能不断增长，日子越来越好。

从全社会的宏观角度看，满足全部个人关于收入能不断增长的期望，在理论上说是可能实现的，其条件是全社会的生产总值能不断增长且对国民收入分配进行相应调节。

### （三）期望收入能比别人更多

这是关于本人收入与别人收入的关系的心理诉求。人类欲望的无限性和资源的有限性之间的矛盾，造就了人类自然属性中的竞争性，使得人类具有一种优胜本能，即希望自己比别人更强更优秀。这种本能向外纵向延伸，就是人往往也希望自己的家庭比其他家庭更强更优秀，自己所在的集体比其他人所在的集体、自己的家乡比其他人的家乡、自己的国家比其他人的国家更强更优秀。这种本能向外横向延伸，就是人往往希望自己各方面都比其他人更强更优秀，包括能力、地位、财富、收入等。人类的这种竞争性和优胜本能，如果没有修身律己等社会属性的约束和引导，就会使得人期望自己家庭的收入能比别人家更多。假如期望得以实现，心里就感到满意、高兴；假如期望未得到实现，甚至自己家庭的收入比别人低很多，心里就不满意、不高兴甚至愤怒、嫉妒、仇恨。在现实中，一个国家和社会越是发达文明，社会成员的社会属性就越强，期望收入能比别人更多的自然属性动机也就越弱；反之，如果一个国家和社会尚不能达到发达文明，则其社会成员的社会属性就难以强大到约束其自然属性，期望收入能比别人更多的动机就会非常强烈，虽然很多社会成员的收入能够满足客观存在的生活需要，也能够不断增长，但是面对别人更高的收入、更快的增长，其仍然会不满意、不高兴甚至愤怒、嫉妒、仇恨。

从全社会的宏观角度看，满足全部个人关于收入能比别人更多的期望，在理论上说是不可能实现的悖论。如果有一个人实现了这一期望，那么其他社会成员就都没有实现；如果有一部分社会成员实现了这一期望（假定他们能够退而求其次，期望自己家庭的收入能不比别人少，即等于或多于别人家的收入），则另一部分社会成员的期望就都没有实现。

## 二、社会整体对居民收入分配的通常期望

社会心理学揭示出，社会作为一个整体，并不是所有社会成员个体的简单相加；作为整体的社会价值观、社会期望、社会舆论、社会思潮，并不是个体的个人价值观、个人期望、个人言论、个人思想的简单复制。社会整体的具体心理特征与社会个体的具体心理特征既可能相同，也可能不同。从对居民收入分配的通常期望来说，社会个体期望自己或家庭的收入能够满足客观存在的生活需要、能够不断增长，这样的心理期望在社会整体层面存在实现的可能性，因而也是社会整体的心理期望；但是，社会个体期望自己或家庭的收入能够比别

人更多，这样的心理期望在社会整体层面是不可能实现的。因此社会整体关于居民之间收入分配关系的心理期望，与社会个体的心理期望存在不同。

### （一）社会整体期望的居民收入分配价值观

总体上来看，社会整体对居民收入分配的价值标准是：收入分配应该既注重效率也注重公平，既要有助于“做大蛋糕”也要“分好蛋糕”。

第一，居民收入分配应该注重效率。所谓“效率”，在《现代汉语词典》中的释义是“单位时间内完成的工作量”。在收入分配领域，效率指的是收入分配格局能够对社会生产环节产生正向反作用，激发被分配对象的活力，使其勤奋工作，努力创新，勇于创业，敢于投资，从而发展社会生产力，创造出更多的经济财富，即“做大蛋糕”。

第二，居民收入分配应该注重公平。所谓“公平”，在《现代汉语词典》中的释义是“处理事情合情合理，不偏袒哪一方面”。在收入分配领域，公平的含义主要包括三个方面：一是指收入分配的方式合法、合理、合情，即所谓的“过程公平、程序公平、权利公平”；二是指收入分配的结果差距适当，即所谓的“结果公平”；三是指收入分配的起点一致，即所谓的“起点公平、机会公平”，也就是在进入一个公平的收入分配程序进行竞赛之前，应该尽量让每个参与者都站在同一条起跑线上。客观地看，影响每个人起点的因素包括遗传决定的身体状况、智商情商，家庭的经济条件，父母的文化程度，社区和区域的发展状况等，有些影响因素是现阶段难以改变的，比如智商情商；有些影响因素则是国家和社会可以改变的，比如推动教育、医疗卫生基本公共服务均等化，从而使贫困家庭的子女不因贫困而发生辍学、身体健康受损等状况。因此，对起点公平、机会公平的追求，其实是对国民收入再分配和社会政策的诉求。当一个社会的大多数居民都认可收入分配的起点、方式和结果时，意味着这个社会“分好了蛋糕”。

第三，居民收入分配应该处理好效率与公平的关系。虽然社会公众、学者、政府部门对收入分配价值标准的普遍期望既包含了效率也包含了公平，但是对于如何确定“效率”与“公平”的比重，则存在着不同的观点以及由此主导的政策实践。

观点之一认为，效率优先、兼顾公平。这种观点的含义是：既要坚持效率价值取向，也要坚持公平价值取向，但是在效率与公平的比重中更加侧重于效率；在实践中“侧重于效率”的实际内涵是允许收入分配差距超过通常认可的范围，默认收入分配起点不公平，甚至接受收入分配方式存在合法性、合理性、合情性的瑕疵。

观点之二认为，公平优先、兼顾效率。这种观点的含义是：在效率与公平的比重中更加侧重于公平；在实践中“侧重于公平”的实际内涵是不允许收入分配差距超过通常认可的范围，更不接受收入分配方式存在合法性、合理性、合情性的瑕疵，也不认可起点不公平，为此在“效率与公平两者不可得兼”甚至“收入分配差距过大”的情况下宁愿牺牲部分效率也要追求公平。

观点之三认为，效率与公平并重。这种观点的含义是：赋予效率和公平同等重要的地位，把提高效率同促进公平结合起来，初次分配和再分配都要处理好效率和公平的关系；既要努力规范收入分配方式使其合法、合理、合情，也要努力改变起点不公平，还要将收入分配差距控制在通常认可的范围；考虑到现实中初次分配环节即使公平竞争也可能带来收入分配差距过大，因此再分配环节要更加注重公平。

分析以上不同观点及其主导的实践，具有几个特征。一是不同观点和实践具有不同的时代特征。“效率优先、兼顾公平”的观点和实践占主流的时期，往往是全社会迫切希望发展落后的经济，迅速“做大蛋糕”，需要极大地激发社会主体追求财富和收入的动力，为此在“效率与公平两者不可得兼”甚至“公平抑制效率并产生大锅饭”的情况下宁愿牺牲部分公平价值。“公平优先、兼顾效率”的观点和实践占主流的时期，往往是全社会居民收入分配差距过大，社会舆论产生了比较严重不满的时期。“效率与公平并重”的观点和实践占主流的时期，往往是经济社会发展到较高水平，效率较大提高但收入分配差距较大的时期。也就是说，对收入分配价值标准的选择，既寄托着人类的理想，也受到现实可行性的制约，有时只能无奈地选择次优方案。二是效率与公平之间的相互作用都具有二重性。从效率对公平的影响来说，注重效率既可能破坏公平也可能促进公平，不注重效率既可能促进公平也可能破坏公平。一方面，注重效率，调动全体居民发展经济的积极性，发挥各类生产要素的作用，可能由于资源禀赋、勤奋程度、机会运气等不同而扩大居民之间的收入分配差距，也可能由于强调效率而忽视收入分配方式的合法性、合理性、合情性，从而破坏收入分配的公平；另一方面，注重效率，创造出更多的经济财富，也可以增强政府的财政实力，提升政府进行再分配的能力，从而推进基本公共服务均等化，缩小起点不公平，促进收入分配公平。从公平对效率的影响来说，注重公平既可能降低效率也可能提升效率，不注重公平既可能提升效率也可能降低效率。一方面，如果过分注重结果公平，着力通过干预初次分配、加大再分配力度去缩小收入分配差距，可能会弱化全体居民尤其是优秀人才创造财富的动力，从而降低全社会发展经济的效率；另一方面，如果社会公众认为收入分配是公平的，则能发挥其努力工作的积极性、主动性、创造性，从而提升效率。三是“效率与公平并重”的观点更加符合社会的理想。在这种价值标准下，社会努力通过再分配措施缩小和消除人与人之间的起点不公平，建立起合法、合理、合情的收入分配方式，让居民在初次分配环节公平地追求更高收入，对于过大的收入分配差距又通过再分配措施予以调节，从而在微观的各类社会组织中以及宏观的全社会中都极大地调动了人的积极性、主动性、创造性，不断提升经济社会发展效率，既“做大了蛋糕”，又“分好了蛋糕”。

### （二）社会整体期望的居民收入分配格局

从现实情况看，社会整体期望的居民收入分配格局，是能够最大限度地接近大多数社会成员期望自己的收入能比别人多这一强烈心理动机（这意味着自己的收入比别人多，或者一样多，或者只比别人少一点）的居民收入分配格局，包括以下几种类型。

第一，“绝对平均主义”收入分配格局。也就是全社会所有成员的收入都绝对相等，收入数量相同，在国民总收入中的比例相同。在这种收入分配格局中，每个人都未实现自己的收入比别人更多的期望，但是都实现了自己的收入不比别人少的期望。在人类社会历史上，从未出现过收入分配的绝对平均主义，主要原因是不同社会成员的竞争实力不同，同时对创造经济财富的贡献不同，生活需要也不同。

第二，“相对平均主义”收入分配格局。也就是全社会所有成员的收入数量以及在国民总收入中的比例有所不同，但是差距较小。基尼系数小于0.3，而且洛伦茨曲线比较平滑地贴近45°线，曲线斜率数值较大且变化较小；社会中处于较高收入群体的居民会比较满意，而处于较低收入群体的居民虽然不满意，但负面情绪不太强烈。

第三，“橄榄型”收入分配格局。这种分配格局对应于“橄榄型”社会结构，指的是全社会所有成员中，收入特别高与特别低的两端群体的人数都很少；而大多数社会成员属于中等收入群体，其收入较高同时群体内部分配差距较小。在“橄榄型”分配格局中，基尼系数小于0.4，洛伦茨曲线先短暂缓升、再较长平滑抬升、最后短暂陡升，曲线斜率相应地先短暂数值较小、再持续数值较大、最后短暂数值很大，在低收入、中等收入、高收入的转折点曲线斜率变化较大；社会中高收入群体、中等收入群体对收入分配比较满意，低收入群体虽然不满意，但该群体人口在总人口中占比很小，对社会思潮、社会公众关于收入分配评价的影响不大。

第四，“贵族-平民”收入分配格局。这里是借用“贵族”与“平民”概念表达类似的含义，现实中未必是真正的贵族与平民两个阶级。这种分配格局指的是全社会所有成员大致分为两个群体，一个占总人口比例较小的群体是统治阶级，另一个占总人口比例很大的群体是被统治阶级；统治阶级获得的收入在国民总收入中占比很大，而被统治阶级获得的收入占比较小，即两个群体之间的收入分配差距很大，统治阶级对此分配格局比较满意；与此同时被统治阶级成员之间的收入分配差距较小，他们日常交往以及间接了解到的人群基本上都是本阶级人员，很少有别人比自己的收入高出太多，因此他们对此分配格局也会比较满意。在“贵族-平民”分配格局下，收入分配总体差距很大，但是大多数社会成员对此格局却比较满意。

“贵族-平民”分配格局揭示了洛伦茨曲线和基尼系数作为受到广泛认可的衡量收入分配差距的主要指标的不足，即基尼系数确实能够反映一个国家和社会存在的收入分配差距的客观状况，但是其反映的主观社会思潮、社会对这种收入分配差距的主观评价却未必准确；也就是说基尼系数越大确实反映出客观收入分配差距越大，但是社会对此的主观评价却未必越负面。出现这种问题的原因是，基尼系数指标建立在现代社会基础上，其实际上假定全社会所有成员都是地位平等而不存在“阶级断崖”的，因此社会所有成员的权利意识、对收入的期望也都是相似的，当收入差距越大时收入相对更低的群体就会越不满意；而在“贵族-平民”社会结构中，平民与贵族的地位、权利意识、对收入的期望存在断崖式不同，平民默认了贵族的更高地位和更高收入，只与其他平民进行攀比，使得社会思潮和社会对收入差距的主观评价与现代社会呈现出不同特征。

第五，“城乡二元”收入分配格局。这种分配格局指的是全社会所有成员大致分为两个群体，一个群体是城市居民，另一个群体是农村居民，两个群体的地位不同，因此权利意识、对收入的期望也不同。城市居民获得的收入在国民总收入中占比很大而农村居民获得的收入占比较小，即两个群体之间的收入分配差距很大；但是城市居民相互之间、农村居民相互之间的收入差距都较小，城市居民对此分配格局比较满意；农村居民由于日常交往以及间接了解到的人群基本上也都是农村居民，很少有别人比自己的收入高出太多，因此他们对此分配格局也会比较满意。“城乡二元”分配格局与“贵族–平民”分配格局相似，也揭示了洛伦茨曲线和基尼系数的不足，即全社会基尼系数越大确实反映出客观收入分配差距越大，但是社会对此的主观评价却未必越负面；按照城市和农村分别计算基尼系数，反而更能反映社会对收入分配的主观评价。

### （三）社会整体期望的居民收入分配方式

居民收入分配方式指的是居民获得收入的途径、渠道。从社会个体心理来看，一个人如果既具有自然属性又具有很强的社会属性，修身律己，知行合一，表里如一，那么其可能既在乎自己也在乎他人收入分配方式的性质；如果没有社会属性的约束，则具有自然属性的个人对自身的收入分配方式不会在意其性质而只会关注其结果（为了获得收入而不择手段），但是其仍然会在乎他人收入分配方式的性质，不管是出于期望自己收入能比别人更多的心理，还是出于社会价值观的潜在影响。因此，社会整体期望的居民收入分配方式通常具有以下性质。

第一，收入分配方式的合法性。主要包括三种情形：一是该收入分配方式属于法律法规政策明确规定的合法方式。比如用人单位的劳动者提供劳动后获得工资；民营企业所有权人获得利润分红。二是该收入分配方式虽无法律法规政策的明文认可，但符合法律精神。比如居民在市场上买卖玉器宝石、古币陶瓷等而获得的价差收入，符合市场经济合法买卖的精神。三是该收入分配方式既无法律法规明文认可也无法律精神作为依据，但并未违反法律法规的禁止性规定。对于社会主体的民事行为而言，“法无禁止即可为”是法学理论和法律实践中一条重要原则。现实中有大量的收入途径不能在现行法律法规中找到明确的依据，但是也没有法律法规明确禁止这种收入途径，因此这样的收入分配方式也属于合法方式。比如网络主播赚取网络流量收入。

除此以外，在我国的现实中还有两种存在法律瑕疵的情形一般也被视同为合法收入分配方式。一是所谓“灰色收入”，即由于法律制度的不完善，对本该禁止的行为未作出禁止性规定，政府部门或司法机关难以明确认可其合法，但也难以认定其违法并追究法律责任，致使部分社会组织和个人通过这种行为获得收入。比如20世纪90年代一些机关面向下级机关或企业举办收费培训班，将收费所得用于向本机关工作人员发放劳务费。随着法律制度的完善，“灰色收入”的存在空间越来越小。二是所谓“民营企业原罪”，即在改革开放之初，国家法律制度尚不健全，社会大众法律意识比较淡薄，一些民营企业在发展初期的生产经营过程中可能存在违反了法律精神的行为，并因此而获得“第一桶金”，完成资本的原始积累，此后在这些资本的基础上获得高收入致富，此后的高收入虽然合法但被认为源头上存在“原罪”。由于所谓“民营企业原罪”产生于特殊时期，主要原因是法律制度不健全，此后其合法经营且对社会贡献很大，因此在现实中往往将这类民营企业的收入视同为合法收入。

第二，收入分配方式的合理性。“合理性”是比“合法性”更加复杂的哲学概念，判断“合理性”的标准即“理”，在现实中包括真理（客观规律）、逻辑、经验事实、社会价值观、解决问题的有效性、与实现目标的一致性等不同的标准。判断收入分配方式合理性的“理”，主要侧重于道德等社会价值观、解决问题的有效性、与实现目标的一致性，包括以下情形。一是该收入分配方式的公平性和公正性，这是现实中最重要、受众最广泛、含义最复杂的标准。对于他人通过公平公正的方式获得的收入，比如他人苦脏累险劳动所得、科技专家的创造性所得，即使比自己高出很多，人们一般也愿意认可；但对于他人通过不公平不公正的方式获得的收入，比如国有企业的垄断性收入，人们一般会难以接受。不过，对于各种实际情形到底是否公平、公正，不同的人往往不容易取得共识。二是该收入分配方式的诚信度。如果他人的高收入是通过经济活动中的夸大其词、不守信用、规避法律甚至欺骗而获得的，那么人们一般会难以认可。三是该收入分配方式体现的法治精神。如果他人的高收入虽然不违反现行法律法规但是未体现出法治精神，比如规避法律法规取得高收入、获得各种“灰色收入”，那么人们一般会难以认可。四是该收入分配方式与更高目标的一致性，这是难以被大众认知但在管理者群体中经常会使用的标准。如果允许他人获得高收入是为了实现更高目标，那么管理者会选择这种收入分配方式并引导大众认可。比如经济不发达地区为了吸引资本到本地投资而给予投资者财政补贴、税费减免，尽管这样会扩大居民收入分配差距。

第三，收入分配方式的合情性。也就是收入分配方式必须符合人之常情。“人之常情”指的是当前时代大多数人都会有的情感，其可能随着时代的发展而有所改变。比如关于长辈与晚辈之间的赠与、遗产这种收入分配方式，是亲属之间基于亲情而发生的收入分配方式，在封建时代被视为天经地义，当时甚至认为皇权、爵位的世袭也是合情的；在现代社会，政治权力基于亲情的世袭被废止且这种废止不被认为不合情，但财产的世袭仍然被认为合情；随着社会的发展，按劳分配、权利与义务相对等的理念逐步深入人心，富二代尤其是其中的纨绔子弟不劳而获得到巨额收入，在很多人的观念里不再被认为合情（也被认为不合理），从而难以被他们认可。

## 第四节　小　　结

综合前面三节的分析可以看出：人类的生存、享受和发展，是以使用财富为物质基础。财富包括多种类型，由产品财富、服务财富、知识财富构成的国民总收入（经济财富）只是财富的一部分，尽管这部分财富是人类总财富的主要组成部分。为了人类社会的幸福或全体国民的福利最大化，一方面，全体社会成员应该积极主动地努力拥有和使用可以自然拥有和使用的非稀缺性自然资源财富、人力资源财富、文化财富、心理财富，不断提升人自身的综合素质，学习和吸收优秀的文化，保持积极乐观的心态；另一方面，应该不断可持续地创造和生产更多更好的国民总收入（经济财富），并且不断按照理想状态优化各类财富的分配和使用。其中，居民收入分配结果的理想状态应该如下所述。

第一，对于稀缺性的不可再生的自然资源，不应该作为居民收入分配的对象，也不应该允许任何居民以自己的收入去购买或以其他方式取得所有权，而应该实行“法律规定公有”制度，从而阻却任何个人获得、继承这类稀缺性的不可再生的自然资源的所有权。应该让这类财富永远地、可持续地为全体国民所有、使用。

第二，在国民总收入的分配中，政府、企业和居民之间应该保持对于当时当地适当的比例。要让政府获得适当比例的收入并监督其为国民提供个人难以提供的公共产品，让企业获得适当比例的收入以使其有动力（有创造就能多得）、有能力（有积累和投资）不断创新和生产更多更好的财富，让居民获得适当比例的收入以满足其对美好生活的向往并且发挥居民收入分配的经济稳定功能，从而促进经济可持续增长，不断“做大蛋糕”。

第三，在居民收入的分配中，应该按照各类生产要素以及非生产要素财产在直接或间接创造和生产国民总收入（经济财富）中贡献的大小来分配，从而发挥居民收入分配的激励功能、资源配置功能，以提高经济效率，创造更多更好的经济财富。需要指出的是，不仅要坚持目前公认的“劳动、资本、土地、知识、技术、管理、数据等生产要素由市场评价贡献、按贡献决定报酬”，而且要认可居民存款、出租房等非生产要素财产在间接创造国民总收入中的贡献，由市场评价贡献、按贡献决定报酬。

第四，在居民收入的分配中，应该劳动所得最多，也就是劳动所得在居民可支配收入中占比应达到一半以上，成为居民收入的主体。因为人类的劳动是创造和生产国民总收入（经济财富）最重要的生产要素，做出了最大的贡献，劳动也是经济活动中投入量最大、涉及人群最广的生产要素。正是人类的脑力和体力劳动，不断拓展新的业态、生产方式、科学技术、组织管理，不断提高劳动生产率，使得人类以越来越少的投入创造出越来越多越好的财富。需要指出的是，“劳动所得最多”或者说“按劳分配为主体”，其含义实际上不是指劳动收入在国民收入分配中占比最大，而只是在居民可支配收入中占比最大。

第五，在居民收入的分配中，应该发挥其保障功能，保障包括无生产要素、未对创造和生产国民总收入（经济财富）做出贡献的居民在内的全体国民都能获得生存必需的收入，从而守住人道主义底线，弘扬人类文明，维护社会和谐稳定。

第六，在居民收入的分配中，应该努力实现社会个体对于自己和家庭的收入能够满足客观存在的生活需要、能够随着时间推移而不断增长的心理期望，从而让大多数国民都能拥有越来越多的收入，筑牢越来越厚实的物质基础，生活得越来越幸福。

第七，在居民收入的分配中，应该保证居民收入分配方式的公平，也就是具有合法性、合理性、合情性；并且努力形成社会整体期望的居民收入分配格局，保持居民之间收入的适当差距。一般来说，“绝对平均主义”收入分配格局、“相对平均主义”收入分配格局、“贵族-平民”收入分配格局、“城乡二元”收入分配格局都是社会整体可接受的收入分配格局，但是公认最理想的是“橄榄型”收入分配格局。

总而言之，居民收入分配结果的理想状态不仅是理论界和实务界以及社会公众通常所关注的“兼顾效率与公平”、缩小收入差距、基尼系数保持在0.4以下、形成“橄榄型”收入分配格局，而且应该是一套复合的指标体系。从价值取向来衡量，理想的居民收入分配结果应该“效率与公平并重”；从社会功能来衡量，理想的居民收入分配结果应该能充分发挥保障功能、激励功能、资源配置功能、经济稳定功能四大功能；从特征来衡量，理想的居民收入分配结果应该“自然资源公有、劳动所得最多、分配方式公平、主体比例适合，守住民生底线、收入差距适当、水平不断提高、促进经济增长”。

# 第三章
# 居民收入分配结果的现实状况分析

研究中国居民收入分配调节问题，既要探讨居民收入分配结果的理想状态，又要理清居民收入分配结果的现实状况，两相比较后，才能对居民收入分配结果作出全面客观的评价，发现不足并提出有针对性的调节措施建议。本章旨在研究目前中国居民收入分配结果的现实状况，包括研究现实中居民收入分配的方式，以用于评价居民收入分配结果是否符合“分配方式公平”；研究国民总收入和人均国民收入的水平和增长，以用于评价是否符合“促进经济增长”；研究国民收入分配中居民收入所占比例、居民可支配收入中劳动收入所占比例，以用于评价是否符合“主体比例适合、劳动所得最多”；研究人均可支配收入的水平和增长、人民生活水平变化以及减贫情况，以用于评价是否符合“守住民生底线、水平不断提高”；研究居民收入差距情况，以用于评价是否符合“收入差距适当”。“自然资源公有”问题已经在第二章第一节关于财富分配的研究中做了叙述，不再重复。

## 第一节 居民收入分配方式的现实状况

居民收入分配方式指的是居民收入的来源，其直接反映着居民收入分配公平与否，也间接解释着居民收入差距等其他情况。国家统计局将居民可支配收入的来源划分为四类：工资性收入、经营净收入、财产净收入、转移净收入。[①] 这是一种高度概括的划分。根据对现实状况的调研和总结，目前居民获得收入的具体途径更加复杂多样，归纳起来可分为八大类别。

### 一、劳动收入

劳动收入指的是居民通过向其他社会主体提供自己的劳动而与对方交换获得的收入。在全部居民中获得劳动收入的人数最多，劳动收入也理应是居民收入分配中占比最大的部分。因此，在居民收入分配中，劳动收入是最重要的收入。劳动收入在现实中包括多种形态。

#### （一）工资

工资指的是与各类用人单位建立劳动关系或人事关系的劳动者，为用人单位提供劳动从而交换得到的劳动报酬。机关、事业单位、企业、社会团体、民办非企业单位、个体经济组织、律师事务所、基金会等各类用人单位的工作人员、劳动者，依法从所在用人单位获得工资收入。据国家统计局、市场监管总局官网截至 2020 年 6 月公布的年度数据：2018 年，全国总人口 139 538 万人，其中就业人数为 77 586 万人；就业总人数中，在国有单位、城镇集体单位、股份合作

① https://data.stats.gov.cn/easyquery.htm? cn=C01.

单位、联营单位、有限责任公司、股份有限公司、私营企业、港澳台商投资单位、外商投资单位就业的人员为 39 178 万人；年末实有个体工商户 7 328. 6 万户，个体就业人员（含个体工商户主及其参与生产经营的家属、雇工）16 037. 4 万人。① 据此可见，全国取得工资性收入的劳动者人数约有 4 亿~5 亿人。

工资的具体形态包括计时工资、计件工资、奖金、津贴、补贴等。广义的劳动报酬还包括用人单位提供的各种货币或实物福利。不同的用人单位在确定工资数额时采用的分配办法可能不同，具体的称谓也多种多样，如薪点工资、绩效提成、午餐补贴等，但它们都具有共同的特征即属于劳动者为用人单位提供了劳动后取得的对价。

### （二）经营性收入

经营性收入指的是居民作为不具备法人资格的经济实体的所有者，通过生产经营活动而从市场上获得的收入。不具备法人资格的经济实体，主要是指农户、个体经济组织、个人独资企业、个人合伙企业，从实际情况看还包括个人或合伙性质的民办非企业单位。2019 年，全国第一产业就业人员 19 445. 2 万人，个体工商户 8 261 万户。② 个人独资企业、个人合伙企业、个人或合伙性质的民办非企业单位的数量不详，但据国家统计局公布的数据，2017 年全国企业法人单位数为 18 097 682 个；据市场监管总局公布的数据，2017 年年末全国实有企业 3 033. 7 万个，全国不具备法人资格的企业数约为 1 224 万个。③据此匡算，全国取得经营性收入的居民（不含其家庭成员）约有 2. 9 亿人。

居民经营性收入的特点：一是居民拥有合法的社会生产经营单位，并且在该单位进行生产经营活动，社会生产经营单位获得收入，

①②③ https://www.stats.gov.cn/；https://www.samr.gov.cn/.

然后归属于作为所有者的居民。农户既是农村居民，也是社会生产经营单位，是从不同角度命名的称谓。二是这类社会生产经营单位不具备法人资格。如果居民拥有的社会生产经营单位具备法人资格，那么居民在该单位进行生产经营活动而获得的收入往往表现为工资、所有者利润分红。三是经营性收入是一种混合性生产要素收入，包含了难以精确区分的资本收入和劳动收入，但以劳动收入为主。四是此类收入是扣除各种支出后的最终所得，支出包括成本、费用、纳税、本单位捐赠等。最终纯收入可能由社会生产经营单位划转居民，也可能仍然归属于单位，但是居民作为单位的所有者而最终拥有该收入。

### （三）劳务收入

劳务收入指的是居民向非本人用人单位的其他社会主体提供劳动而从对方获得的收入。劳务收入包括没有用人单位的自由职业者获得的劳动报酬，比如居民个人提供网约车服务而获得的收入；个人写作获得的稿费；个人在本单位之外授课获得的课酬、出席研讨会论坛获得的劳务费、承担研究课题获得的报酬、提供咨询获得的咨询费；在其他单位兼职获得的兼职报酬；医师多点执业获得的报酬等。获得劳务收入的人群主要为自由职业者，其人数目前缺乏全面的统计数据。据中央统战部微信公众号“统战新语”2018 年发布的数据，全国自由职业人员数量达到 1 100 多万人，主要分为自由文艺创作人员、自由演艺人员、非物质文化遗产传承人、新兴群体等 4 大类[①]；国家信息中心发布的《中国共享经济发展年度报告（2019）》显示，2018 年共享经济提供服务者人数约 7 500 万人，绝大部分是兼职人员。[②] 此

---

① 方俊明. 粤港大湾区自由职业者聚集地揭幕 全国人数破 1 100 万［EB/OL］.（2018-11-08）. www. takungpao. com/finance/236132/2018/1108/201276. html.

② 中商情报网. 共享经济持续拉动就业 2018 年共享经济平台员工数达 598 万［EB/OL］.（2019-03-08）. https://www. askci. com/news/chanye/20190308/1201251142904. shtml.

外，获得稿费、课时费、咨询费、兼职报酬的人数也缺乏统计数据，但由于该群体一般具有较高的专业知识和技术水平且社会上对其兼职服务的需求较小，因此能获得这类收入的人数较少。

劳务收入的特征是：居民向其他社会组织或个人提供劳动而从对方获得收入，但对方不是居民本人的法定用人单位，因而有别于工资。

### (四) 名人效应收入

名人效应收入指的是特定领域的社会著名人物因为得到广大群体的认可而放大了其劳动的价值，获得了更高的收入。能够获得名人效应收入的社会著名人物通常不包括著名政治人物、科学家、学者，而主要是歌星、影视明星、体育明星、艺术家、作家、直播带货主播等。其劳动收入包括作品出售收入、广告代言收入、出场费、网民打赏、带货提成等。特定领域社会著名人物的数量缺乏统计数据，但可知与全体居民人数相比其数量很小，比如中国音乐家协会包括作曲家、歌唱家、演奏家、理论评论家、词作家、音乐教育家、翻译家、音乐活动组织者在内的个人会员也只有 1 万人。

特定领域的社会著名人物的劳动价值之所以能够被放大从而获得更高收入，主要原因在于以下两点：一是在市场经济条件下，市场在资源配置中起决定性作用，各类人员、各类资源对经济社会的贡献主要由市场进行评价。二是这些名人的劳动成果因为得到广大群体的认可而供不应求，其中，难以复制、供给数量有限的成果的价格将大幅提升，如艺术陶瓷等工艺美术作品；可以复制的成果的销售数量将大幅提升，如歌曲、影视作品、体育比赛转播等，从而使其能够直接或者间接从消费者以及文化体育企业等社会组织获得高额收入。

## 二、资本收入

资本收入指的是资本所有者获得的其资本要素在国民收入初次分配中分得的利润分红。在市场经济条件下，劳动、资本、管理、技术等生产要素中，资本是经济活动中起支配作用的生产要素。这是因为货币是一般等价物，只有货币资本能够购买劳动、管理、技术等其他生产要素，并组合起来从事经济活动。市场配置资源需要落实到货币资本去配置资源。总的来看，拥有资本的人比拥有劳动、管理、技术的人在经济活动中掌握着更大的决策和支配权力，承担着更大的市场风险，从而也获得更大份额的收入。

资本收入与居民其他投资收入存在着很大区别。第一，资本收入是资金作为生产要素在国民收入初次分配中得到的收入，而其他投资收入是资金作为非生产要素在国民收入再分配中得到的收入。第二，资金作为资本时所享有的民事权利为股权，依法必须自负盈亏，即利润归资本所享有，亏损也由资本来承担；而资金作为银行存款或借贷给他人时所享有的民事权利为债权，其依据法律规定和合同约定获得利息，不自负盈亏。因此，如果资本在生产经营中能够获得利润，则其所有者可以获得资本收入，但如果资本在生产经营中不能够获得利润，则其所有者将无资本收入。资本收入的具体形态包括以下几类。

### （一）直接投资收入

直接投资收入指的是资本的所有者直接投资兴办并经营企业（这里不包括不具备法人资格的个人独资企业、个人合伙企业）、民办非企业单位，作出企业、民办非企业单位的战略决策，获得企业利润和民办非企业单位的收益。也有些情况下，企业或民办非企业单位由职业经理人或大股东进行经营管理，某些资本所有者自身不参与生产经营或运营活动，只享有企业利润分红和运营收益分配。

据国家统计局截至 2020 年 6 月底的数据，2017 年全国私人控股企业法人单位数为 16 204 143 个。① 据民政部《2019 年 4 季度民政统计数据》，2019 年 4 季度全国民办非企业单位数量为 48.7 万个，但其中个人举办的具有法人资格的民办非企业单位数量不详。由此可见，全国能够获得直接投资资本收入的人数已超过 1 000 万人。

### （二）间接投资收入

间接投资收入指的是资本的所有者通过金融市场用资本购买股票、公募或私募基金、投资型商业保险等，使这些资本间接参与生产经营活动，但是资本所有者并不实际参与经济实体的经营活动，而只是获得分红、利息，以及股票买卖价差产生的投资和投机收益。

据中国证券业协会发布的消息，截至 2019 年年末，证券行业总资产 7.18 万亿元，净资产 1.95 万亿元。② 据投保基金公司发布的《2019 年度全国股票市场投资者状况调查报告》，截至 2019 年 12 月 31 日，全国股票投资者数量达 15 975.24 万人，其中自然人投资者占比 99.76%。③ 据有关方面测算，2019 年 7 月末，全国有基金投资者 1.55 亿人。④ 由此可见，全国能够获得间接投资资本收入的人数数以亿计。

## 三、其他生产要素收入

在社会生产总过程中，除劳动、资本两大生产要素之外，还有一

---

① http://www.stats.gov.cn/.

② 中国新闻网. 中证协：截至 2019 年末，证券行业总资产 7.18 万亿元 [EB/OL]. (2020-07-10). https://www.chinanews.com.cn/stock/2020/07-10/9235256.shtml.

③ 中国股民数量增至 1.6 亿　2019 年半数以上盈利 [N]. 中国证券报，2019-03-29.

④ 1 亿基民大数据曝光：90 后买基金人数最多　最赚钱是 60 后 [N]. 钱江晚报，2019-08-16.

些其他生产要素，包括土地、知识、技术、管理、数据等。这些生产要素在国民收入初次分配中也按各自的贡献而获得收入。

### （一）土地要素收入

我国土地的所有权分为国家所有和集体所有。个人没有土地的所有权，但是依法可以享有土地的用益物权，即依法享有占有使用和收益的权利，例如土地承包权、建设用地使用权、宅基地使用权等，并且可以依法转让这些权利，使土地作为生产要素参与社会生产总过程并且获得土地要素收入。具体情形主要包括三类：一是在农村集体土地或交由农民承包经营的国有土地上依法取得农用地（含耕地、林地、草地）承包经营权的农村居民，通过生产经营而获得的纯收入中，含有土地要素收入；二是在城镇国有土地或农村集体建设用地上依法购买或租赁了厂房、店铺或办公用房的城乡居民，相应地享有了该房产依附的土地的用益物权，居民依法使用该用益物权或者将该房产以及依附的土地用益物权流转给其他个人或经济实体用于生产经营时，获得土地要素收入；三是在农村集体所有的土地上依法取得农用地（含耕地、林地、草地）承包经营权的农村居民，依法将该土地的经营权流转给其他具备资格的个人或经济实体用于农业生产经营，从而获得土地要素收入。

2019 年，全国城镇户籍人口占总人口的 44.38%，据此推算，全国拥有农用地用益物权并享有土地要素收入的农村人口约 7.79 亿人，只不过受人均农用地数量少、土地产出率低的制约，这部分群体的土地要素收入很低。拥有建设用地用益物权并享有土地要素收入的居民数量难以统计。

### （二）知识要素收入

为了突显知识经济时代知识的重要性，现代社会将知识从个人脑力劳动中分离出来，作为一种生产要素独立地参与收入分配，以增加知识的价值。关于知识生产要素的定义目前尚无共识，为了将其与劳动、技术、管理等生产要素中包含的知识区分开来，这里将其定义为个人拥有的著作权、专利权、商标权等知识产权。知识产权参与分配获得的收入属于知识要素收入，而不同于劳动收入、技术要素收入、管理要素收入。知识产权参与分配的方式包括知识产权所有者将专利授予企业后获得的专利权收入，或者将知识产权投入企业生产后获得股份分红、按期定额分红、一次性收入等。

据国家知识产权局发布的数据，1985 年至 2018 年，我国共授权发明专利、实用新型专利、外观设计专利 16 484 546 件。① 根据《中华人民共和国专利法》规定，非职务发明创造的发明人或设计人是该专利的专利权人；职务发明创造的专利权属于发明人或设计人所在的单位，但是被授予专利权的单位应当对职务发明创造的发明人或者设计人给予奖励；发明创造专利实施后，根据其推广应用的范围和取得的经济效益，对发明人或者设计人给予合理的报酬。由于上述专利发明人或设计人是否重复、获得报酬的持续时间等缺乏统计数据，难以准确测算目前获得知识要素收入的人员数量，但大致推算，应数以百万计。

### （三）技术要素收入

关于技术作为生产要素的定义目前也无共识，在一些研究成果中，列举了科研人员科技成果转化收益的分配为技术要素参与分配。②可以确认的是，技术作为生产要素之一，其与知识、管理等生产要素中包含的技术不同，也不同于技术人员提供的脑力劳动，其收入属于

---

① http://www.cnipa.gov.cn/tjxx/jianbao/year2018/b.html.

② 陈启清. 健全和完善生产要素参与分配机制［EB/OL］.（2020-03-05）. https://www.ccps.gov.cn/dxsy/202003/t20200305_138497.shtml.

技术要素收入而非劳动收入。现实中的技术要素收入分配方式包括对科研人员实施股权、期权和分红激励等。

由于缺乏统计数据，难以准确测算目前获得技术要素收入的人员数量及收入总量。

### （四）管理要素收入

管理作为生产要素时，不同于企业中管理人员提供的一般脑力劳动，而是指企业主要经营管理者创造性的经营管理活动，其对于企业的生存和发展具有非常关键的作用，因而可以作为独立的生产要素获得要素收入。现实中的管理要素收入分配方式包括给予企业主要经营管理者承包收入、实行年薪制、期权收入等。

据国家统计局公布的数据，2017 年全国企业法人单位数为 18 097 682 个。[①] 据此匡算，能够获得管理要素收入的人数可达千万人。

### （五）数据要素收入

数据的含义有多种，狭义的数据是指进行各种统计、计算、科学研究或技术设计等所依据的数值。广义的数据是指对客观事件进行记录并可以鉴别的符号，是对客观事物的性质、状态以及相互关系等进行记载的物理符号或这些物理符号的组合，它不仅指狭义上的数字，还可以是具有一定意义的文字、字母、数字符号的组合，图形，图像，视频，音频等。在信息化和数字经济时代，数据的收集、处理、应用在经济活动中发挥着极其重要的作用，为此这些数据被作为独立的生产要素参与收入分配。

由于缺乏统计数据，难以准确测算目前获得数据要素收入的人员

---

① http://www.stats.gov.cn/; https://www.samr.gov.cn/.

数量及收入总量。

## 四、非生产要素的财产性收入

非生产要素的财产性收入指的是居民将自己拥有的财产出租或出售给其他个人或组织，并从对方获得的租金、利息或买卖差价收益。在这种情况下，居民出租或出售财产的直接目的不是从事生产经营活动，而是限期或永久交由其他个人或组织使用；居民出租或出售的财产不是作为生产要素，而是作为一般商品；居民出租或出售财产获得的收入不是自负盈亏的、弹性的生产要素收入，而是数额确定的非生产要素财产性收入。

### （一）财产出租收入

财产出租收入包括居民将房产、汽车等财产出租给个人或组织使用而获得的租金，将资金存入银行、购买政府债券或企业债券、合法借贷给个人或组织使用而获得的利息等。

据研究，2018 年我国住房租赁市场租房的人口达 2.1 亿人，租金规模约为 1.8 万亿元。[①] 可见，全国拥有房租收入的居民家庭户数当以千万计。根据中国人民银行统计，2018 年年底家庭存款余额为 72.44 万亿元，人均存款 5.17 万元，户均存款 16.85 万元。其中，约有 8.2 亿人有银行存款，415.8 万人存款为 50 万元以上。[②]

### （二）财产买卖价差收入

财产买卖价差收入指的是居民从事买卖投资即购买房产等财产后

---

① 中国产业信息网. 2018 年中国房屋租赁人口数量、短租与长租市场规模及房屋租赁市场发展前景分析［EB/OL］.（2019-12-18）. https://www.chyxx.com/industry/201912/819303.html.

② 凤凰新闻. 中国一般家庭存款有多少？目前超过 100 万的人多吗？答案在这里［EB/OL］.（2019-09-14）. https://ishare.ifeng.com/c/s/7pyALxfBsDq.

再出售给其他个人或组织而获得的买卖差价收益。在现实中，买卖投资的商品一般具有稀缺性、珍贵性，包括买卖房产（炒房），买卖外汇（炒汇），买卖宝石、艺术品、工艺美术品、名贵木材、珍贵邮票及依法可以买卖的文物，甚至买卖花卉、运动鞋等。在这些情况下，虽然买卖之间的差价不确定，买卖投资人可能盈利也可能亏本，但是在单独的买或卖的环节，成交价格是确定的，而且其买卖商品不是作为生产要素投入生产经营活动，因此不属于资本收入，而属于非生产要素的财产性收入。

据中国银行业协会发布的《中国私人银行行业发展报告》分析，2016 年中国大陆千万级高净值人群数量为 134 万人，其中炒房者占比达 15%。[①] 另据全国房地产商会联盟主席于 2018 年在博智宏观论坛第 32 次月度例会上的发言，中国大陆户均住房 1.1 套。[②] 也就是说，平均每 10 户家庭中有 1 户拥有 2 套住房，其中很多家庭也有房产买卖行为并获得差价收益。如果再加上买卖艺术品等投资行为，全国获得财产买卖价差收入的家庭估计也是数以百万计。

## 五、政府转移支付收入

政府转移支付收入指的是居民从各级政府及其部门以非商品交换方式获得的收入，也就是各级政府及其部门为了民生，依据法律法规规定，利用财政资金或者社会保险基金，向符合条件的居民支付的款项。居民获得这类收入并不需要向政府及其部门出售某项商品或服务。从我国的实际情况看，工会、共青团、妇联、残联等群团组织在

① 尚舒房. 大数据：多少人靠炒房成千万富豪［EB/OL］.（2017-07-03）. https://www.sohu.com/a/154012103_213754.

② 梁云风. 中国人均住宅 1.1 套？从住房总量看中国房地产的下半场［EB/OL］.（2018-10-25）. https://www.sohu.com/a/271239967_100125656.

工作中也会利用财政资金向符合条件的居民支付款项，因此对群团组织的转移支付也应视同政府转移支付收入。居民的政府转移支付收入涉及的领域和种类繁多，从居民获得此类收入的方式来看，可以分为以下几类。

### （一）从政府及其部门获得的货币收入

从政府及其部门获得的货币收入指的是政府及其部门依法直接向居民发放货币，从而形成居民的货币收入。居民从政府及其部门获得的货币收入种类繁杂多样，主要包括以下六种：一是社会保险待遇，比如职工基本养老金、城乡居民基本养老金、参保职工遗属丧葬补助金和抚恤金等基本养老保险待遇，失业保险金等失业保险待遇，一次性伤残补助金、工亡职工供养亲属抚恤金等工伤保险待遇，生育津贴等生育保险待遇，住房公积金待遇等；二是社会福利待遇，比如高龄津贴，残疾学生和贫困残疾人家庭的学生寄宿生活费补助，独生子女父母奖励和扶助等；三是社会优抚待遇，比如烈士遗属烈士褒扬金，死亡现役军人遗属一次性抚恤金和一次性特别抚恤金、定期抚恤金，残疾军人残疾抚恤金、护理费，现役义务兵优待金，生活困难复员军人定期定量补助等；四是社会救助待遇，比如最低生活保障金，分散供养特困人员分散供养费、照料护理费，受灾人员住房恢复重建补助、基本生活救助，对符合享受医疗救助条件的人员给予缴费补贴、支出补助，对符合享受教育救助条件的人员给予助学金、生活补助，对符合享受住房救助条件的人员给予租赁住房补贴、危房改造补助，对符合享受就业救助条件的人员给予社会保险补贴、岗位补贴、培训补贴等，对符合享受临时救助条件的人员给予临时救助等；五是就业援助和就业扶持待遇，比如对符合享受就业援助和就业扶持条件的人员给予社会保险补贴、岗位补贴、培训补贴、交通补贴、生活费补贴、一次性奖励等；六是农业补贴收入，比如农业支持保护补贴（由农作物良种补贴、种粮农民直接补贴、农资综合补贴合并)，耕地地力保护、农机购置补贴，新型职业农民培育、支持新型农业经营主体补助，草原禁牧补助与草畜平衡奖励，以及强制扑杀、强制免疫和养殖环节无害化处理补助等。

在全体居民中，大多数都能享受政府及其部门依法发放的货币收入，比如2019年年末全国参加职工基本养老保险和城乡居民基本养老保险的人数分别为43 488万人、53 266万人，其中享受基本养老保险待遇的人员分别为12 310万人、16 032万人。

### （二）从政府及其部门免费或低价获得的实物

从政府及其部门免费或低价获得的实物指的是政府及其部门依法免费或者以低于市场价格的优惠价格向居民提供某种排他性的有形实物，从而使居民间接地获得了差价收入。比如符合条件的人员获得的廉租房、经济适用房、扶贫物资、慰问物资等。

从政府及其部门免费或低价获得实物等帮扶的居民数量巨大，其中仅农村贫困人口就数以亿计。按照世界银行的认定标准，1978年我国农村贫困人口达7.7亿人，到2015年农村建档立卡贫困人口仍有5 575万人，“十三五”期间实施脱贫攻坚行动以来，他们均能享受扶贫物资、慰问物资。

### （三）从政府及其部门免费或低价获得的公共服务

从政府及其部门免费或低价获得的公共服务指的是政府及其部门依法免费或者以低于市场价格的优惠价格向居民提供某种无形的公共服务，相当于向居民支付了补贴收入。比如公立教育服务、公立医院或公共卫生机构服务、公共就业服务、补贴性职业培训服务等。

全体城乡居民均能从政府及其部门免费或低价获得公共服务，尤其是公立教育服务、公立医院或公共卫生机构服务。

### （四）从政府及其部门免费或低价获得的基础设施和公共服务设施使用权

从政府及其部门免费或低价获得的基础设施和公共服务设施使用权指的是政府及其部门依法免费或者以低于市场价格的优惠价格向居民提供公共性的基础设施使用权和公共服务设施使用权，类似于向居民发放补贴。基础设施包括自来水设施，污水处理设施，电力、燃气、暖气、通信、免费道路等设施。公共服务设施包括公共交通、公园、图书馆、博物馆、科技馆、美术馆、文化馆、规划馆等。

全体城乡居民均能从政府及其部门免费或低价获得基础设施和公共服务设施使用权，尤其是免费道路、自来水设施、电力设施、通信设施等。

### （五）从政府及其部门获得的税费减免

从政府及其部门获得的税费减免指的是政府及其部门对居民缴纳的税款以及部分行政事业性收费予以免除或者减额征收，从而间接地增加了居民的收入。比如，取消农业税，提高个人所得税起征点、实行个人所得税专项附加扣除，减免契税、印花税、车船购置税，暂停征收动物及动物产品检疫费等。

能够从政府及其部门获得税费减免的居民群体人数巨大，比如取消农业税能惠及占全国人口一半以上的农村人口。

### （六）职务消费

职务消费指的是机关及其他国有单位的工作人员在履行公务的过程中享受到的消费行为，由于其本人无须为这些消费行为支付费用而是由财政承担，相当于获得了财政补贴。比如公务接待、公款出国。

2018 年，国有单位城镇就业人员为 5 740 万人，其中部分公务员、国有企事业单位管理人员和专业技术人员在工作中能够享受公务接待等职务消费，少数人能够享受公款出国等职务消费。

## 六、社会转移收入

社会转移收入指的是居民从政府及其部门以外的其他个人或社会组织获得的非商品交换性质的收入。居民获得这类收入并不需要向其他个人或社会组织出售某项商品或服务。

### （一）馈赠和遗产收入

馈赠一般是父母、祖父母、外祖父母等长辈亲属将自己的房产、存款等无偿赠予晚辈亲属。遗产是公民死亡时遗留的个人合法财产，根据《民法典》的规定，遗产包括公民的收入，公民的房屋、储蓄和生活用品，公民的林木、牲畜和家禽，公民的文物、图书资料，法律允许公民所有的生产资料，公民的著作权、专利权中的财产权利，公民的其他合法财产。相关人员根据遗赠扶养协议、遗嘱或者法定继承规定，获得相应遗产。

在现实中，馈赠和遗产产生的社会转移收入通常发生在亲属之间，包括同一家庭内部的家庭成员之间、不同家庭的亲属之间。成年居民在结婚、购建住房、创业、父母过世时，往往会获得馈赠和遗产收入，因此能够获得这类收入的居民群体占全部人口的绝大部分。

### （二）社会捐助收入

社会捐助收入指的是居民在特殊情形下从社会上的个人或组织获得的捐助。在现实中，居民获得社会捐助的特殊情形主要包括：家庭成员身患大病而难以承担自付医疗费用，家庭难以承担子女的非义务教育自付费用，家庭遭受意外事故致使家庭成员生命或财产受到严重损害，低收入家庭生活困难等。居民获得社会捐助的途径包括：社会上的个人或组织知悉居民特殊情形后自发捐助，居民的特殊情形经媒体传播而受到社会舆论关注后带来的捐助，公益性慈善组织给予的捐助等。

2018年，全国登记认定的慈善组织为5 285个，社会捐赠总额为1 270亿元。①

### （三）社会奖励收入

社会奖励收入指的是居民在特定情形下从社会组织获得的奖励。在现实中其主要包括：居民在国际、国内重大体育赛事或职业技能赛事上取得好成绩而获得企业等社会组织的奖励，居民子女考上大学尤其是著名大学而获得企业等社会组织的奖励，居民购买福利彩票和体育彩票中奖而获得的资金，居民在企业促销等商业活动中获得奖励等。

社会奖励收入往往只在少数特定情形下发生，能够获得此类收入的居民人数较少，但通过社会奖励方式进行再分配的国民收入数额也在千亿元以上。2019年全国彩票（含福利彩票和体育彩票）公益金募集量为1 140.46亿元。②根据《国务院关于进一步规范彩票管理的通知》（国发〔2001〕35号）规定，返奖比例不得低于50%，发行费用比例不得高于15%，彩票公益金比例不得低于35%。据此测算，2019年全国彩票奖金数额约为1 630亿元。

### （四）志愿服务

志愿服务是指志愿者、志愿服务组织和其他社会组织自愿、无偿向社会或者他人提供的公益服务。居民获得志愿服务无须支付费用，

①② 杨团，朱健刚. 慈善蓝皮书：中国慈善发展报告（2020）[M]. 北京：社会科学文献出版社，2020.

相当于获得了收入补助。

2019 年全国实名注册志愿者总数达到 1.69 亿人，累计志愿服务时间为 22.68 亿小时，志愿服务覆盖了医疗、教育、扶贫、养老、环保、助残、文化、体育和“一带一路”等多个领域，志愿者贡献总价值为 903.59 亿元。①

### （五）互联网打赏等其他社会转移收入

随着互联网尤其是移动互联网的发展，互联网用户之间的互动出现一些新的模式，有的网站开通打赏功能，在网站上发表文章的作者可以接受阅读者的打赏；有的网站招募名人或其他主播开通直播，吸引追星族购买虚拟物品或直接付费向其打赏。此外，一些餐厅、酒吧等的消费者会给予服务员小费。这些打赏、小费具有一定的劳动报酬特征，但由于其从法律上看不具有义务性，从经济上看不具有等价性，因此属于社会转移收入。

## 七、赔偿补偿收入

赔偿补偿收入指的是居民在自身合法权利受到损害的特殊情形下从损害行为的主体获得的收入。

### （一）赔偿收入

赔偿收入指的是居民因为自己的人身权利或财产权利被不法侵害而依法从损害行为的主体获得的赔偿，包括以弥补损失为目的的填平性赔偿和以惩罚违法行为为目的的惩罚性赔偿。赔偿收入的主要类别：一是民事赔偿，即居民的民事权利受到其他民事主体不法侵害

---

① 杨团，朱健刚. 慈善蓝皮书：中国慈善发展报告（2020）［M］. 北京：社会科学文献出版社，2020.

后，依据民事法律救济渠道从其他民事主体获得的赔偿。包括各种人身损害赔偿、财产损害赔偿。二是国家赔偿，即居民的人身权利或财产权利因国家机关及其工作人员行使职权时有侵权行为而造成损害，依据《中华人民共和国国家赔偿法》从国家机关获得的赔偿。包括从侵权的政府及其部门获得的行政赔偿、从侵权的司法机关获得的刑事赔偿。三是用人单位赔偿，即劳动者的劳动保障权利受到用人单位违法行为侵害后，依据《中华人民共和国劳动法》和《中华人民共和国社会保险法》从用人单位获得的赔偿。包括用人单位自用工之日起超过一个月不满一年未与劳动者签订劳动合同而被责令向劳动者支付的额外工资，用人单位违法解除劳动合同而被责令向劳动者支付的赔偿金，用人单位克扣或无故拖欠劳动者工资、不支付加班工资、不遵守最低工资规定和经济补偿金规定且经劳动监察机构责令改正而逾期不予改正的被责令加付的赔偿金，用人单位其他违法行为给劳动者造成损害而被责令支付的赔偿金等。

每年获得赔偿收入的居民人数缺乏相关统计数据。据最高人民法院公布的数据，2019 年全国人民法院审结一审民事案件 939.3 万件，其中涉及教育、就业、医疗、住房、消费、社会保障等民生领域案件 144 万件；审结一审行政案件 28.4 万件。[①] 2019 年全国各级劳动人事争议基层调解组织和仲裁机构共处理劳动人事争议案件 211.9 万件，涉及劳动者 238.1 万人，涉案金额 489.7 亿元；通过加大劳动保障监察执法力度，为 83.1 万名劳动者追发工资等待遇 79.5 亿元，督促用人单位与 78.6 万名劳动者补签劳动合同。[②] 在这些诉讼、调解、仲裁案件中，部分涉及赔偿收入。

---

① 周强. 2020 年最高人民法院工作报告［R/OL］.（2020-05-26）. https://www.chinapeace.gov.cn/chinapeace/c100007/2020-05/26/content_12352774.shtml.

② 人力资源社会保障部. 2019 年度人力资源和社会保障事业发展统计公报［R/OL］.（2020-06-08）. http://www.mohrss.gov.cn/SYrlzyhshbzb/zwgk/szrs/tjgb/202006/t20200608_375774.html.

### （二）补偿收入

补偿收入指的是居民的人身、财产权利因受到合法行为影响遭受了损失而从相关主体获得的补偿。在这种情况下，相关主体的行为是合法的，但由于客观上对居民的人身财产权利造成了损失，因此依法应当按照填平原则弥补居民所受损失。补偿收入的主要类别：一是从民事主体获得的补偿，即居民人身财产权利因为与其他个人或社会组织有关的原因造成损失且对方并无违法行为，而依法从对方获得的补偿。其包括居民因防止制止国家、集体的财产或者他人的人身财产遭受侵害而使自己受到损害的，受益人给予的适当补偿（在此情形下依法由侵害人承担赔偿责任）；居民没有法定或者约定的义务，为避免他人利益受损失而自愿进行管理或者服务的，受益人向该居民偿付的由此而产生的必要费用；被撤销死亡宣告的居民请求返还财产，依照《民法典》取得其财产的公民或者其他组织应当返还原物，原物不存在的，给予该居民适当补偿。二是从行政主体获得的补偿，即居民财产权利因行政主体的合法行为而造成损失，依法从行政主体获得的补偿。其包括征地补偿、房屋拆迁补偿、退耕还林补助、生态补偿以及其他依法进行的行政征收的补偿。三是从用人单位获得的补偿，即劳动者财产权利因为与用人单位有关的原因造成损失且用人单位并无违法行为，而依法从用人单位获得的补偿。其包括《中华人民共和国劳动合同法》规定的解除和终止劳动合同的部分情形下用人单位应当支付的经济补偿金，《工伤保险条例》规定的用人单位应当支付的一次性工伤医疗补助金和伤残就业补助金等。

每年获得补偿收入的居民人数也缺乏统计数据。但可知的是改革开放以来，我国基础设施、公共服务设施建设增长迅速，城镇化快速发展，由此带来的征地和房屋拆迁涉及人数及补偿金额数量巨大，尤其是城市近郊农户。2004 年 2 月 2 日《人民日报》刊发的理论文章估算，全国因征地而失地的农民总数在 4 000 万人左右，每年还要新增 200 多万人。[①] 2009 年 3 月 19 日《中国青年报》报道民进中央参政议政部副部长的观点，据预测，2020 年我国失地农民总数将超过 1 亿人。[②] 另外，在数以亿计的用人单位劳动者中，每年被用人单位终止或解除劳动合同的劳动者数量也不少。可见，每年获得补偿收入的居民人数至少数以百万计。

## 八、非法收入

非法收入指的是居民通过犯罪或违反行政法律、民事法律等违法手段而获得的收入。非法手段层出不穷，非法收入的种类也很多，从《中华人民共和国刑法》规定的犯罪类型和其他违法类型来看，犯罪收入的种类包括十一类。

### （一）危害国家安全犯罪收入

比如为境外的机构、组织、人员窃取、刺探、收买、非法提供国家秘密或者情报而获得的收入。

### （二）危害公共安全犯罪收入

比如破坏广播电视设施、公用电信设施而获得的收入；非法制造、买卖、运输、邮寄、储存枪支、弹药、爆炸物，或者非法制造、买卖、运输、储存核材料而获得的收入等。

---

① 高勇．失去土地的农民如何生活（观察与思考）——关于失地农民问题的理论探讨［N］．人民日报，2004-02-02.

② 刘声．2020 年我国失地农民总数预计将超过 1 亿人［N］．中国青年报，2009-03-19.

### （三）破坏社会主义市场经济秩序犯罪收入

一是生产、销售伪劣商品收入，比如生产者、销售者在产品中掺杂、掺假，以假充真、以次充好或者以不合格产品冒充合格产品而获得的收入。二是走私收入，比如走私国家禁止出口的文物、黄金、白银和其他贵重金属或者国家禁止进出口的珍贵动物及其制品而获得的收入。三是妨害公司、企业的管理秩序犯罪收入，比如在招股说明书、认股书、公司企业债券募集办法等发行文件中隐瞒重要事实或者编造重大虚假内容，发行股票或者公司、企业债券而获得的收入。四是破坏金融管理秩序犯罪收入，比如伪造货币而获得的收入。五是金融诈骗犯罪收入，比如以非法占有为目的，使用诈骗方法非法集资而获得的收入。六是危害税收征管犯罪收入，比如以假报出口或者其他欺骗手段，骗取国家出口退税款而获得的收入。七是侵犯知识产权犯罪收入，比如未经注册商标所有人许可，在同一种商品、服务上使用与其注册商标相同的商标而获得的收入。八是扰乱市场秩序犯罪收入，比如未经许可经营法律、行政法规规定的专营、专卖物品或者其他限制买卖的物品而获得的收入。

### （四）侵犯公民人身权利、民主权利犯罪收入

比如拐卖妇女、儿童而获得的收入；违反劳动管理法规，以限制人身自由的方法强迫职工劳动而获得的收入。

### （五）侵犯财产犯罪收入

比如以暴力、胁迫或者其他方法抢劫公私财物而获得的收入；盗窃公私财物而获得的收入。

### （六）妨害社会管理秩序犯罪收入

一是扰乱公共秩序犯罪收入，比如冒充国家机关工作人员或人民警察招摇撞骗而获得的收入；利用计算机实施金融诈骗、盗窃、贪污、挪用公款、窃取国家秘密或者其他犯罪而获得的收入。二是妨害司法犯罪收入，比如明知是犯罪所得的赃物而予以窝藏、转移、收购或者代为销售而获得的收入。三是妨害国（边）境管理犯罪收入，比如组织他人偷越国（边）境而获得的收入。四是妨害文物管理犯罪收入，比如违反文物保护法规，将收藏的国家禁止出口的珍贵文物私自出售给外国人而获得的收入。五是危害公共卫生犯罪收入，比如非法组织他人出卖血液而获得的收入。六是破坏环境资源保护犯罪收入，比如违反保护水产资源法规，在禁渔区、禁渔期或者使用禁用的工具、方法捕捞水产品而获得的收入。七是走私、贩卖、运输、制造毒品犯罪收入。八是组织、强迫、引诱、容留、介绍卖淫犯罪收入。九是制作、贩卖、传播淫秽物品犯罪收入。

### （七）危害国防利益犯罪收入

比如冒充军人招摇撞骗而获得的收入；在征兵工作中徇私舞弊，接送不合格兵员而获得的收入。

### （八）贪污贿赂犯罪收入

比如国家工作人员利用职务上的便利，挪用公款而获得的收入；索取他人财物或者非法收受他人财物，为他人谋取利益而获得的收入。

### （九）渎职犯罪收入

比如司法工作人员徇私枉法、徇情枉法而获得的收入；税务机关工作人员徇私舞弊，不征或者少征应征税款而获得的收入。

### （十）军人违反职责犯罪收入

比如违反规定，擅自出卖、转让军队房地产而获得的收入。

### （十一）其他违法犯罪收入

比如机关、事业单位或国有企业人员将国有资产低价出售或出租给亲朋而获得的收入等。

每年获得非法收入的居民人数是难以统计甚至难以估算的，因为违法犯罪行为具有隐秘性，除部分人被依法查处追究法律责任外，未被发现和查处的违法犯罪行为则不为他人知晓。据最高人民检察院公布的数据，2019 年全国经审查提起公诉 1 818 808 人[①]，其中起诉罪名为盗窃、诈骗、敲诈勒索等常见侵财犯罪的 393 587 人，“黄赌毒”犯罪的 239 136 人，危害食品、药品安全等犯罪的 11 184 人。[②]

## 第二节 居民收入水平和增长的现实状况

收入水平指的是特定时期收入的数量，收入增长指的是不同时期收入数量的变化。本论文的主题是回答如何全面客观地评价中国居民收入分配结果，如何坚持和完善中国特色收入分配制度，因此主要考察改革开放以来的收入水平和增长情况。

---

① 最高人民检察院．2019 年全国检察机关主要办案数据［EB/OL］．（2020-06-02）．https://www.spp.gov.cn/spp/xwfbh/wsfbt/202006/t20200602_463796.shtml#1.

② 最高人民检察院．最高检案管办主任董桂文就 2019 年全国检察机关主要办案数据答记者问［EB/OL］．（2020-06-02）．https://www.spp.gov.cn/spp/xwfbh/wsfbt/202006/t20200602_463796.shtml#2.

## 一、国民收入水平和增长情况

居民可支配收入是国民总收入的组成部分之一，国民总收入中的企业收入和政府收入也关乎居民收入水平和生活水平，因此国民总收入和人均国民收入是衡量一国贫富及居民生活水平高低的重要指标。中国国民收入水平和增长情况，具有以下三个方面的特征。

第一，从国民总收入来看，改革开放40多年来我国经济高速增长，每年用于分配的国民总收入已居世界第二位。GDP的数量、增长速度制约着国民收入分配的平均数量和增长速度。改革开放以来，在工业化、城镇化、信息化、农业现代化的带动下，我国经济高速发展。1978年，我国GDP为3 678.7亿元，居世界第十位；此后，GDP连续跃上新台阶，1986年超过1万亿元，1991年超过2万亿元，2001年超过10万亿元；2010年GDP达到40万亿元，超过日本成为世界第二大经济体。1978年至2013年，GDP年均增长9.8%，增长速度和高速增长持续的时间均超过经济起飞时期的日本和韩国。[①] 2014年，中央提出我国经济发展进入新常态，由高速增长阶段转变为高质量发展阶段，其后每年的GDP仍然保持着中高速增长，2014年至2019年，GDP增长率分别为7.4%、7.0%、6.8%、6.9%、6.7%、6.1%；到2019年我国GDP达到990 865.1亿元，按可变价计算是1978年的269.35倍，按不变价计算是1978年的39.292倍。[②]

第二，从人均国民收入来看，我国已由低收入国家迈进上中等收入国家。随着我国经济高速发展，人均国民收入也快速提高。1952年，我国人均GDP为119元，1970年为279元，1978年为385元，

---

① 马建堂. 六十五载奋进路 砥砺前行谱华章——庆祝中华人民共和国成立65周年［N］. 人民日报，2014-09-24.

② https://data.stats.gov.cn/easyquery.htm? cn=C01.

1980 年为 468 元，1990 年为 1 663 元，2000 年增加到 7 942 元，2010 年达到 30 808 元；2019 年人均 GDP 提高到 70 892 元，按可变价计算是 1978 年的 184. 1 倍，按不变价计算是 1978 年的 26. 88 倍①。以美元计算，2019 年，我国人均国民收入达 10 410 美元，首次突破 1 万美元大关，在世界银行公布的世界排名中，由 2000 年 207 个国家和地区中的第 141 位，上升至 192 个国家和地区中的第 71 位。② 根据世界银行公布的数据，中国人均国民收入 1990 年为 330 美元，2000 年为 930 美元，2005 年为 1 740 美元，2009 年为 3 620 美元，2010 年为 4 240 美元，2011 年为 4 940 美元③；1999 年为 780 美元。④ 对照世界银行发布的各年度国别收入分组标准（见表 3-1），我国于 1999 年由低收入国家迈进了中等偏下收入国家，2010 年则在成为世界第二大经济体的同时，还跻身为中等偏上收入国家。

**表 3-1　世界银行各年度国别收入分组标准（人均国民收入）**

| | 2000 年 | 2008 年 | 2010 年 |
|---|---|---|---|
| 低收入国家 | 760 美元及以下 | 975 美元及以下 | 1 005 美元及以下 |
| 中等偏下收入国家 | 761～3 030 美元 | 976～3 855 美元 | 1 006～3 975 美元 |
| 中等偏上收入国家 | 3 031～9 360 美元 | 3 856～11 905 美元 | 3 976～12 275 美元 |
| 高收入国家 | 9 361 美元及以上 | 11 906 美元及以上 | 12 276 美元及以上 |

资料来源：国家统计局官网发布的国家统计局综合司著《人均国民总收入的概念及世界银行国别收入分组标准》，以及《南京政治学院学报》2007 年第 6 期发表的邓文和著《“四位一体”的总体布局与中国共产党与时俱进的品质》。

第三，从人均国民收入的国际比较来看，改革开放以来的中国与发达国家（地区）的差距逐步缩小，不断超越新兴国家，在全世界的

① https://data. stats. gov. cn/easyquery. htm? cn=C01.

② 张军. 从民生指标国际比较看全面建成小康社会成就 [ EB/OL]. (2020-08-07). http://www. stats. gov. cn/tjsj/sjjd/202008/t20200807_1781473. html.

③ http://www. stats. gov. cn/stjc/ztsj/gjsj/2012/201307/t2013072_74175. html.

④ http://www. stats. gov. cn/ztsj/gjsj/2001/200210/t20021015_51237. html.

排名大幅提升。

**表 3-2　中国与部分国家（地区）各年份人均国民收入比较**

单位：美元

| | 1970 年 | 1980 年 | 1990 年 | 2000 年 | 2005 年 | 2010 年 | 2017 年 |
|---|---|---|---|---|---|---|---|
| 中国 | 120 | 190 | 330 | 930 | 1 740 | 4 240 | 8 690 |
| 欧美发达国家 | | | | | | | |
| 美国 | 4 950 | 12 830 | 23 260 | 34 890 | 44 670 | 47 350 | 58 270 |
| 英国 | 2 250 | 8 550 | 16 600 | 26 010 | 38 850 | 38 140 | 40 530 |
| 法国 | 2 990 | 12 660 | 20 160 | 24 270 | 34 850 | 42 190 | 37 970 |
| 德国 | 2 860 | 14 150 | 20 630 | 25 300 | 34 780 | 42 970 | 43 490 |
| 亚洲发达国家和地区 | | | | | | | |
| 日本 | 1 940 | 10 440 | 27 090 | 35 040 | 39 140 | 42 050 | 38 550 |
| 韩国 | 270 | 2 330 | 6 000 | 9 910 | 16 900 | 19 720 | 28 380 |
| 中国香港 | | | 12 660 | 26 570 | 28 150 | 32 780 | 46 310 |
| 新加坡 | | | 11 450 | 24 500 | 27 240 | 39 410 | 54 530 |
| 金砖国家 | | | | | | | |
| 俄罗斯 | | | 4 160 | 1 710 | 4 460 | 9 880 | 9 230 |
| 印度 | 110 | 250 | 390 | 450 | 730 | 1 260 | 1 820 |
| 巴西 | 450 | 2 190 | 2 700 | 3 860 | 3 960 | 9 540 | 8 580 |
| 南非 | | 2 130 | 3 390 | 3 050 | 4 850 | 6 090 | 5 430 |

资料来源：本表 1990 年至 2010 年数据来源于国家统计局官网《国际统计年鉴 2012》中的“人均国民总收入”（俄罗斯 1990 年数据除外），1970 年、1980 年数据（中国除外）及俄罗斯 1990 年数据来源于国家统计局官网《国际统计年鉴 1995》中的“人均国民生产总值”，中国 1970 年、1980 年数据来源于百度网文《历年中国的人均收入水平的数据》，2017 年各国数据来源于百度网文《2017 年各国家/地区人均国民总收入》。

从表 3-2 中可以看出，1980 年至 2017 年，以美元计算的中国人均国民收入增长了 44.7 倍。同一时期欧美发达国家中，美国增长 3.5 倍，英国增长 3.7 倍，法国增长 2 倍，德国增长 2.1 倍。1980 年，美国人均国民收入是中国的 67.5 倍，到 2017 年缩小为 6.7 倍；同期英国人均国民收入对中国的倍数由 45 倍缩小为 4.7 倍，法国人均国民收入对中国的倍数由 66.6 倍缩小为 4.4 倍，德国人均国民收入对中国的倍数由 74.5 倍缩小为 5 倍。亚洲发达国家和地区中，1980 年至 2017 年，日本增长 3.7 倍，韩国增长 12.2 倍。日本人均国民收入对中国的倍数由 54.9 倍缩小为 4.4 倍，韩国人均国民收入对中国的倍数由 12.3 倍缩小为 3.3 倍。1990 年至 2017 年，中国香港人均国民收入对内地的倍数由 38.4 倍缩小为 5.3 倍，新加坡人均国民收入对中国的倍数由 34.7 倍缩小为 6.3 倍。金砖国家中，1980 年至 2017 年，印度增长 7.3 倍，巴西增长 3.9 倍，南非增长 2.5 倍。印度人均国民收入对中国的倍数由 1.3 倍逆转为 0.2 倍，巴西人均国民收入对中国的倍数由 11.5 倍逆转为 0.98 倍，南非人均国民收入对中国的倍数由 11.2 倍逆转为 0.6 倍。1990 年至 2017 年，俄罗斯人均国民收入对中国的倍数由 12.6 倍缩小为 1.1 倍。

## 二、国民收入分配情况

这里所指国民收入分配情况，主要考察国民收入分配中居民收入所占比例情况、居民可支配收入中劳动收入所占比例情况。

### （一）国民收入分配中居民收入所占比例情况

改革开放以来，居民可支配收入占国民收入的比重降幅较大，反映出在国民收入的分配中，居民所得占比在下降而政府所得、企业所得占比在提高。1978 年，我国人均 GDP 为 385 元，城镇居民家庭人均可支配收入为 343.4 元，占人均 GDP 的 89.2%；农村居民家庭人均纯收入为 133.6 元，占人均 GDP 的 34.7%。2012 年，我国人均 GDP 为 39 874 元，城镇居民家庭人均可支配收入为 24 126.7 元，占人均 GDP 的 60.5%；农村居民家庭人均纯收入为 8 389.3 元，占人均

GDP 的 21.0%。2019 年，我国人均 GDP 为 70 892 元，城镇居民家庭人均可支配收入为 42 358.8 元，占人均 GDP 的 59.8%；农村居民家庭人均可支配收入为 16 020.7 元，占人均 GDP 的 22.6%；全体居民人均可支配收入为 30 733 元，占人均 GDP 的 43.4%。①

### （二）居民可支配收入中劳动收入所占比例情况

据国家统计局官网年度数据库数据，1978 年，全国农村居民人均纯收入 133.6 元，其中人均工资性纯收入 88 元，人均家庭经营纯收入 36 元。据此计算，1978 年农村居民人均劳动所得 124 元，占农村居民人均纯收入的 92.5%，其中工资性纯收入占比为 65.7%。在现有相关数据最早的 1997 年，全国城镇居民人均可支配收入 5 160 元，其中人均可支配工资性收入 3 736 元，人均可支配经营净收入 168 元。据此计算，1997 年城镇居民人均劳动所得 3 904 元，占城镇居民人均可支配收入的 75.7%，其中工资性收入占比为 72.4%。到 2013 年，全国居民人均可支配收入 18 311 元，其中人均可支配工资性收入 10 411 元，人均可支配经营净收入 3 435 元。据此计算，2013 年全国居民人均劳动所得 13 846 元，占居民人均可支配收入的 75.6%，其中工资性收入占比为 56.9%。2019 年全国居民人均可支配收入 30 733 元，其中人均可支配工资性收入 17 186 元，人均可支配经营净收入 5 247 元。据此计算，2019 年全国居民人均劳动所得 22 433 元，占全国居民人均可支配收入的 73%，其中工资性收入占比为 55.9%。

## 三、居民可支配收入水平和增长情况

在国民收入中，居民获得并可以直接自由支配的收入，被称为居民

① https://data.stats.gov.cn/easyquery.htm? cn=C01.

可支配收入，是衡量居民收入的核心指标。改革开放以来，随着国民收入和人均国民收入的提高，我国城乡居民可支配收入也逐年快速增长。

首先，城乡居民人均可支配收入快速增长。2013 年前，国家统计局通过分别开展城镇住户抽样调查和农村住户抽样调查来统计城乡居民收支数据。从 2013 年起，国家统计局开展了城乡一体化住户收支与生活状况调查，以此统计全国以及城镇、农村居民人均可支配收入数据，该调查与 2013 年前的分城镇和农村住户调查的调查范围、调查方法、指标口径有所不同。[①]

根据国家统计局官网公布的数据，1978 年，我国城镇居民家庭人均可支配收入为 343. 4 元，农村居民家庭人均纯收入为 133. 6 元；到 2012 年，分别增长到 24 126. 7 元、8 389. 3 元，名义收入分别增长了 69. 3 倍、61. 8 倍；剔除物价变动后的实际收入（指数）分别增长了 10. 3 倍、11. 5 倍（见表 3-3）。[②]

**表 3-3　　1978 年至 2012 年城乡居民收入及增长**

| | 1978 年 | 1980 年 | 1990 年 | 2000 年 | 2010 年 | 2012 年 |
|---|---|---|---|---|---|---|
| 城镇居民家庭人均可支配收入/元 | 343. 4 | 477. 6 | 1 510. 2 | 6 255. 7 | 18 779. 1 | 24 126. 7 |
| 城镇居民家庭人均可支配收入指数(1978=100) | 100. 0 | 127. 0 | 198. 1 | 382. 3 | 948. 5 | 1 126. 8 |
| 农村居民家庭人均纯收入/元 | 133. 6 | 191. 3 | 686. 3 | 2 282. 1 | 6 272. 4 | 8 389. 3 |
| 农村居民家庭人均纯收入指数（1978=100) | 100. 0 | 139. 0 | 311. 2 | 489. 6 | 1012. 1 | 1248. 1 |

资料来源：国家统计局官网。

①② https://data. stats. gov. cn/easyquery. htm? cn=C01.

2013年，我国城镇和农村居民人均可支配收入分别为26 467.0元、9 429.6元，到2019年分别增长到42 358.8元、16 020.7元。2019年全体城乡居民人均可支配收入达到30 732.9元（见表3-4）。①

表3-4　　2013年至2019年城乡居民收入及增长

| | 2013年 | 2015年 | 2019年 |
|---|---|---|---|
| 居民人均可支配收入/元 | 18 310.8 | 21 966.2 | 30 732.9 |
| 城镇居民人均可支配收入/元 | 26 467.0 | 31 194.8 | 42 358.8 |
| 农村居民人均可支配收入/元 | 9 429.6 | 11 421.7 | 16 020.7 |

资料来源：国家统计局官网。

其次，中国已经形成全世界最大规模的中等收入群体。我国有关部门和学界所称的中等收入群体，一般是指一个地域在一定时期内收入水平处于中等区间范围内且符合一定物质财富标准的所有人员的集体。目前，统计部门尚未正式发布中等收入群体有关数据。但据测算，中国拥有全球规模最大、最具成长性的中等收入群体，2017年全国已经超过4亿人，有1.4亿个家庭。中等收入群体的标准是三口之家年收入在10万~50万元之间，有购车、购房、闲暇旅游的能力。②

## 四、居民生活水平和提高情况

改革开放以来，我国城乡居民收入水平的快速提高，不仅表现在货币收入上，也表现在消费的商品和服务上，绝大多数居民享受着不断提高的生活水平。生活水平通常通过人们的衣、食、住、行、用以及健康、教育、文化、社交等生活需求的满足程度来进行测量与评

① https://data.stats.gov.cn/easyquery.htm? cn=C01.

② 中国科技新闻网. 统计局：中国拥有全球规模最大中等收入群体 超过4亿人［EB/OL］.（2019-01-21）. https://www.zghy.org.cn/item/452112187570225152.

估。我国居民生活水平不断提高，可以从以下几个方面考察。

其一，居民生活由商品短缺型转变为供给充裕型。在改革开放之前的计划经济时期，商品供应极为匮乏短缺，吃得饱、穿得暖是大多数城乡居民的重要人生目标。国家为了保障供需平衡，对城乡居民的吃穿用等生活必需品实行计划供应，按人口定量发行粮票、布票等专用购买凭证，通称为“票证”。食品类票证包括粮票、油票、猪牛羊肉票、鸡鸭鱼肉票、鸡鸭蛋票、糖票、豆制品票、蔬菜票等；穿着类票证包括布票、棉花票、汗衫票、背心票、布鞋票、棉胎票等；日用品类票证包括肥皂票、手纸票、洗衣粉票、火柴票、抹布票、煤油票等。改革开放以后，随着经济高速发展，商品供给大幅增加，各类票证逐渐取消，最具有基础性、代表性的票证——粮票于 1993 年在全国范围内被彻底取消，城乡居民可以在任何地方花钱吃饭。此后，居民食品消费结构由以粮食为主的主食型向营养美味的副食型转变，进而由在家吃饭向在外餐饮消费转变，餐饮行业逐步形成业态互补、高中低档协调发展、中外餐饮融合促进的发展格局。2017 年，社会消费品零售总额中餐饮收入 39 644 亿元，是 1978 年的 723 倍，年均增长 18.4%。[①] 不仅食品餐饮领域发生根本性转变，其他领域的社会商品也供给充裕，由卖方市场转变为买方市场，企业必须以更低价格、更高品质、更好服务去参与市场竞争，居民可以根据自己的意愿选择消费的商品和服务以提升生活品质。

其二，恩格尔系数不断下降。恩格尔系数指的是居民家庭的食品支出金额在消费支出总金额中所占的比例。计算公式为：恩格尔系数=食品支出金额/消费支出总金额×100%。19 世纪德国统计学家恩格尔根据统计资料，对消费结构的变化得出一个规律：一个家庭收入越少，家庭总支出中用来购买食物的支出所占的比例就越大；随着家

① 陈炜伟，于佳欣. 市场规模持续扩大 消费结构逐步优化——统计数据展现改革开放以来我国消费市场巨变［EB/OL］.（2018-09-05）. http://www.gov.cn/xinwen/2018-09/05/content_5319508.htm.

庭收入的增加，家庭总支出中用来购买食物的支出比例则会下降。推而广之，一个国家越穷，每个居民的平均支出中，用于购买食物的支出所占比例就越大；随着国家的富裕，这个比例呈下降趋势。

1978 年，我国城镇居民家庭恩格尔系数达 57.5%，农村居民家庭恩格尔系数达 67.7%；到 2012 年，两项指标分别下降为 36.2%、39.3%（见表 3-5）。

**表 3-5　　1978 年至 2012 年城乡居民家庭恩格尔系数**

| | 1978 年 | 1980 年 | 1990 年 | 2000 年 | 2010 年 | 2012 年 |
|---|---|---|---|---|---|---|
| 城镇居民家庭恩格尔系数/% | 57.5 | 56.9 | 54.2 | 39.4 | 35.7 | 36.2 |
| 农村居民家庭恩格尔系数/% | 67.7 | 61.8 | 58.8 | 49.1 | 41.1 | 39.3 |

资料来源：国家统计局官网。

从 2013 年起，国家统计局调整了居民收入与支出调查方法，也不再发布恩格尔系数，但根据相关数据匡算，2019 年我国城镇居民恩格尔系数降低为 27.6%，农村居民恩格尔系数降低为 30.0%，全体居民恩格尔系数为 28.2%（见表 3-6）。

**表 3-6　　2013 年至 2019 年城乡居民恩格尔系数**

| | 2013 年 | 2015 年 | 2019 年 |
|---|---|---|---|
| 居民恩格尔系数/% | 31.2 | 30.6 | 28.2 |
| 城镇居民恩格尔系数/% | 30.1 | 29.7 | 27.6 |
| 农村居民恩格尔系数/% | 34.1 | 33.0 | 30.0 |

资料来源：作者根据国家统计局官网有关数据匡算得出。

其三，居民经历了多次消费升级。消费升级指的是在消费水平和消费质量提高的基础上消费结构不断合理优化，不断由低层次向高层次发展变化的过程。改革开放以来我国居民的消费升级，在城乡之间、地区之间、居民家庭之间由于收入水平的差别而存在着一些区别，主要是升级的年代有所不同，但从总体上看都经历了由生存型向发展型再向享受型的转变，而且大致经历了四次明显的升级。[①] 从城镇居民消费升级来看，第一次消费升级发生在改革开放初期，1978 年至 20 世纪 80 年代末，其表现为粮食消费下降、轻工产品消费上升，自行车、手表、收音机“老三件”成为消费热点。第二次消费升级出现在 20 世纪 80 年代末至 20 世纪 90 年代末，实现了从“老三件”到冰箱、彩电、洗衣机“新三件”过渡，空调器、微波炉、影碟机、摄像机等家电产品也成为城镇居民的消费热点。1989 年至 1999 年，平均每百户冰箱、彩电、洗衣机拥有量，城镇居民家庭由 36. 5 台、51. 5 台、76. 2 台增长为 77. 7 台、111. 6 台、91. 4 台；农村居民家庭由 0. 9 台、3. 6 台、8. 2 台增长为 10. 6 台、38. 2 台、24. 3 台。第三次消费升级出现在 20 世纪 90 年代末至 2015 年前后，以汽车、住房、旅游“大三件”为标志，大量城镇居民家庭在这一时期购买了汽车、商品房并每年外出旅游。城镇居民家庭平均每百户家用汽车拥有量由 1999 年的 0. 3 辆，增长为 2012 年的 21. 5 辆。2000 年至 2014 年，房地产开发企业住宅竣工套数达 72 858 040 套；农村居民人均住房面积由 1999 年的 24. 2 平方米，增长为 2012 年的 37. 1 平方米，其中钢筋混凝土结构的住房面积由 1999 年的 6. 3 平方米增长为 2012 年的 17. 1 平方米。国内旅游游客由 1999 年的 7. 19 亿人次，增长为 2006 年的 13. 94 亿人次，全国人均首次超过 1 次；到 2014 年增长为 36. 11 亿人次。国内居民因私出境人数由 1999 年的 426. 61 万人次，增长为 2014 年的 11 002. 91 万人次。[②] 居民子女接受课外素质教育和上大学比例也大幅提升。第四次消费升级从 2015 年前后开始，以互联网引领消费为特征，以教育、娱乐、健康、文化等服务消费为主要内容，目前

① 李东进．第四次消费升级引来诸多变化和新挑战［N］．中国经济时报，2018-01-10；张全林．40 年改革开放消费方式的转变［EB/OL］．（2018 - 10 - 18）．https://www.sohu.com/a/260414121_114882.

② https://data.stats.gov.cn/easyquery.htm? cn=C01.

这次消费升级方兴未艾，正在蓬勃发展。

## 五、减贫情况

贫困可分为绝对贫困和相对贫困，其中绝对贫困人口是一个国家收入水平最低的群体，其人口数量、占总人口的比例、收入水平和增长情况，反映着该国居民收入分配是否守住了民生和人道主义的底线。

### （一）绝对贫困情况

关于绝对贫困人口的定义，存在不同的认定标准。2010 年之前，我国对绝对贫困人口适用的是本国定义和认定标准，根据该定义和认定标准，我国改革开放之初，农村绝对贫困人口有 2.5 亿人，贫困发生率为 30.7%。[①] 2011 年后，我国借鉴世界银行的定义和认定标准，根据新的定义和认定标准计算，1978 年我国绝对贫困人口达 7.7 亿人，占当年农村总人口 7.9 亿人的比重达 97.5%。[②]

改革开放以后，农村家庭联产承包责任制度的建立、农产品价格的逐步放开以及乡镇企业的迅猛发展，使农村贫困问题得到大面积缓解。1986 年起，党和国家在全国范围内开展了有计划、有组织、大规模的扶贫开发；到 1992 年年底，全国农村没有解决温饱的贫困人口，从 1978 年的 2.5 亿人减少到 8 000 万人。1994 年，《国家八七扶贫攻坚计划（1994—2000 年）》开始实施，国家集中人力、物力、财力，动员社会各界力量，开展大规模扶贫攻坚；到 2000 年年底，全国农

---

① 中国政府网. 我国是第一个提前实现贫困人口减半的发展中国家［EB/OL］.（2011-12-08）. www.gov.cn/govweb/wszb/zhibo490/content_2012122.htm.

② 央视网. 范小建：脱贫攻坚 啃硬骨头 对深度贫困咬住不放［EB/OL］.（2016-03-09）. http://news.cctv.com/2016/03/09/ARTImN2WZiUtTVSmAz6t6A3r160309.shtml.

村没有解决温饱的贫困人口减少到 3 000 万人，占农村人口的比重下降到 3%左右。[①]

从 2001 年起，国家提高扶贫标准，并实施《中国农村扶贫开发纲要（2001—2010 年）》，在“以工促农，以城带乡”基本方针指引下，通过实施城乡统筹战略促进扶贫工作，形成集行业政策、区域政策和社会政策于一体的扶贫格局。到 2010 年年底，农村贫困人口从 2000 年年底的 9 422 万人减少到 2 688 万人，贫困发生率从 10.2%下降到 2.8%；国家扶贫开发工作重点县农民人均纯收入从 1 277 元增加到 3 273 元，年均实际增长 8.1%，略高于全国农村的平均水平。[②]

从 2011 年开始，国家借鉴世界银行标准大幅度调整我国贫困人口的认定标准，2011 年年底对应的扶贫对象规模约为 1.28 亿人，占农村户籍人口比例为 13.4%；2012 年年底贫困人口为 9 899 万人。与此同时开始实施《中国农村扶贫开发纲要（2011—2020 年）》，努力实现贫困人口“两不愁三保障”（稳定实现扶贫对象不愁吃、不愁穿，保障其义务教育、基本医疗和住房）目标；到 2015 年年底，贫困人口尚有 5 575 万人。

党的十八大以后，党中央提出“精准扶贫、精准脱贫”基本方略；2015 年 11 月，《中共中央　国务院关于打赢脱贫攻坚战的决定》印发实施，提出“到 2020 年，稳定实现农村贫困人口不愁吃、不愁穿，义务教育、基本医疗和住房安全有保障。实现贫困地区农民人均可支配收入增长幅度高于全国平均水平，基本公共服务主要领域指标接近全国平均水平。确保我国现行标准下农村贫困人口实现脱贫，贫困县全部摘帽，解决区域性整体贫困”。为此，实行中央统筹、省

① 中国新闻网. 改革开放 30 年：扶贫成就斐然［EB/OL］.（2008-11-04）. https://www.chinanews.com/gn/news/2008/11-04/1437154.shtml.

② 中国新闻网. 中国农村扶贫开发纲要（2011—2020 年）［EB/OL］.（2011-12-01）. http://www.gov.cn/jrzg/2011-12/01/content_2008462.htm.

（自治区、直辖市）负总责、市（地）县抓落实的工作机制，通过发展特色产业脱贫一批、引导劳务输出脱贫一批、实施易地搬迁脱贫一批、结合生态保护脱贫一批、着力加强教育脱贫一批、开展医疗保险和医疗救助脱贫一批、实行农村最低生活保障制度兜底脱贫一批，加强贫困地区基础设施建设，强化财政、金融、用地、科技、人才保障，广泛动员全社会力量合力推进。到2020年年底，9 899万全国农村建档立卡贫困人口全部实现脱贫，“两不愁”质量水平明显提升，“三保障”突出问题总体解决，832个贫困县全部摘帽，12.8万个贫困村全部出列，具备条件的建制村全部通硬化路，村村都有卫生室和村医，义务教育薄弱学校办学条件得到改善，脱贫攻坚战取得全面胜利，过去的贫困地区和绝对贫困人口，与全国人民一起迈进了全面小康社会，解决困扰中华民族几千年的绝对贫困问题取得了历史性成就。

### （二）相对贫困情况

虽然到2020年年底，我国消灭了绝对贫困现象，但是仍然存在相对贫困人口。

一是仍然存在较大的低收入群体。根据国家统计局调查数据，2019年，我国城乡全体居民月人均可支配收入为2 561元，但是收入最低的20%家庭的年人均可支配收入为7 380元，月人均可支配收入为615元；收入最低的40%家庭的年人均可支配收入为11 579元，月人均可支配收入为965元。这表明我国40%以上、6亿左右的人口，其月均可支配收入不足1 000元，只有全体居民平均收入水平的39%。这些低收入人群主要分布在农村地区，2019年农村收入最低的20%家庭的年人均可支配收入为4 263元，月人均可支配收入为355元；农村收入最低的60%家庭的年人均可支配收入为9 334元，月人均可支配收入不足800元；这意味着农村中人均月收入在800元以下的人群大约有 3.3 亿人。①

二是还有部分城镇居民生活相对困难。据民政部统计，截至 2019 年年底，全国共有政府供养的城市特困人员（无劳动能力、无生活来源且无法定赡养、抚养、扶养义务人，或者其法定赡养、抚养、扶养义务人无赡养、抚养、扶养能力的老年人、残疾人以及未满 16 周岁的未成年人）29.5 万人；城市最低生活保障对象 524.9 万户、860.9 万人，平均保障标准为每人每月 624 元。② 此外，城镇低保边缘家庭、失业人员家庭、低工资劳动力家庭等，生活也较为困难。2018 年海南省保亭县一份人大代表建议反映，有相当部分的城镇居民经济收入来源单一，生活水平较低，包括城镇“三无”人员家庭、城镇低保家庭、低保边缘家庭、支出型困难家庭、住房困难家庭和困难职工家庭，这部分贫困人群在住房、教育、医疗等方面都存在仅凭自身能力无法解决的困难和问题。全县城镇人口 6.1 万人，而城镇贫困人口有 1 726 户 4 186 人（其中城市低保户 982 户 2 000 人，经认定的低收入贫困户 744 户 2 186 人），占城镇人口的 6.86%。③

## 第三节　居民收入差距的现实状况

居民收入差距可以从不同侧面进行考察，从我国目前实际情况看，最需要重视的居民收入差距包括城乡、区域、行业、所有制、群体等收入差距。测量居民收入差距的方法包括基尼系数、库兹涅茨指数、

① 李实. 怎么看“6 亿人每月收入 1 000 元”［EB/OL］.（2020-06-22）. http://www.xinhuanet.com/politics/2020-06/22/c_1126144559.htm.

② 民政部. 2019 年民政事业发展统计公报［R/OL］.（2020-09-08）. http://www.mca.gov.cn/article/sj/tjgb/202009/20200900029333.shtml.

③ 海南省人民政府网. 关于将城镇低收入困难群体纳入脱贫帮扶政策的建议［EB/OL］.（2018-07-10）. https://www.hainan.gov.cn/rdjydata-6490.html.

阿鲁瓦利亚指数、欧希玛指数、五等份分组法、泰尔指数、极差指标等。① 本节采用欧希玛指数、五等份分组法、极差指标等方法进行测量，同时探索使用数据折线图方法，以直观形象地展现收入差距状况。

## 一、城乡收入差距

城乡收入差距指的是城镇居民与农村居民的人均可支配收入差距。根据国家统计局发布的1978年至2019年全国城乡居民人均可支配收入数据，可以计算出全国城乡居民人均可支配收入的差距倍数(见表3-7)。

表3-7　分年度全国城乡居民人均可支配收入及差距倍数

| 年份 | 城镇居民人均可支配收入/元 | 农村居民人均可支配收入/元 | 城乡居民人均可支配收入差距倍数 | 年份 | 城镇居民人均可支配收入/元 | 农村居民人均可支配收入/元 | 城乡居民人均可支配收入差距倍数 |
|---|---|---|---|---|---|---|---|
| 1978 | 343.4 | 133.6 | 2.57 | 1992 | 2 026.6 | 784 | 2.58 |
| 1979 | 405 | 160.2 | 2.53 | 1993 | 2 577.4 | 921.6 | 2.80 |
| 1980 | 477.6 | 191.3 | 2.50 | 1994 | 3 496.2 | 1 221 | 2.86 |
| 1981 | 500.4 | 223.4 | 2.24 | 1995 | 4 283 | 1 577.7 | 2.71 |
| 1982 | 535.3 | 270.1 | 1.98 | 1996 | 4 838.9 | 1 926.1 | 2.51 |
| 1983 | 564.6 | 309.8 | 1.82 | 1997 | 5 160.3 | 2 090.1 | 2.47 |
| 1984 | 652.1 | 355.3 | 1.84 | 1998 | 5 425.1 | 2 162 | 2.51 |
| 1985 | 739.1 | 397.6 | 1.86 | 1999 | 5 854 | 2 210.3 | 2.65 |
| 1986 | 900.9 | 423.8 | 2.13 | 2000 | 6 255.7 | 2 282.1 | 2.74 |
| 1987 | 1 002.1 | 462.6 | 2.17 | 2001 | 6 824 | 2 406.9 | 2.84 |
| 1988 | 1 180.2 | 544.9 | 2.17 | 2002 | 7 652.4 | 2 528.9 | 3.03 |
| 1989 | 1 373.9 | 601.5 | 2.28 | 2003 | 8 405.5 | 2 690.3 | 3.12 |
| 1990 | 1 510.2 | 686.3 | 2.20 | 2004 | 9 334.8 | 3 026.6 | 3.08 |
| 1991 | 1 700.6 | 708.5 | 2.40 | 2005 | 10 382.3 | 3 370.2 | 3.08 |

① 林宏，陈广汉. 居民收入差距测量的方法和指标［J］. 统计与预测. 2003（6）.

续表

| 年份 | 城镇居民人均可支配收入/元 | 农村居民人均可支配收入/元 | 城乡居民人均可支配收入差距倍数 | 年份 | 城镇居民人均可支配收入/元 | 农村居民人均可支配收入/元 | 城乡居民人均可支配收入差距倍数 |
|---|---|---|---|---|---|---|---|
| 2006 | 11 619. 7 | 3 731 | 3. 11 | 2013 | 26 467 | 9 429. 59 | 2. 81 |
| 2007 | 13 602. 5 | 4 327 | 3. 14 | 2014 | 28 843. 85 | 10 488. 88 | 2. 75 |
| 2008 | 15 549. 4 | 4 998. 8 | 3. 11 | 2015 | 31 194. 83 | 11 421. 71 | 2. 73 |
| 2009 | 16 900. 5 | 5 435. 1 | 3. 11 | 2016 | 33 616. 25 | 12 363. 41 | 2. 72 |
| 2010 | 18 779. 1 | 6 272. 4 | 2. 99 | 2017 | 36 396. 19 | 13 432. 43 | 2. 71 |
| 2011 | 21 426. 9 | 7 393. 9 | 2. 90 | 2018 | 39 250. 84 | 14 617. 03 | 2. 69 |
| 2012 | 24 126. 7 | 8 389. 3 | 2. 88 | 2019 | 42 358. 8 | 16 020. 67 | 2. 64 |

资料来源：国家统计局官网。

注：城乡居民人均可支配收入差距倍数是用同一年份城镇居民人均可支配收入除以农村居民人均可支配收入得出的。

根据表 3-7 数据，可以制作 1978 年至 2019 年全国城镇居民人均可支配收入相对于农村居民人均可支配收入的差距倍数折线图，如图 3-1 所示。

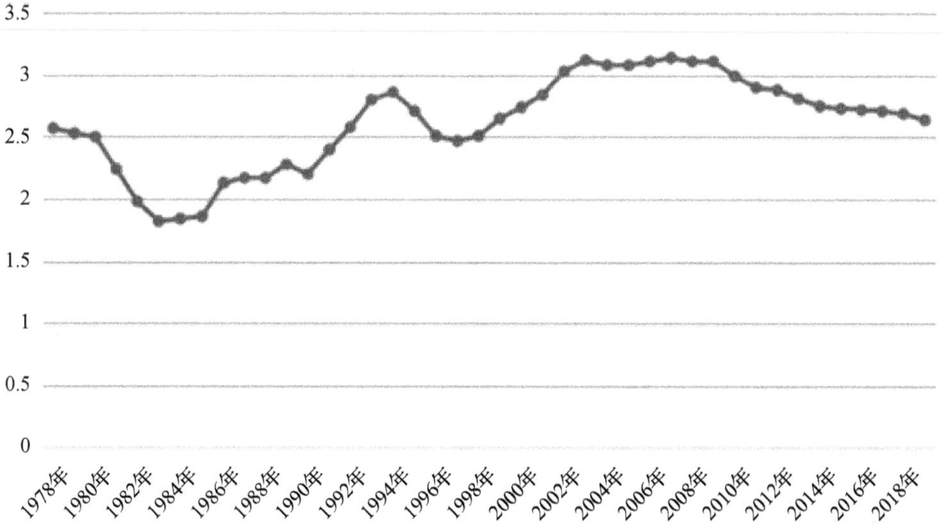


图 3-1 分年度全国城乡居民人均可支配收入差距倍数

根据国家统计局公布的各省、自治区、直辖市在不同年份的城乡居民人均可支配收入数据，可以计算出分地区城乡居民收入差距倍数（见表3-8）。

表3-8　　分地区城乡居民人均可支配收入及差距倍数

| | 2000年 | | | 2010年 | | |
|---|---|---|---|---|---|---|
| | 城镇居民人均可支配收入/元 | 农村居民人均可支配收入/元 | 城乡居民人均可支配收入差距倍数 | 城镇居民人均可支配收入/元 | 农村居民人均可支配收入/元 | 城乡居民人均可支配收入差距倍数 |
| 东部地区 | | | | | | |
| 北京 | 10 349.7 | 4 604.6 | 2.25 | 29 072.9 | 13 262.3 | 2.19 |
| 天津 | 8 140.5 | 3 622.4 | 2.25 | 24 292.6 | 10 074.9 | 2.41 |
| 河北 | 5 661.2 | 2 478.9 | 2.28 | 16 263.4 | 5 958.0 | 2.73 |
| 上海 | 11 718.0 | 5 596.4 | 2.09 | 31 838.1 | 13 978.0 | 2.28 |
| 江苏 | 6 800.2 | 3 595.1 | 1.89 | 22 944.3 | 9 118.2 | 2.52 |
| 浙江 | 9 279.2 | 4 253.7 | 2.18 | 27 359.0 | 11 302.6 | 2.42 |
| 福建 | 7 432.3 | 3 230.5 | 2.30 | 21 781.3 | 7 426.9 | 2.93 |
| 山东 | 6 490.0 | 2 659.2 | 2.44 | 19 945.8 | 6 990.3 | 2.85 |
| 广东 | 9 761.6 | 3 654.5 | 2.67 | 23 897.8 | 7 890.3 | 3.03 |
| 海南 | 5 358.3 | 2 182.3 | 2.46 | 15 581.1 | 5 275.4 | 2.95 |
| 中部地区 | | | | | | |
| 山西 | 4 724.1 | 1 905.6 | 2.48 | 15 647.7 | 4 736.3 | 3.30 |
| 安徽 | 5 293.6 | 1 934.6 | 2.74 | 15 788.2 | 5 285.2 | 2.99 |
| 江西 | 5 103.6 | 2 135.3 | 2.39 | 15 481.1 | 5 788.6 | 2.67 |
| 河南 | 4 766.3 | 1 985.8 | 2.40 | 15 930.3 | 5 523.7 | 2.88 |
| 湖北 | 5 524.5 | 2 268.6 | 2.44 | 16 058.4 | 5 832.3 | 2.75 |
| 湖南 | 6 218.7 | 2 197.2 | 2.83 | 16 565.7 | 5 622.0 | 2.95 |
| 东北地区 | | | | | | |
| 辽宁 | 5 357.8 | 2 355.6 | 2.27 | 17 712.6 | 6 907.9 | 2.56 |
| 吉林 | 4 810.0 | 2 022.5 | 2.38 | 15 411.5 | 6 237.4 | 2.47 |

续表

| | 2000年 | | | 2010年 | | |
|---|---|---|---|---|---|---|
| | 城镇居民人均可支配收入/元 | 农村居民人均可支配收入/元 | 城乡居民人均可支配收入差距倍数 | 城镇居民人均可支配收入/元 | 农村居民人均可支配收入/元 | 城乡居民人均可支配收入差距倍数 |
| 黑龙江 | 4 912.9 | 2 148.2 | 2.29 | 13 856.5 | 6 210.7 | 2.23 |
| 西部地区 | | | | | | |
| 内蒙古 | 5 129.1 | 2 038.2 | 2.52 | 17 698.2 | 5 529.6 | 3.20 |
| 广西 | 5 834.4 | 1 864.5 | 3.13 | 17 063.9 | 4 543.4 | 3.76 |
| 重庆 | 6 276.0 | 1 892.4 | 3.32 | 17 532.4 | 5 276.7 | 3.32 |
| 四川 | 5 894.3 | 1 903.6 | 3.10 | 15 461.2 | 5 086.9 | 3.04 |
| 贵州 | 5 122.2 | 1 374.2 | 3.73 | 14 142.7 | 3 471.9 | 4.07 |
| 云南 | 6 324.6 | 1 478.6 | 4.28 | 16 064.5 | 3 952.0 | 4.06 |
| 西藏 | 7 426.3 | 1 330.8 | 5.58 | 14 980.5 | 4 138.7 | 3.62 |
| 陕西 | 5 124.2 | 1 443.9 | 3.55 | 15 695.2 | 4 105.0 | 3.82 |
| 甘肃 | 4 916.3 | 1 428.7 | 3.44 | 13 188.6 | 3 424.7 | 3.85 |
| 青海 | 5 170.0 | 1 490.5 | 3.47 | 13 855.0 | 3 862.7 | 3.59 |
| 宁夏 | 4 912.4 | 1 724.3 | 2.85 | 15 344.5 | 4 674.9 | 3.28 |
| 新疆 | 5 644.9 | 1 618.1 | 3.49 | 13 643.8 | 4 642.7 | 2.94 |

| | 2015年 | | | 2018年 | | |
|---|---|---|---|---|---|---|
| | 城镇居民人均可支配收入/元 | 农村居民人均可支配收入/元 | 城乡居民人均可支配收入差距倍数 | 城镇居民人均可支配收入/元 | 农村居民人均可支配收入/元 | 城乡居民人均可支配收入差距倍数 |
| 东部地区 | | | | | | |
| 北京 | 52 859.2 | 20 568.7 | 2.57 | 67 989.9 | 26 490.3 | 2.57 |
| 天津 | 34 101.3 | 18 481.6 | 1.85 | 42 976.3 | 23 065.2 | 1.86 |
| 河北 | 26 152.2 | 11 050.5 | 2.37 | 32 977.2 | 14 030.9 | 2.35 |
| 上海 | 52 961.9 | 23 205.2 | 2.28 | 68 033.6 | 30 374.7 | 2.24 |
| 江苏 | 37 173.5 | 16 256.7 | 2.29 | 47 200.0 | 20 845.1 | 2.26 |

续表

| | 2015年 | | | 2018年 | | |
|---|---|---|---|---|---|---|
| | 城镇居民人均可支配收入/元 | 农村居民人均可支配收入/元 | 城乡居民人均可支配收入差距倍数 | 城镇居民人均可支配收入/元 | 农村居民人均可支配收入/元 | 城乡居民人均可支配收入差距倍数 |
| 浙江 | 43 714.5 | 21 125.0 | 2.07 | 55 574.3 | 27 302.4 | 2.04 |
| 福建 | 33 275.3 | 13 792.7 | 2.41 | 42 121.3 | 17 821.2 | 2.36 |
| 山东 | 31 545.3 | 12 930.4 | 2.44 | 39 549.4 | 16 297.0 | 2.43 |
| 广东 | 34 757.2 | 13 360.4 | 2.60 | 44 341.0 | 17 167.7 | 2.58 |
| 海南 | 26 356.4 | 10 857.6 | 2.43 | 33 348.7 | 13 988.9 | 2.38 |
| 中部地区 | | | | | | |
| 山西 | 25 827.7 | 9 453.9 | 2.73 | 31 034.8 | 11 750.0 | 2.64 |
| 安徽 | 26 935.8 | 10 820.7 | 2.49 | 34 393.1 | 13 996.0 | 2.46 |
| 江西 | 26 500.1 | 11 139.1 | 2.38 | 33 819.4 | 14 459.9 | 2.34 |
| 河南 | 25 575.6 | 10 852.9 | 2.36 | 31 874.2 | 13 830.7 | 2.30 |
| 湖北 | 27 051.5 | 11 843.9 | 2.28 | 34 454.6 | 14 977.8 | 2.30 |
| 湖南 | 28 838.1 | 10 992.5 | 2.62 | 36 698.3 | 14 092.5 | 2.60 |
| 东北地区 | | | | | | |
| 辽宁 | 31 125.7 | 12 056.9 | 2.58 | 37 341.9 | 14 656.3 | 2.55 |
| 吉林 | 24 900.9 | 11 326.2 | 2.20 | 30 171.9 | 13 748.2 | 2.19 |
| 黑龙江 | 24 202.6 | 11 095.2 | 2.18 | 29 191.3 | 13 803.7 | 2.11 |
| 西部地区 | | | | | | |
| 内蒙古 | 30 594.1 | 10 775.9 | 2.84 | 38 304.7 | 13 802.6 | 2.78 |
| 广西 | 26 415.9 | 9 466.6 | 2.79 | 32 436.1 | 12 434.8 | 2.61 |
| 重庆 | 27 238.8 | 10 504.7 | 2.59 | 34 889.3 | 13 781.2 | 2.53 |
| 四川 | 26 205.3 | 10 247.4 | 2.56 | 33 215.9 | 13 331.4 | 2.49 |
| 贵州 | 24 579.6 | 7 386.9 | 3.33 | 31 591.9 | 9 716.1 | 3.25 |
| 云南 | 26 373.2 | 8 242.1 | 3.20 | 33 487.9 | 10 767.9 | 3.11 |
| 西藏 | 25 456.6 | 8 243.7 | 3.09 | 33 797.4 | 11 449.8 | 2.95 |

续表

| | 2015 年 | | | 2018 年 | | |
|---|---|---|---|---|---|---|
| | 城镇居民人均可支配收入/元 | 农村居民人均可支配收入/元 | 城乡居民人均可支配收入差距倍数 | 城镇居民人均可支配收入/元 | 农村居民人均可支配收入/元 | 城乡居民人均可支配收入差距倍数 |
| 陕西 | 26 420.2 | 8 688.9 | 3.04 | 33 319.3 | 11 212.8 | 2.97 |
| 甘肃 | 23 767.1 | 6 936.2 | 3.43 | 29 957.0 | 8 804.1 | 3.40 |
| 青海 | 24 542.3 | 7 933.4 | 3.09 | 31 514.5 | 10 393.3 | 3.03 |
| 宁夏 | 25 186.0 | 9 118.7 | 2.76 | 31 895.2 | 11 707.6 | 2.72 |
| 新疆 | 26 274.7 | 9 425.1 | 2.79 | 32 763.5 | 11 974.5 | 2.74 |

资料来源：2000 年、2010 年收入数据来源于国家统计局《中国统计年鉴 2014》，2015 年、2018 年收入数据来源于国家统计局《中国统计年鉴 2019》。其中，2012 年前农村居民收入调查指标为“农村居民家庭平均每人纯收入”，2013 年后调查指标为“农村居民人均可支配收入”。

注：城乡居民人均可支配收入差距倍数是指同一省份、同一年份城镇居民人均可支配收入与农村居民人均可支配收入之比。

根据表 3-8 数据，可以制作不同年份分地区城乡居民人均可支配收入差距倍数折线图，如图 3-2 所示。

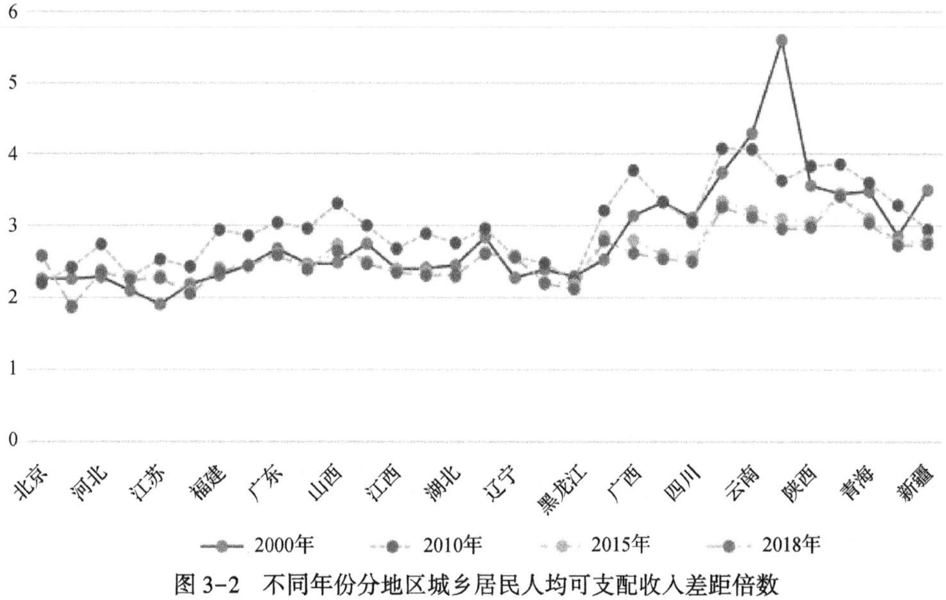


图 3-2　不同年份分地区城乡居民人均可支配收入差距倍数

根据表 3-8 数据，还可以制作目前（迄今最新数据为 2018 年数据）分地区城乡居民人均可支配收入折线图，如图 3-3 所示。

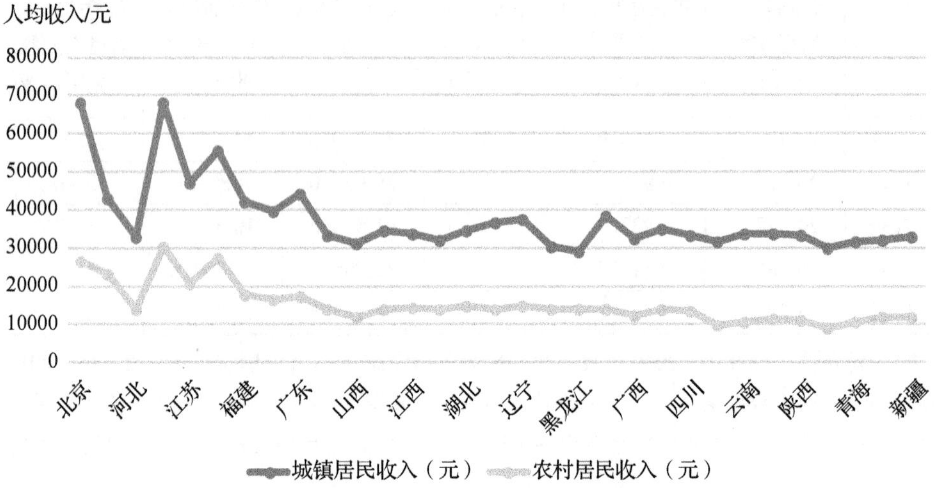


图 3-3　2018 年分地区城乡居民人均可支配收入

分析表 3-7、表 3-8 以及图 3-1、图 3-2、图 3-3，可以发现我国城乡居民收入差距具有以下特征。

一是 1978 年至 2019 年，我国城乡之间的收入差距一直较大。城镇居民收入相对于农村居民收入的倍数，除 1982 年至 1985 年短短 4 年处于 1.98 倍至 1.82 倍之间外，其他年份均超过 2 倍，且多数年份超过 2.5 倍。实际上，虽然国家统计局未发布 1978 年之前的城乡居民收入数据，但是其他研究已经表明，我国 1978 年之前的城乡收入差距也较大。“城乡差距问题在解放前就存在。从 1956 年计划经济体制建立到 1978 年改革前，城乡收入差距之比比亚洲其他低收入国家要高，稍大于中等收入国家。”①

二是 1978 年至 2019 年，我国城乡之间的收入差距大致可以划分为 6 个阶段，其中 2008 年至 2019 年收入差距在逐步缩小。第一阶段

① 杨涟漪，吴杰. 中国城乡差距分析［J］. 商情，2010（1）.

从1978年到1983年，城乡收入差距短时段缩小，在5年时间内从2.57倍缩小为1.82倍。第二阶段从1984年到1994年，城乡收入差距长时段扩大，在11年时间内从1.82倍迅速扩大为2.86倍，其间只有1990年比前后年份略微降低。第三阶段从1995年到1997年，城乡收入差距再次短时段缩小，在3年时间内由2.86倍缩小为2.47倍。第四阶段从1998年到2003年，城乡收入差距再次较长时段扩大，在6年时间内从2.47倍扩大为3.12倍。第五阶段从2004年到2007年，城乡收入差距扩大趋势受到遏制，分别为3.08倍、3.08倍、3.11倍、3.14倍，其中2007年的3.14倍为差距峰值。第六阶段从2008年到2019年，城乡收入差距逐年下降，2010年回落到3倍以下，2019年降低为2.64倍，略高于1978年的2.57倍。

三是城乡收入差距一直以来都大于区域收入差距。在2000年、2010年、2015年、2018年，城镇居民人均收入最高省份与最低省份之比分别为2.48倍、2.41倍、2.23倍、2.33倍，农村居民人均收入最高省份与最低省份之比分别为4.21倍、4.08倍、3.35倍、3.45倍；而城镇居民人均收入与农村居民人均收入之比最大的省份的差距倍数分别为5.58倍、4.07倍、3.43倍、3.40倍，可见同一地区城镇居民与农村居民之间的收入差距，大于不同地区居民之间的收入差距。在2018年，区域收入最高的东部地区10省份（河北、海南除外）农村居民年人均收入大致处于15 000元至30 000元之间，其中最低的山东省为16 297.0元，最高的上海市为30 374.7元；而区域收入最低的西部地区12省份城镇居民年人均收入大致处于30 000元至40 000元之间，其中最低的甘肃省为29 957.0元，最高的内蒙古为38 304.7元，可见最发达地区的农村居民收入明显低于最不发达地区的城镇居民收入。在2018年，城镇居民年人均收入最高的上海市为68 033.6元，农村居民年人均收入最低的甘肃省为8 804.1元，前者是后者的7.73倍，可见最发达地区的城镇居民收入与最不发达地区的农村居民收入之间差距很大。

四是从大区域情况看，东部地区、东北地区城乡收入差距在各年份均最小，中部地区次之，西部地区则最大。2000 年，东部地区城乡收入差距在 1. 89 倍至 2. 67 倍之间，东北地区在 2. 27 倍至 2. 38 倍之间，中部地区在 2. 39 倍至 2. 83 倍之间，西部地区在 2. 52 倍至 5. 58 倍之间。2018 年，东部地区城乡收入差距在 1. 86 倍至 2. 58 倍之间，东北地区在 2. 11 倍至 2. 55 倍之间，中部地区在 2. 30 倍至 2. 64 倍之间，西部地区在 2. 49 倍至 3. 40 倍之间。

五是从各省份情况看，2000 年城乡收入差距最小的是江苏省 1. 89 倍，最大的是西藏自治区 5. 58 倍；2010 年最小的是北京市 2. 19 倍，最大的是贵州省 4. 07 倍；2015 年、2018 年最小的都是天津市，分别为 1. 85 倍、1. 86 倍，最大的都是甘肃省，分别为 3. 43 倍、3. 40 倍。

## 二、区域收入差距

这里所称“区域收入差距”指的是我国不同省份之间居民人均可支配收入的差距。考虑到实际中既存在区域收入差距，也存在城乡收入差距，本论文分别考察不同区域的城镇居民收入差距和农村居民收入差距；为了直观地理解区域收入差距，本论文既考察不同区域居民人均收入的数量，也考察区域之间的收入差距倍数；为了反映不同时期区域收入差距的变动情况，本论文分别选取不同的代表性年份进行考察。

表 3-9 是国家统计局在统计年鉴中公布的不同区域城镇居民人均可支配收入，以及本论文根据这些收入数据计算得出的不同区域人均收入的指数，即以当年度人均收入最低省份的收入数量为基数“1”，计算其他省份与该省相比的收入倍数。

**表 3-9　　分地区城镇居民人均可支配收入及地区差距**

| | 2000 年 | | 2010 年 | | 2015 年 | | 2018 年 | |
|---|---|---|---|---|---|---|---|---|
| | 收入/元 | 指数 | 收入/元 | 指数 | 收入/元 | 指数 | 收入/元 | 指数 |
| 东部地区 | | | | | | | | |
| 北京 | 10 349.7 | 2.19 | 29 072.9 | 2.20 | 52 859.2 | 2.22 | 67 989.9 | 2.33 |
| 天津 | 8 140.5 | 1.72 | 24 292.6 | 1.84 | 34 101.3 | 1.43 | 42 976.3 | 1.47 |
| 河北 | 5 661.2 | 1.20 | 16 263.4 | 1.23 | 26 152.2 | 1.10 | 32 977.2 | 1.13 |
| 上海 | 11 718.0 | 2.48 | 31 838.1 | 2.41 | 52 961.9 | 2.23 | 68 033.6 | 2.33 |
| 江苏 | 6 800.2 | 1.44 | 22 944.3 | 1.74 | 37 173.5 | 1.56 | 47 200.0 | 1.62 |
| 浙江 | 9 279.2 | 1.96 | 27 359.0 | 2.07 | 43 714.5 | 1.84 | 55 574.3 | 1.90 |
| 福建 | 7 432.3 | 1.57 | 21 781.3 | 1.65 | 33 275.3 | 1.40 | 42 121.3 | 1.44 |
| 山东 | 6 490.0 | 1.37 | 19 945.8 | 1.51 | 31 545.3 | 1.33 | 39 549.4 | 1.35 |
| 广东 | 9 761.6 | 2.07 | 23 897.8 | 1.81 | 34 757.2 | 1.46 | 44 341.0 | 1.52 |
| 海南 | 5 358.3 | 1.13 | 15 581.1 | 1.18 | 26 356.4 | 1.11 | 33 348.7 | 1.14 |
| 中部地区 | | | | | | | | |
| 山西 | 4 724.1 | 1 | 15 647.7 | 1.19 | 25 827.7 | 1.09 | 31 034.8 | 1.06 |
| 安徽 | 5 293.6 | 1.12 | 15 788.2 | 1.20 | 26 935.8 | 1.13 | 34 393.1 | 1.18 |
| 江西 | 5 103.6 | 1.08 | 15 481.1 | 1.17 | 26 500.1 | 1.11 | 33 819.4 | 1.16 |
| 河南 | 4 766.3 | 1.01 | 15 930.3 | 1.21 | 25 575.6 | 1.08 | 31 874.2 | 1.09 |
| 湖北 | 5 524.5 | 1.17 | 16 058.4 | 1.22 | 27 051.5 | 1.14 | 34 454.6 | 1.18 |
| 湖南 | 6 218.7 | 1.32 | 16 565.7 | 1.26 | 28 838.1 | 1.21 | 36 698.3 | 1.26 |
| 东北地区 | | | | | | | | |
| 辽宁 | 5 357.8 | 1.13 | 17 712.6 | 1.34 | 31 125.7 | 1.31 | 37 341.9 | 1.28 |
| 吉林 | 4 810.0 | 1.02 | 15 411.5 | 1.17 | 24 900.9 | 1.05 | 30 171.9 | 1.03 |
| 黑龙江 | 4 912.9 | 1.04 | 13 856.5 | 1.05 | 24 202.6 | 1.02 | 29 191.3 | 1 |
| 西部地区 | | | | | | | | |
| 内蒙古 | 5 129.1 | 1.09 | 17 698.2 | 1.34 | 30 594.1 | 1.29 | 38 304.7 | 1.31 |
| 广西 | 5 834.4 | 1.24 | 17 063.9 | 1.29 | 26 415.9 | 1.11 | 32 436.1 | 1.11 |
| 重庆 | 6 276.0 | 1.33 | 17 532.4 | 1.33 | 27 238.8 | 1.15 | 34 889.3 | 1.20 |

续表

| | 2000 年 | | 2010 年 | | 2015 年 | | 2018 年 | |
|---|---|---|---|---|---|---|---|---|
| | 收入/元 | 指数 | 收入/元 | 指数 | 收入/元 | 指数 | 收入/元 | 指数 |
| 四川 | 5 894.3 | 1.25 | 15 461.2 | 1.17 | 26 205.3 | 1.10 | 33 215.9 | 1.14 |
| 贵州 | 5 122.2 | 1.08 | 14 142.7 | 1.07 | 24 579.6 | 1.03 | 31 591.9 | 1.08 |
| 云南 | 6 324.6 | 1.34 | 16 064.5 | 1.22 | 26 373.2 | 1.11 | 33 487.9 | 1.15 |
| 西藏 | 7 426.3 | 1.57 | 14 980.5 | 1.14 | 25 456.6 | 1.07 | 33 797.4 | 1.16 |
| 陕西 | 5 124.2 | 1.08 | 15 695.2 | 1.19 | 26 420.2 | 1.11 | 33 319.3 | 1.14 |
| 甘肃 | 4 916.3 | 1.04 | 13 188.6 | 1 | 23 767.1 | 1 | 29 957.0 | 1.03 |
| 青海 | 5 170.0 | 1.09 | 13 855.0 | 1.05 | 24 542.3 | 1.03 | 31 514.5 | 1.08 |
| 宁夏 | 4 912.4 | 1.04 | 15 344.5 | 1.16 | 25 186.0 | 1.06 | 31 895.2 | 1.09 |
| 新疆 | 5 644.9 | 1.19 | 13 643.8 | 1.03 | 26 274.7 | 1.11 | 32 763.5 | 1.12 |

资料来源：2000 年、2010 年收入数据来源于国家统计局《中国统计年鉴 2014》，2015 年、2018 年收入数据来源于国家统计局《中国统计年鉴 2019》。其中，2012 年前农村居民收入调查指标为“农村居民家庭平均每人纯收入”，2013 年后调查指标为“农村居民人均可支配收入”。

注：各年份各地收入“指数”，以当年城镇居民人均可支配收入最低省份的收入数值为“1”，用其他省份的收入与其相除计算得到，以反映各省份收入与收入最低省份收入的倍数关系。

表 3-10 是国家统计局在统计年鉴中公布的不同区域农村居民人均可支配收入（其中 2012 年前为农民人均纯收入），以及本论文根据这些收入数据计算得出的不同区域人均收入的指数。

**表 3-10　分地区农村居民人均纯收入（可支配收入）及地区差距**

| | 1990 年 | | 2000 年 | | 2010 年 | | 2015 年 | | 2018 年 | |
|---|---|---|---|---|---|---|---|---|---|---|
| | 收入/元 | 指数 | 收入/元 | 指数 | 收入/元 | 指数 | 收入/元 | 指数 | 收入/元 | 指数 |
| 东部地区 | | | | | | | | | | |
| 北京 | 1 297.05 | 3.01 | 4 604.6 | 3.46 | 13 262.3 | 3.87 | 20 568.7 | 2.97 | 26 490.3 | 3.01 |
| 天津 | 1 069.04 | 2.48 | 3 622.4 | 2.72 | 10 074.9 | 2.94 | 18 481.6 | 2.66 | 23 065.2 | 2.62 |
| 河北 | 621.67 | 1.44 | 2 478.9 | 1.86 | 5 958.0 | 1.74 | 11 050.5 | 1.59 | 14 030.9 | 1.59 |
| 上海 | 1 907.32 | 4.43 | 5 596.4 | 4.21 | 13 978.0 | 4.08 | 23 205.2 | 3.35 | 30 374.7 | 3.45 |

续表

| | 1990年 | | 2000年 | | 2010年 | | 2015年 | | 2018年 | |
|---|---|---|---|---|---|---|---|---|---|---|
| | 收入/元 | 指数 | 收入/元 | 指数 | 收入/元 | 指数 | 收入/元 | 指数 | 收入/元 | 指数 |
| 江苏 | 959.06 | 2.23 | 3 595.1 | 2.70 | 9 118.2 | 2.66 | 16 256.7 | 2.34 | 20 845.1 | 2.37 |
| 浙江 | 1 099.04 | 2.55 | 4 253.7 | 3.20 | 11 302.6 | 3.30 | 21 125.0 | 3.05 | 27 302.4 | 3.10 |
| 福建 | 764.41 | 1.77 | 3 230.5 | 2.43 | 7 426.9 | 2.17 | 13 792.7 | 1.99 | 17 821.2 | 2.02 |
| 山东 | 680.18 | 1.58 | 2 659.2 | 2.00 | 6 990.3 | 2.04 | 12 930.4 | 1.86 | 16 297.0 | 1.85 |
| 广东 | 1 043.03 | 2.42 | 3 654.5 | 2.75 | 7 890.3 | 2.30 | 13 360.4 | 1.93 | 17 167.7 | 1.95 |
| 海南 | 696.22 | 1.62 | 2 182.3 | 1.64 | 5 275.4 | 1.54 | 10 857.6 | 1.57 | 13 988.9 | 1.59 |
| 中部地区 | | | | | | | | | | |
| 山西 | 603.51 | 1.40 | 1 905.6 | 1.43 | 4 736.3 | 1.38 | 9 453.9 | 1.36 | 11 750.0 | 1.33 |
| 安徽 | 539.16 | 1.25 | 1 934.6 | 1.45 | 5 285.2 | 1.54 | 10 820.7 | 1.56 | 13 996.0 | 1.59 |
| 江西 | 669.90 | 1.55 | 2 135.3 | 1.60 | 5 788.6 | 1.69 | 11 139.1 | 1.61 | 14 459.9 | 1.64 |
| 河南 | 526.95 | 1.22 | 1 985.8 | 1.49 | 5 523.7 | 1.61 | 10 852.9 | 1.56 | 13 830.7 | 1.57 |
| 湖北 | 670.80 | 1.56 | 2 268.6 | 1.70 | 5 832.3 | 1.70 | 11 843.9 | 1.71 | 14 977.8 | 1.70 |
| 湖南 | 664.24 | 1.54 | 2 197.2 | 1.65 | 5 622.0 | 1.64 | 10 992.5 | 1.58 | 14 092.5 | 1.60 |
| 东北地区 | | | | | | | | | | |
| 辽宁 | 836.17 | 1.94 | 2 355.6 | 1.77 | 6 907.9 | 2.02 | 12 056.9 | 1.74 | 14 656.3 | 1.66 |
| 吉林 | 803.52 | 1.86 | 2 022.5 | 1.52 | 6 237.4 | 1.82 | 11 326.2 | 1.63 | 13 748.2 | 1.56 |
| 黑龙江 | 759.86 | 1.76 | 2 148.2 | 1.61 | 6 210.7 | 1.81 | 11 095.2 | 1.60 | 13 803.7 | 1.57 |
| 西部地区 | | | | | | | | | | |
| 内蒙古 | 607.15 | 1.41 | 2 038.2 | 1.53 | 5 529.6 | 1.61 | 10 775.9 | 1.55 | 13 802.6 | 1.57 |
| 广西 | 639.45 | 1.48 | 1 864.5 | 1.40 | 4 543.4 | 1.33 | 9 466.6 | 1.36 | 12 434.8 | 1.41 |
| 重庆 | | | 1 892.4 | 1.42 | 5 276.7 | 1.54 | 10 504.7 | 1.51 | 13 781.2 | 1.57 |
| 四川 | 557.76 | 1.29 | 1 903.6 | 1.43 | 5 086.9 | 1.49 | 10 247.4 | 1.47 | 13 331.4 | 1.51 |
| 贵州 | 435.14 | 1.01 | 1 374.2 | 1.03 | 3 471.9 | 1.01 | 7 386.9 | 1.06 | 9 716.1 | 1.10 |
| 云南 | 540.86 | 1.25 | 1 478.6 | 1.11 | 3 952.0 | 1.15 | 8 242.1 | 1.19 | 10 767.9 | 1.22 |
| 西藏 | 649.71 | 1.51 | 1 330.8 | 1 | 4 138.7 | 1.21 | 8 243.7 | 1.19 | 11 449.8 | 1.30 |
| 陕西 | 530.80 | 1.23 | 1 443.9 | 1.08 | 4 105.0 | 1.20 | 8 688.9 | 1.25 | 11 212.8 | 1.27 |
| 甘肃 | 430.98 | 1 | 1 428.7 | 1.07 | 3 424.7 | 1 | 6 936.2 | 1 | 8 804.1 | 1 |

续表

| | 1990 年 | | 2000 年 | | 2010 年 | | 2015 年 | | 2018 年 | |
|---|---|---|---|---|---|---|---|---|---|---|
| | 收入/元 | 指数 | 收入/元 | 指数 | 收入/元 | 指数 | 收入/元 | 指数 | 收入/元 | 指数 |
| 青海 | 559. 78 | 1. 30 | 1 490. 5 | 1. 12 | 3 862. 7 | 1. 13 | 7 933. 4 | 1. 14 | 10 393. 3 | 1. 18 |
| 宁夏 | 578. 13 | 1. 34 | 1 724. 3 | 1. 30 | 4 674. 9 | 1. 37 | 9 118. 7 | 1. 31 | 11 707. 6 | 1. 33 |
| 新疆 | 683. 47 | 1. 59 | 1 618. 1 | 1. 22 | 4 642. 7 | 1. 36 | 9 425. 1 | 1. 36 | 11 974. 5 | 1. 36 |

资料来源：1990 年收入数据来源于国家统计局《中国统计年鉴 2004》，2000 年、2010 年收入数据来源于国家统计局《中国统计年鉴 2014》，2015 年、2018 年收入数据来源于国家统计局《中国统计年鉴 2019》。其中，2012 年前农村居民收入调查指标为“农村居民家庭平均每人纯收入”，2013 年后调查指标为“农村居民人均可支配收入”。

注：各年份各地收入“指数”，以当年农村居民人均可支配收入最低省份的收入数值为“1”，用其他省份的收入与其相除计算得到，以反映各省份收入与最低收入的倍数关系。

对表 3-9 中的指数数据，可以转化为不同省份城镇居民人均可支配收入与人均可支配收入最低省份的差距倍数折线图，如图 3-4 所示。

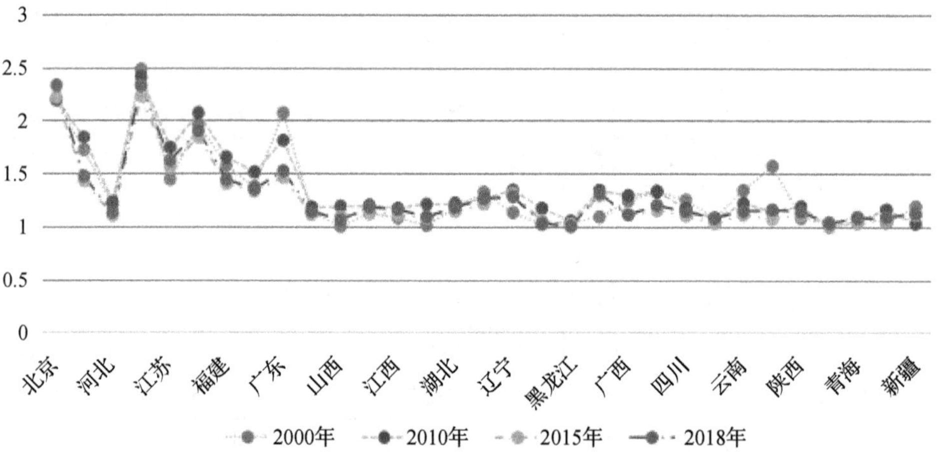


图 3-4　分地区城镇居民人均可支配收入差距倍数

对表 3-10 中的指数数据，也可以转化为不同省份农村居民人均可支配收入与人均可支配收入最低省份的差距倍数折线图，如图 3-5 所示。

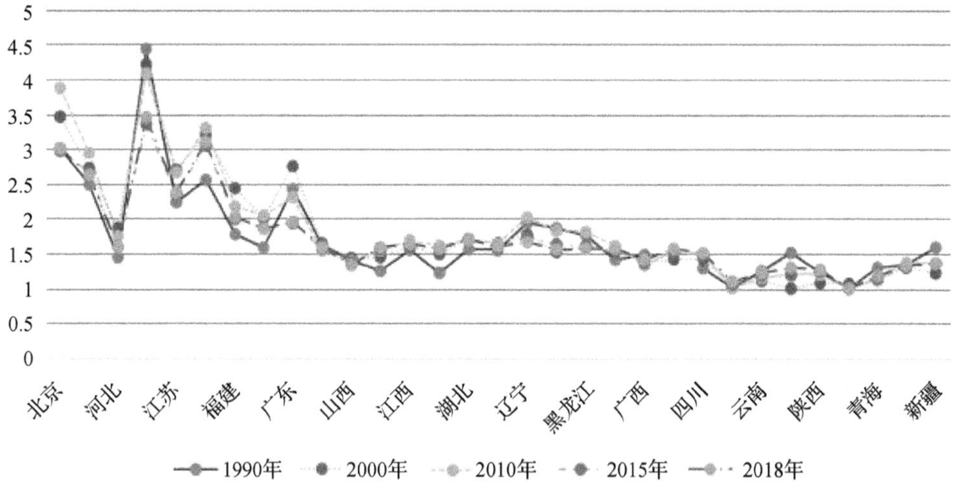


图 3-5 分地区农村居民人均可支配收入差距倍数

从表 3-9、表 3-10 以及图 3-4、图 3-5 中可以看出，我国区域收入差距具有以下特征。

一是区域收入差距主要体现在东部地区与其他地区之间的差距过大。东部地区（海南、河北除外）无论是城镇居民收入还是农村居民收入，基本上为全国收入最低省份的 1.5 倍甚至 2 倍以上；而中部地区、东北地区、西部地区各省份之间城镇居民收入和农村居民收入均差距较小，基本上为全国收入最低省份的 2 倍甚至 1.5 倍以下。

二是不同区域之间的城镇居民收入差距小于农村居民收入差距。东部地区（海南、河北除外）与其他地区的城镇居民收入差距基本上为 1.5 倍以上，而农村居民收入差距基本上为 2 倍以上。在选取的各代表性年份中，人均收入最高的上海与收入最低省份之比，城镇居民收入分别为 2.48 倍、2.41 倍、2.23 倍、2.33 倍，而农村居民收入分别为 4.43 倍、4.21 倍、4.08 倍、3.35 倍、3.45 倍。中部地区、东北地区、西部地区各省份与人均收入最低省份之比，城镇居民收入基本上在 1.5 倍以下，而农村居民收入差距倍数基本上在 2 倍以下。

三是虽然西部地区城镇居民与中部地区、东北地区城镇居民收入差距不大，但是农村居民收入差距较大。中部地区、东北地区城镇居民收入与收入最低省份之比基本上在1.3倍以下，而农村居民收入之比基本上在1.5倍至2倍之间。西部地区内部其他省份农村居民收入与收入最低省份之比基本上在1.5倍以下。

四是从时间轴上来看，我国区域收入差距在2010年前后达到峰值，此后逐步缩小。在1990年、2000年、2010年、2015年、2018年等代表性年份中，东部地区（海南、河北除外）城镇居民收入与收入最低省份之比的峰值，上海、广东为2000年，天津、江苏、浙江、福建、山东等5省份均为2010年，北京为2018年；东部地区（海南、河北除外）农村居民收入与收入最低省份之比的峰值，上海为1990年，江苏、福建、广东为2000年，北京、天津、浙江、山东等4省份均为2010年。

五是近年来区域之间收入差距出现反弹迹象。2018年，有25个省份城镇居民收入与收入最低省份之比高于2015年之比，其中东部地区（海南、河北除外）全部出现反弹；有21个省份农村居民收入与最低省份之比高于2015年之比，其中东部地区（海南、河北除外）中，北京、上海、江苏、浙江、福建、广东等6个省份均出现反弹。

六是居民收入最高与最低省份基本固定。在选取的代表性年份中，城镇居民收入和农村居民收入最高的省份都是东部地区的上海，最低的省份在多数年份都是西部地区的甘肃。城镇居民收入最低的省份，2000年是山西，2010年、2015年均为甘肃，2018年为黑龙江；农村居民收入最低的省份，1990年、2010年、2015年、2018年都是甘肃，只有2000年为西藏。

## 三、行业收入差距

行业收入差距指的是国民经济不同行业就业人员的平均收入之间

的差距。这里的收入通常指工资，不包括用人单位支付的福利收入，更不包括就业人员的财产性收入、转移支付收入。这里的行业在宏观研究中通常采用国民经济行业分类中的门类，视研究需要也可以选取门类之下的大类、中类、小类。

根据国家统计局发布的2003年以来分行业城镇单位就业人员平均工资数据（无此前年份数据），部分年份的行业工资收入见表3-11。

**表3-11 部分年份按行业分城镇单位就业人员平均工资** 单位：元

| 行业 | 2003年 | 2005年 | 2010年 | 2015年 | 2018年 |
|---|---|---|---|---|---|
| 全部城镇单位 | 13 969 | 18 200 | 36 539 | 62 029 | 82 413 |
| 农、林、牧、渔业 | 6 884 | 8 207 | 16 717 | 31 947 | 36 466 |
| 采矿业 | 13 627 | 20 449 | 44 196 | 59 404 | 81 429 |
| 制造业 | 12 671 | 15 934 | 30 916 | 55 324 | 72 088 |
| 电力、燃气及水的生产和供应业 | 18 574 | 24 750 | 47 309 | 78 886 | 100 162 |
| 建筑业 | 11 328 | 14 112 | 27 529 | 48 886 | 60 501 |
| 交通运输、仓储和邮政业 | 15 753 | 20 911 | 40 466 | 68 822 | 88 508 |
| 信息传输、计算机服务和软件业 | 30 897 | 38 799 | 64 436 | 112 042 | 147 678 |
| 批发和零售业 | 10 894 | 15 256 | 33 635 | 60 328 | 80 551 |
| 住宿和餐饮业 | 11 198 | 13 876 | 23 382 | 40 806 | 48 260 |
| 金融业 | 20 780 | 29 229 | 70 146 | 114 777 | 129 837 |
| 房地产业 | 17 085 | 20 253 | 35 870 | 60 244 | 75 281 |
| 租赁和商务服务业 | 17 020 | 21 233 | 39 566 | 72 489 | 85 147 |
| 科学研究、技术服务和地质勘查业 | 20 442 | 27 155 | 56 376 | 89 410 | 123 343 |
| 水利、环境和公共设施管理业 | 11 774 | 14 322 | 25 544 | 43 528 | 56 670 |
| 居民服务和其他服务业 | 12 665 | 15 747 | 28 206 | 44 802 | 55 343 |
| 教育 | 14 189 | 18 259 | 38 968 | 66 592 | 92 383 |
| 卫生、社会保障和社会福利业 | 16 185 | 20 808 | 40 232 | 71 624 | 98 118 |
| 文化、体育和娱乐业 | 17 098 | 22 670 | 41 428 | 72 764 | 98 621 |
| 公共管理和社会组织 | 15 355 | 20 234 | 38 242 | 62 323 | 87 932 |

资料来源：国家统计局官网。

根据表 3-11 数据，可以制作折线图，如图 3-6 所示。

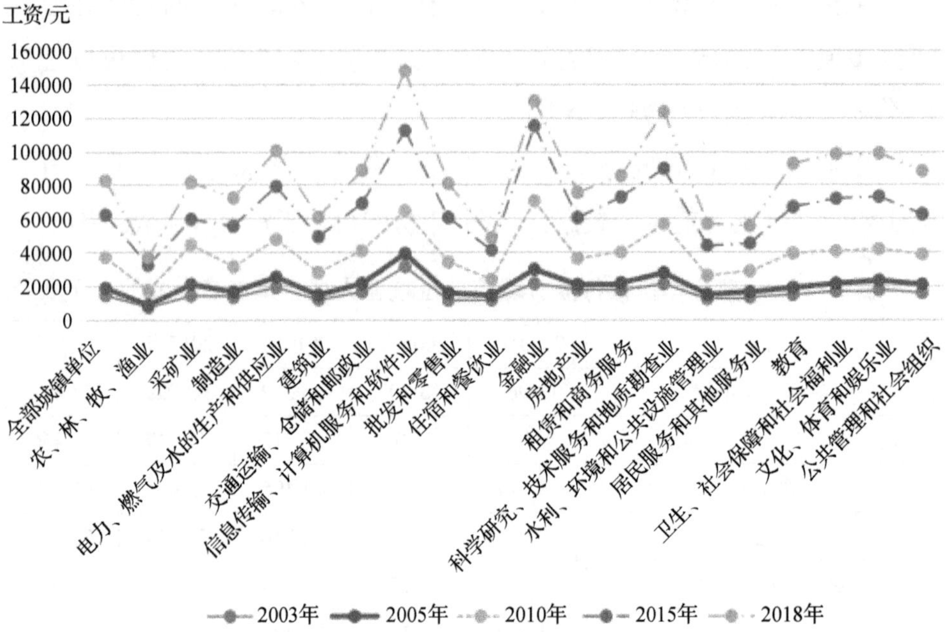


图 3-6　部分年份按行业分城镇单位就业人员平均工资

根据表 3-11 数据，可以计算出 2003 年至 2018 年，各行业城镇单位就业人员平均工资增长倍数，见表 3-12。

**表 3-12　　2003 年至 2018 年按行业分城镇单位就业人员平均工资增长倍数**　　单位：元

| 行业 | 2003 年 | 2018 年 | 增长倍数 |
|---|---|---|---|
| 全部城镇单位 | 13 969 | 82 413 | 4. 90 |
| 农、林、牧、渔业 | 6 884 | 36 466 | 4. 30 |
| 采矿业 | 13 627 | 81 429 | 4. 98 |
| 制造业 | 12 671 | 72 088 | 4. 69 |
| 电力、燃气及水的生产和供应业 | 18 574 | 100 162 | 4. 39 |
| 建筑业 | 11 328 | 60 501 | 4. 34 |

续表

| 行业 | 2003 年 | 2018 年 | 增长倍数 |
|---|---|---|---|
| 交通运输、仓储和邮政业 | 15 753 | 88 508 | 4.62 |
| 信息传输、计算机服务和软件业 | 30 897 | 147 678 | 3.78 |
| 批发和零售业 | 10 894 | 80 551 | 6.39 |
| 住宿和餐饮业 | 11 198 | 48 260 | 3.31 |
| 金融业 | 20 780 | 129 837 | 5.25 |
| 房地产业 | 17 085 | 75 281 | 3.41 |
| 租赁和商务服务业 | 17 020 | 85 147 | 4.00 |
| 科学研究、技术服务和地质勘查业 | 20 442 | 123 343 | 5.03 |
| 水利、环境和公共设施管理业 | 11 774 | 56 670 | 3.81 |
| 居民服务和其他服务业 | 12 665 | 55 343 | 3.37 |
| 教育 | 14 189 | 92 383 | 5.51 |
| 卫生、社会保障和社会福利业 | 16 185 | 98 118 | 5.06 |
| 文化、体育和娱乐业 | 17 098 | 98 621 | 4.77 |
| 公共管理和社会组织 | 15 355 | 87 932 | 4.73 |

表 3-13 是国家统计局官网“年度数据”中发布的 2003 年至 2018 年各年份平均工资收入最高与最低、次低行业的收入水平，以及本论文据此计算出的平均工资收入最高与最低、次低行业的收入差距倍数。

根据表 3-13 数据，可以制作 2003 年至 2018 年平均工资收入最高与最低、次低行业城镇单位就业人员平均工资收入差距倍数折线图，如图 3-7 所示。

对表 3-11、表 3-12、表 3-13 和图 3-6、图 3-7 进行分析，可以看出我国行业收入差距具有以下特征。

表 3-13　各年份平均工资收入最高与最低、次低行业的收入水平及差距倍数

单位：元

| 年份 | 2003 | 2004 | 2005 | 2006 | 2007 | 2008 | 2009 | 2010 | 2011 | 2012 | 2013 | 2014 | 2015 | 2016 | 2017 | 2018 |
|---|---|---|---|---|---|---|---|---|---|---|---|---|---|---|---|---|
| 信息传输、计算机服务和软件业 | 30 897 | 33 449 | 38 799 | 43 435 | 47 700 | 54 906 | | | | | | | | 122 478 | 133 150 | 147 678 |
| 金融业 | | | | | | | 60 398 | 70 146 | 81 109 | 89 743 | 99 653 | 108 273 | 114 777 | | | |
| 农、林、牧、渔业 | 6 884 | 7 497 | 8 207 | 9 269 | 10 847 | 12 560 | 14 356 | 16 717 | 19 469 | 22 687 | 25 820 | 28 356 | 31 947 | 33 612 | 36 504 | 36 466 |
| 批发和零售业 | 10 894 | | | | | | | | | | | | | | | |
| 建筑业 | | 12 578 | | | | | | | | | | | | | | |
| 住宿和餐饮业 | | | 13 876 | 15 236 | 17 046 | 19 321 | 20 860 | 23 382 | 27 486 | 31 267 | 34 044 | 37 264 | 40 806 | 43 382 | 45 751 | 48 260 |
| 最高与最低收入差距倍数 | 4.49 | 4.46 | 4.73 | 4.69 | 4.40 | 4.37 | 4.21 | 4.20 | 4.17 | 3.96 | 3.86 | 3.82 | 3.59 | 3.64 | 3.65 | 4.05 |
| 最高与次低收入差距倍数 | 2.84 | 2.66 | 2.80 | 2.85 | 2.80 | 2.84 | 2.90 | 3.00 | 2.95 | 2.87 | 2.93 | 2.91 | 2.81 | 2.82 | 2.91 | 3.06 |

资料来源：国家统计局官网。

注：收入差距倍数是根据收入数量计算得出。

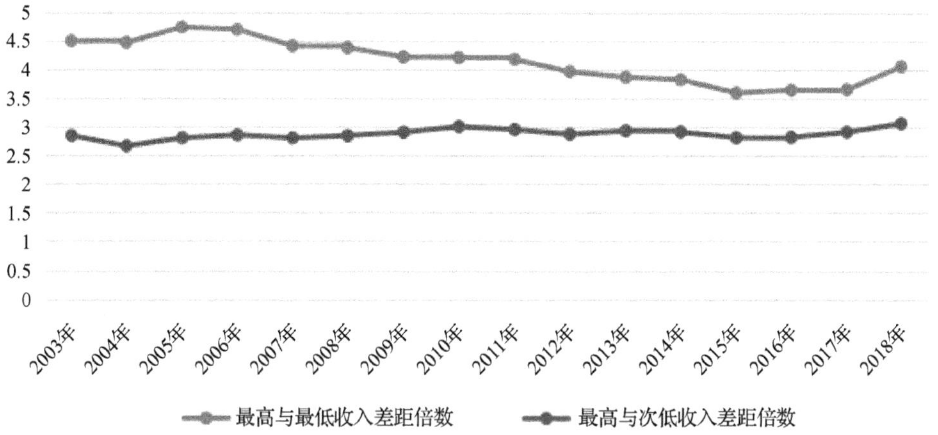


图 3-7　各年份平均工资收入最高与最低、次低行业的收入差距倍数

一是从 2003 年到 2018 年，各行业城镇单位就业人员平均工资收入均不断增长，分享了经济发展的成果，但不同行业增长幅度存在差别。在 15 年内，城镇单位就业人员平均工资增长了 4.9 倍，其中增幅最大的是批发和零售业，增长了 6.39 倍；增幅最小的是住宿和餐饮业，增长了 3.31 倍。超过平均增速的行业包括批发和零售业，教育，金融业，卫生、社会保障和社会福利业，科学研究、技术服务和地质勘查业，采矿业等 6 个行业门类。

二是各行业城镇单位就业人员平均工资收入的位次关系总体保持稳定，但也有少数行业的位次关系发生变化。2003 年和 2018 年，平均工资收入最高的 5 个行业由高到低都是信息传输、计算机服务和软件业，金融业，科学研究、技术服务和地质勘查业，电力、燃气及水的生产和供应业，文化、体育和娱乐业；平均工资收入最低的 5 个行业都有农、林、牧、渔业，住宿和餐饮业，建筑业，水利、环境和公共设施管理业，只有 1 个行业发生变化，由 2003 年的批发和零售业变化为 2018 年的居民服务和其他服务业，而居民服务和其他服务业的平均工资收入在 2003 年为倒数第 6 位。从 2003 年到 2018 年，批发和零售业由第18位上升为第12位，教育由第11位上升为第7位，卫生、社会保障和社会福利业平均工资收入由第8位上升为第6位，交通运输、仓储和邮政业由第9位上升为第8位，公共管理和社会组织由第10位上升为第9位，采矿业由第12位上升为第11位，建筑业由第16位上升为第15位。房地产业由第6位下降为第13位，租赁和商务服务业由第7位下降为第10位，居民服务和其他服务业由第14位下降为第17位，制造业由第13位下降为第14位，水利、环境和公共设施管理业由第15位下降为第16位，住宿和餐饮业由第17位下降为第18位。从2003年到2018年，平均工资收入位次上升较大的分别为批发和零售业上升了6位，教育上升了4位，卫生、社会保障和社会福利业上升了2位；平均工资收入位次下降较大的分别为房地产业下降了7位，租赁和商务服务业下降了3位，居民服务和其他服务业下降了3位。

三是行业收入差距存在“差距悬崖”。在2003年、2005年、2010年、2015年、2018年，平均工资收入最高的行业收入水平分别是最低行业收入水平的4.49倍、4.73倍、4.20倍、3.59倍、4.05倍，是次低行业收入水平的2.84倍、2.80倍、3.00倍、2.81倍、3.06倍。可以看出，在19个行业中，农、林、牧、渔业不仅一直都是平均工资收入最低的行业，而且其收入水平显著低于其他行业收入，形成与其他行业收入的“差距悬崖”。

四是行业收入差距的变化较小，但也在小幅范围内呈现出先扩大、后缩小的趋势。从2003年到2018年，最高行业与最低行业收入之比，大致围绕着4.20倍上下波动，幅度在4.73倍至3.59倍之间；最高行业与次低行业收入之比，大致围绕着2.90倍上下波动，幅度在3.06倍至2.66倍之间。最高行业与最低行业收入之比，于2005年达到峰值4.73倍，此后逐年缩小，到2015年为3.59倍；最高行业与次低行业收入之比，于2010年达到阶段性峰值3.00倍，此后开始缩小，到2015年为2.81倍。值得注意的是，2016年以来，行业收入差距又开始反弹，最高行业与最低行业、次低行业收入之比均逐年扩大，2018年最高行业与次低行业收入之比达到3.06倍，超过了2010年的阶段性峰值。

## 四、所有制收入差距

所有制收入差距指的是不同所有制的用人单位就业人员平均工资收入之间的差距。

根据国家统计局发布的2000年以来的相关数据，各年份不同所有制用人单位就业人员平均工资收入见表3-14。

**表3-14　各年份按所有制分城镇单位就业人员平均工资**　单位：元

| 年份 | 全部城镇单位就业人员平均工资 | 国有单位就业人员平均工资 | 城镇集体单位就业人员平均工资 | 其他单位就业人员平均工资 | 城镇私营单位就业人员平均工资 |
|---|---|---|---|---|---|
| 2000 | 9 333 | 9 441 | 6 241 | 11 238 | |
| 2001 | 10 834 | 11 045 | 6 851 | 12 437 | |
| 2002 | 12 373 | 12 701 | 7 636 | 13 486 | |
| 2003 | 13 969 | 14 358 | 8 627 | 14 843 | |
| 2004 | 15 920 | 16 445 | 9 723 | 16 519 | |
| 2005 | 18 200 | 18 978 | 11 176 | 18 362 | |
| 2006 | 20 856 | 21 706 | 12 866 | 21 004 | |
| 2007 | 24 721 | 26 100 | 15 444 | 24 271 | |
| 2008 | 28 898 | 30 287 | 18 103 | 28 552 | |
| 2009 | 32 244 | 34 130 | 20 607 | 31 350 | 18 199 |
| 2010 | 36 539 | 38 359 | 24 010 | 35 801 | 20 759 |
| 2011 | 41 799 | 43 483 | 28 791 | 41 323 | 24 556 |
| 2012 | 46 769 | 48 357 | 33 784 | 46 360 | 28 752 |

续表

| 年份 | 全部城镇单位就业人员平均工资 | 国有单位就业人员平均工资 | 城镇集体单位就业人员平均工资 | 其他单位就业人员平均工资 | 城镇私营单位就业人员平均工资 |
|---|---|---|---|---|---|
| 2013 | 51 483 | 52 657 | 38 905 | 51 453 | 32 706 |
| 2014 | 56 360 | 57 296 | 42 742 | 56 485 | 36 390 |
| 2015 | 62 029 | 65 296 | 46 607 | 60 906 | 39 589 |
| 2016 | 67 569 | 72 538 | 50 527 | 65 531 | 42 833 |
| 2017 | 74 318 | 81 114 | 55 243 | 71 304 | 45 761 |
| 2018 | 82 413 | 89 474 | 60 664 | 79 453 | 49 575 |
| 2019 | 90 501 | 98 899 | 62 612 | 87 195 | |

资料来源：国家统计局官网。

根据表 3-14 数据，可以制作各年份按所有制分城镇单位就业人员平均工资折线图，如图 3-8 所示。

从表 3-14 和图 3-8 中可以看出，我国所有制收入差距具有以下特征。

一是从 2000 年到 2019 年，各种所有制单位就业人员平均工资收入均不断增长，分享了经济发展的成果，但是不同所有制单位就业人员增长幅度不同。全部城镇单位就业人员年平均名义工资收入由 2000 年的 9 333 元增长为 2019 年的 90 501 元，增长了 8.70 倍。其中，国有单位由 9 441 元增长为 98 899 元，增长了 9.48 倍；城镇集体单位由 6 241 元增长为 62 612 元，增长了 9.03 倍；其他单位由 11 238 元增长为 87 195 元，增长了 6.76 倍。

二是用人单位平均工资收入呈现出显著的所有制特征，收入水平由高到低分别为国有单位、其他单位、城镇集体单位、城镇私营单位。在各年份不同所有制城镇单位就业人员平均工资收入折线图中，除国有单位收入曲线与其他单位收入曲线发生过一次相交之外，其他收入曲线之间无相交，高低差距显著。2005 年之前，收入最高的是其

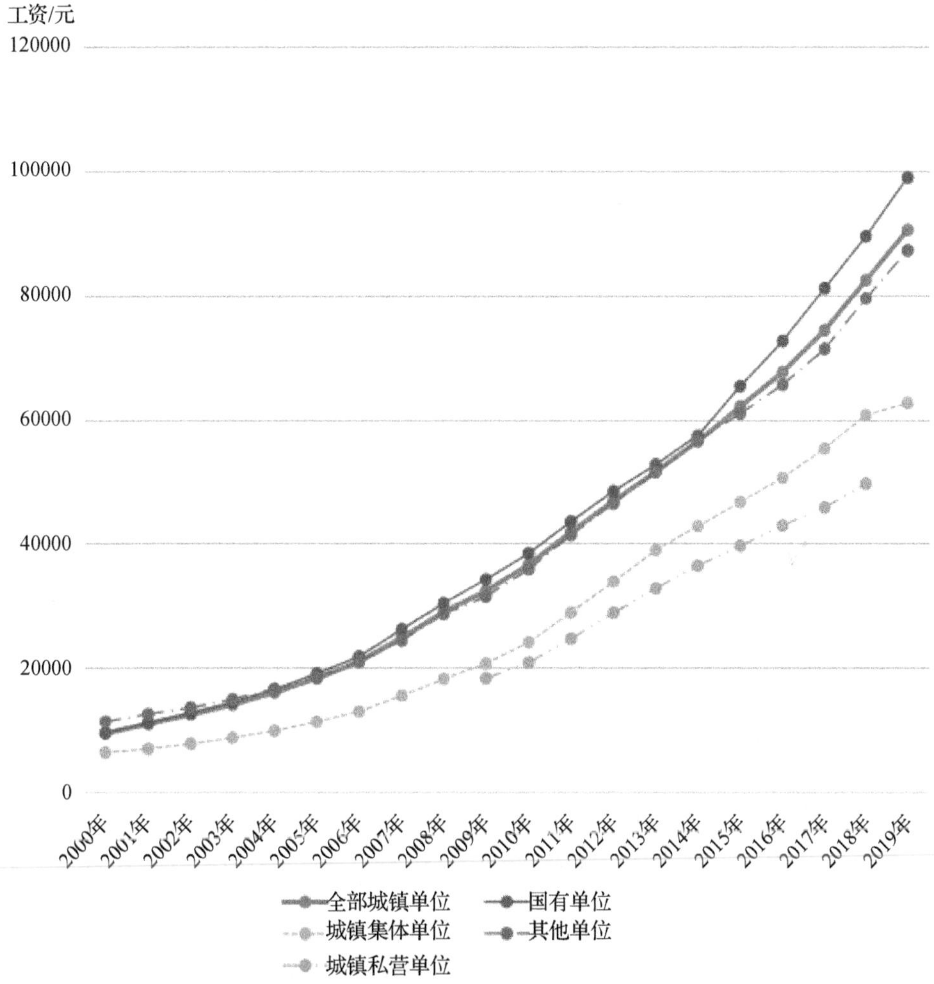


图 3-8　各年份按所有制分城镇单位就业人员平均工资

他单位，从 2005 年开始至 2019 年，国有单位收入最高。

三是不同所有制收入差距较大，但是呈现逐年缩小的趋势。2000 年，收入最高的其他单位与城镇集体单位（缺城镇私营单位数据）的收入水平之比为 1.80 倍；2009 年，收入最高的国有单位与城镇集体单位的收入水平之比为 1.66 倍，与城镇私营单位的收入水平之比为 1.88 倍；2018 年，收入最高的国有单位与城镇集体单位的收入水平之比为 1.47 倍，与城镇私营单位的收入水平之比为 1.80 倍。

## 五、群体收入差距

群体收入差距指的是不同社会群体之间的收入差距。这里的“收入”通常指可支配收入而不仅限于工资；这里的“群体”的定义及范围视研究需要而确定，研究宏观收入分配状况时往往按照居民可支配收入数量进行分组，不同组别即是不同群体。研究中有的使用七等份进行分组，更多的则是使用五等份进行分组。分组的办法是将调查统计的全部居民个人或者全部家庭，按照个人可支配收入或者家庭人均可支配收入，从高到低或者从低到高进行排列，然后依次选取全部居民个人人数或者全部家庭户数的五分之一作为一个组别，也就是作为一个群体，来进行分析研究。

2013 年之前，国家统计局的住户调查对城镇住户和农村住户分别进行，调查范围、调查方法、指标口径有所不同，并分别发布城镇居民按收入五等份分组和七等份分组的年人均可支配收入数据、农村居民按收入五等份分组的年人均纯收入数据。从 2013 年起，国家统计局开展了城乡一体化住户收支与生活状况调查，并分别发布城镇居民和农村居民按收入五等份分组的年人均可支配收入数据，《中国统计年鉴 2019》发布了 2013 年至 2018 年全国居民按收入五等份分组的年人均可支配收入。根据这些数据，可以对我国居民按收入五等份分组的群体收入差距状况进行分析。

### （一）城镇居民按收入五等份分组的群体收入差距状况

表 3-15 为国家统计局发布的 2002 年至 2012 年全国城镇居民按收入五等份分组的年人均可支配收入情况。

表 3-15 2002—2012 年全国城镇居民按收入五等份分组的年人均可支配收入 单位：元

| 年份 | 人均可支配收入 | 低收入户（20%） | 中等偏下户（20%） | 中等收入户（20%） | 中等偏上户（20%） | 高收入户（20%） |
|---|---|---|---|---|---|---|
| 2002 | 7 652.4 | 3 032.1 | 4 932.0 | 6 656.8 | 8 869.5 | 15 459.5 |
| 2003 | 8 405.5 | 3 295.4 | 5 377.3 | 7 278.8 | 9 763.4 | 17 471.8 |
| 2004 | 9 334.8 | 3 642.2 | 6 024.1 | 8 166.5 | 11 050.9 | 20 101.6 |
| 2005 | 10 382.3 | 4 017.3 | 6 710.6 | 9 190.1 | 12 603.4 | 22 902.3 |
| 2006 | 11 619.7 | 4 567.1 | 7 554.2 | 10 269.7 | 14 049.2 | 25 410.8 |
| 2007 | 13 602.5 | 5 364.3 | 8 900.5 | 12 042.2 | 16 385.8 | 29 478.9 |
| 2008 | 15 549.4 | 6 074.9 | 10 195.6 | 13 984.2 | 19 254.1 | 34 667.8 |
| 2009 | 16 900.5 | 6 725.2 | 11 243.6 | 15 399.9 | 21 018.0 | 37 433.9 |
| 2010 | 18 779.1 | 7 605.2 | 12 702.1 | 17 224.0 | 23 188.9 | 41 158.0 |
| 2011 | 21 426.9 | 8 788.9 | 14 498.3 | 19 544.9 | 26 420.0 | 47 021.0 |
| 2012 | 24 126.7 | 10 353.8 | 16 761.4 | 22 419.1 | 29 813.7 | 51 456.4 |

资料来源：国家统计局官网。

注：国家统计局官网“年度数据”的“人民生活”中，发布了 2002 年至 2012 年的城镇居民人均可支配收入数据，与《中国统计年鉴 2014》中对应的数据不同，考虑到国家统计局官网的年度数据发布时间晚于《中国统计年鉴 2014》出版时间，因此本文引用国家统计局官网的年度数据。

表 3-16 为国家统计局发布的 2013 年至 2018 年全国城镇居民按收入五等份分组的年人均可支配收入情况。

表 3-16 2013—2018 年全国城镇居民按收入五等份分组的年人均可支配收入 单位：元

| 年份 | 人均可支配收入 | 低收入户（20%） | 中等偏下户（20%） | 中等收入户（20%） | 中等偏上户（20%） | 高收入户（20%） |
|---|---|---|---|---|---|---|
| 2013 | 26 955 | 9 895.9 | 17 628.1 | 24 172.9 | 32 613.8 | 57 762.1 |
| 2014 | 28 844 | 11 219.3 | 19 650.6 | 26 650.6 | 35 631.2 | 61 615 |
| 2015 | 31 195 | 12 230.9 | 21 446.2 | 29 105.2 | 38 572.4 | 65 082.2 |

续表

| 年份 | 人均可支配收入 | 低收入户（20%） | 中等偏下户（20%） | 中等收入户（20%） | 中等偏上户（20%） | 高收入户（20%） |
|---|---|---|---|---|---|---|
| 2016 | 33 616 | 13 004.1 | 23 054.9 | 31 521.8 | 41 805.6 | 70 347.8 |
| 2017 | 36 396 | 13 723.1 | 24 550.1 | 33 781.3 | 45 163.4 | 77 097.2 |
| 2018 | 39 251 | 14 386.9 | 24 856.5 | 35 196.1 | 49 173.5 | 84 907.1 |

资料来源：国家统计局官网。

注：2013 年的五等份分组人均可支配收入数据与《中国统计年鉴 2014》中对应数据不同，本文引用《中国统计年鉴 2019》的数据。

根据表 3-15、表 3-16 数据，可以计算出 2002 年至 2018 年全国城镇居民高收入户与低收入户的年人均可支配收入之比，见表 3-17。

**表 3-17　　2002—2018 年全国城镇居民高收入户与低收入户年人均可支配收入之比**

| 年份 | 高收入户（20%）/元 | 低收入户（20%）/元 | 高低倍数 | 年份 | 高收入户（20%）/元 | 低收入户（20%）/元 | 高低倍数 |
|---|---|---|---|---|---|---|---|
| 2002 | 15 459.5 | 3 032.1 | 5.10 | 2011 | 47 021 | 8 788.9 | 5.35 |
| 2003 | 17 471.8 | 3 295.4 | 5.30 | 2012 | 51 456.4 | 10 353.8 | 4.97 |
| 2004 | 20 101.6 | 3 642.2 | 5.52 | 2013 | 57 762.1 | 9 895.9 | 5.84 |
| 2005 | 22 902.3 | 4 017.3 | 5.70 | 2014 | 61 615 | 11 219.3 | 5.49 |
| 2006 | 25 410.8 | 4 567.1 | 5.56 | 2015 | 65 082.2 | 12 230.9 | 5.32 |
| 2007 | 29 478.9 | 5 364.3 | 5.50 | 2016 | 70 347.8 | 13 004.1 | 5.41 |
| 2008 | 34 667.8 | 6 074.9 | 5.71 | 2017 | 77 097.2 | 13 723.1 | 5.62 |
| 2009 | 37 433.9 | 6 725.2 | 5.57 | 2018 | 84 907.1 | 14 386.9 | 5.90 |
| 2010 | 41 158 | 7 605.2 | 5.41 | | | | |

根据表 3-17 数据，可以制作 2002 年至 2018 年全国城镇居民高收入户与低收入户的年人均可支配收入之比倍数折线图，如图 3-9 所示。

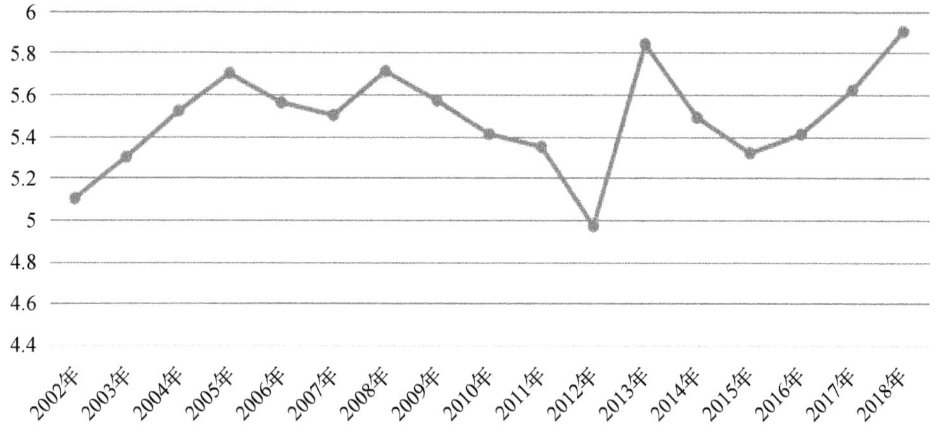


图 3-9　2002—2018 年全国城镇居民高收入户与低收入户年人均可支配收入之比

根据表 3-15、表 3-16 数据，还可以计算 2002 年至 2018 年全国城镇居民低收入户与全部城镇居民人均可支配收入之比，见表 3-18。

**表 3-18　2002—2018 年全国城镇居民低收入户与全部城镇居民人均可支配收入之比**

| 年份 | 城镇居民人均可支配收入/元 | 低收入户（20%）人均可支配收入/元 | 低收入户收入比例/% |
|---|---|---|---|
| 2002 | 7 652. 4 | 3 032. 1 | 0. 40 |
| 2003 | 8 405. 5 | 3 295. 4 | 0. 39 |
| 2004 | 9 334. 8 | 3 642. 2 | 0. 39 |
| 2005 | 10 382. 3 | 4 017. 3 | 0. 39 |
| 2006 | 11 619. 7 | 4 567. 1 | 0. 39 |
| 2007 | 13 602. 5 | 5 364. 3 | 0. 39 |
| 2008 | 15 549. 4 | 6 074. 9 | 0. 39 |
| 2009 | 16 900. 5 | 6 725. 2 | 0. 40 |
| 2010 | 18 779. 1 | 7 605. 2 | 0. 40 |
| 2011 | 21 426. 9 | 8 788. 9 | 0. 41 |
| 2012 | 24 126. 7 | 10 353. 8 | 0. 43 |

续表

| 年份 | 城镇居民人均可支配收入/元 | 低收入户（20%）人均可支配收入/元 | 低收入户收入比例/% |
|---|---|---|---|
| 2013 | 26 955 | 9 895. 9 | 0. 37 |
| 2014 | 28 844 | 11 219. 3 | 0. 39 |
| 2015 | 31 195 | 12 230. 9 | 0. 39 |
| 2016 | 33 616 | 13 004. 1 | 0. 39 |
| 2017 | 36 396 | 13 723. 1 | 0. 38 |
| 2018 | 39 251 | 14 386. 9 | 0. 37 |

根据表 3-18 数据，可以制作 2002 年至 2018 年全国城镇居民低收入户与全部城镇居民人均可支配收入之比倍数折线图，如图 3-10 所示。

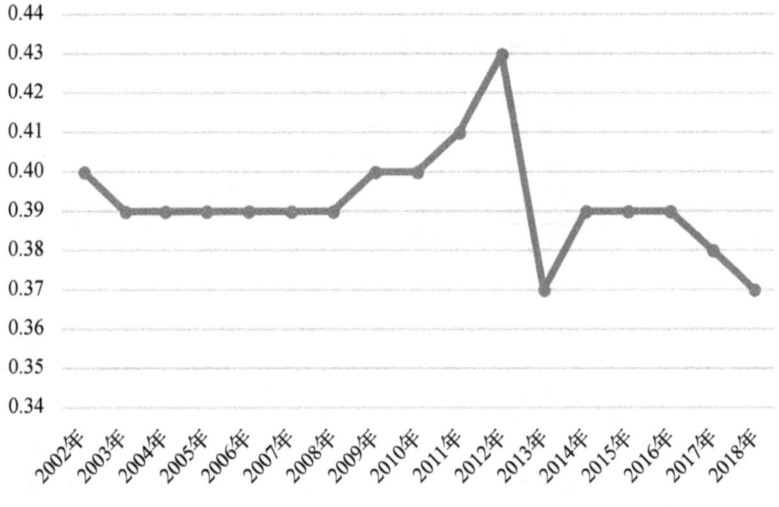


图 3-10　2002—2018 年全国城镇居民低收入户与全部城镇居民人均可支配收入之比

### （二）农村居民按收入五等份分组的群体收入差距状况

表 3-19 为国家统计局发布的 2002 年至 2012 年全国农村居民按收入五等份分组的年人均纯收入情况。

表 3-19 2002—2012 年全国农村居民按收入五等份分组的年人均纯收入 单位：元

| 年份 | 人均纯收入 | 低收入户（20%） | 中等偏下户（20%） | 中等收入户（20%） | 中等偏上户（20%） | 高收入户（20%） |
|---|---|---|---|---|---|---|
| 2002 | 2 528.9 | 857.0 | 1 548.0 | 2 164.0 | 3 031.0 | 5 903.0 |
| 2003 | 2 690.3 | 865.9 | 1 606.5 | 2 273.1 | 3 206.8 | 6 346.9 |
| 2004 | 3 026.6 | 1 007.0 | 1 842.2 | 2 578.6 | 3 608.0 | 6 931.0 |
| 2005 | 3 370.2 | 1 067.2 | 2 018.3 | 2 850.9 | 4 003.3 | 7 747.4 |
| 2006 | 3 731.0 | 1 182.5 | 2 222.0 | 3 148.5 | 4 446.6 | 8 474.8 |
| 2007 | 4 327.0 | 1 346.9 | 2 581.8 | 3 658.8 | 5 129.8 | 9 790.7 |
| 2008 | 4 998.8 | 1 499.8 | 2 935.0 | 4 203.1 | 5 928.6 | 11 290.2 |
| 2009 | 5 435.1 | 1 549.3 | 3 110.1 | 4 502.1 | 6 467.6 | 12 319.0 |
| 2010 | 6 272.4 | 1 869.8 | 3 621.2 | 5 221.7 | 7 440.6 | 14 049.7 |
| 2011 | 7 393.9 | 2 000.5 | 4 255.7 | 6 207.7 | 8 893.6 | 16 783.1 |
| 2012 | 8 389.3 | 2 316.2 | 4 807.5 | 7 041.0 | 10 142.1 | 19 008.9 |

资料来源：国家统计局官网。

注：国家统计局官网“年度数据”的“人民生活”中，发布了 2002 年至 2012 年的农村居民人均纯收入数据（无 2000 年、2001 年数据），且与《中国统计年鉴 2014》中对应的数据不同，考虑到国家统计局官网的年度数据发布时间晚于《中国统计年鉴 2014》出版时间，因此本文引用国家统计局官网的年度数据。

表 3-20 为国家统计局发布的 2013 年至 2018 年全国农村居民按收入五等份分组的年人均可支配收入情况。

表 3-20 2013—2018 年全国农村居民按收入五等份分组的年人均可支配收入 单位：元

| 年份 | 人均可支配收入 | 低收入户（20%） | 中等偏下户（20%） | 中等收入户（20%） | 中等偏上户（20%） | 高收入户（20%） |
|---|---|---|---|---|---|---|
| 2013 | 9 430 | 2 877.9 | 5 965.6 | 8 438.3 | 11 816 | 21 323.7 |
| 2014 | 10 489 | 2 768.1 | 6 604.4 | 9 503.9 | 13 449.2 | 23 947.4 |
| 2015 | 11 422 | 3 085.6 | 7 220.9 | 10 310.6 | 14 537.3 | 26 013.9 |

续表

| 年份 | 人均可支配收入 | 低收入户（20%） | 中等偏下户（20%） | 中等收入户（20%） | 中等偏上户（20%） | 高收入户（20%） |
|---|---|---|---|---|---|---|
| 2016 | 12 363 | 3 006. 5 | 7 827. 7 | 11 159. 1 | 15 727. 4 | 28 448. 0 |
| 2017 | 13 432 | 3 301. 9 | 8 348. 6 | 11 978. 0 | 16 943. 6 | 31 299. 3 |
| 2018 | 14 617 | 3 666. 2 | 8 508. 5 | 12 530. 2 | 18 051. 5 | 34 042. 6 |

资料来源：国家统计局官网。

注：2013 年的五等份分组人均可支配收入数据与《中国统计年鉴 2014》中对应数据不同，本文引用《中国统计年鉴 2019》的数据。

根据表 3-19、表 3-20 数据，可以计算出 2002 年至 2018 年全国农村居民高收入户与低收入户的年人均可支配收入（或纯收入）之比，见表 3-21。

**表 3-21　　2002—2018 年全国农村居民高收入户与低收入户人均可支配收入（或纯收入）之比**

| 年份 | 高收入户（20%）/元 | 低收入户（20%）/元 | 高低倍数 | 年份 | 高收入户（20%）/元 | 低收入户（20%）/元 | 高低倍数 |
|---|---|---|---|---|---|---|---|
| 2002 | 5 903 | 857 | 6. 89 | 2011 | 16 783. 1 | 2 000. 5 | 8. 39 |
| 2003 | 6 346. 9 | 865. 9 | 7. 33 | 2012 | 19 008. 9 | 2 316. 2 | 8. 21 |
| 2004 | 6 931 | 1 007 | 6. 88 | 2013 | 21 323. 7 | 2 877. 9 | 7. 41 |
| 2005 | 7 747. 4 | 1 067. 2 | 7. 26 | 2014 | 23 947. 4 | 2 768. 1 | 8. 65 |
| 2006 | 8 474. 8 | 1 182. 5 | 7. 17 | 2015 | 26 013. 9 | 3 085. 6 | 8. 43 |
| 2007 | 9 790. 7 | 1 346. 9 | 7. 27 | 2016 | 28 448 | 3 006. 5 | 9. 46 |
| 2008 | 11 290. 2 | 1 499. 8 | 7. 53 | 2017 | 31 299. 3 | 3 301. 9 | 9. 48 |
| 2009 | 12 319 | 1 549. 3 | 7. 95 | 2018 | 34 042. 6 | 3 666. 2 | 9. 29 |
| 2010 | 14 049. 7 | 1 869. 8 | 7. 51 | | | | |

根据表 3-21 数据，可以制作 2002 年至 2018 年全国农村居民高收入户与低收入户的年人均可支配收入（或纯收入）之比倍数折线图，如图 3-11 所示。

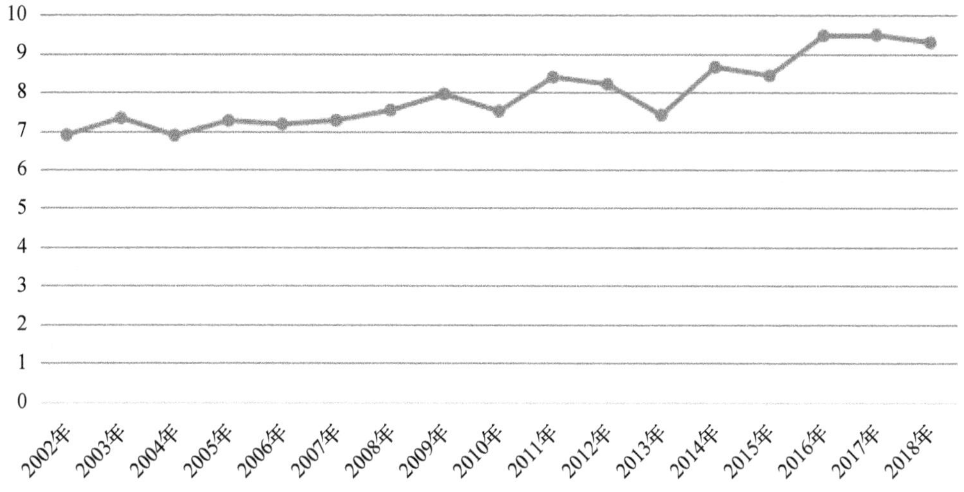


图 3-11　2002—2018 年全国农村居民高收入户与低收入户人均可支配收入（或纯收入）之比

根据表 3-19、表 3-20 数据，还可以计算出 2002 年至 2018 年全国农村居民低收入户与全部农村居民人均可支配收入之比，见表 3-22。

**表 3-22　　2002—2018 年全国农村居民低收入户与全部农村居民人均可支配收入之比**

| 年份 | 农村居民人均可支配收入/元 | 低收入户（20%）人均可支配收入/元 | 低收入户收入比例/% |
|---|---|---|---|
| 2002 | 2 528.9 | 857.0 | 0.34 |
| 2003 | 2 690.3 | 865.9 | 0.32 |
| 2004 | 3 026.6 | 1 007.0 | 0.33 |
| 2005 | 3 370.2 | 1 067.2 | 0.32 |
| 2006 | 3 731.0 | 1 182.5 | 0.32 |
| 2007 | 4 327.0 | 1 346.9 | 0.31 |
| 2008 | 4 998.8 | 1 499.8 | 0.30 |
| 2009 | 5 435.1 | 1 549.3 | 0.29 |
| 2010 | 6 272.4 | 1 869.8 | 0.30 |

续表

| 年份 | 农村居民人均可支配收入/元 | 低收入户（20%）人均可支配收入/元 | 低收入户收入比例/% |
|---|---|---|---|
| 2011 | 7 393. 9 | 2 000. 5 | 0. 27 |
| 2012 | 8 389. 3 | 2 316. 2 | 0. 28 |
| 2013 | 9 430 | 2 877. 9 | 0. 31 |
| 2014 | 10 489 | 2 768. 1 | 0. 26 |
| 2015 | 11 422 | 3 085. 6 | 0. 27 |
| 2016 | 12 363 | 3 006. 5 | 0. 24 |
| 2017 | 13 432 | 3 301. 9 | 0. 25 |
| 2018 | 14 617 | 3 666. 2 | 0. 25 |

根据表 3-22 数据，可以制作 2002 年至 2018 年全国农村居民低收入户与全部农村居民人均可支配收入之比倍数折线图，如图 3-12 所示。

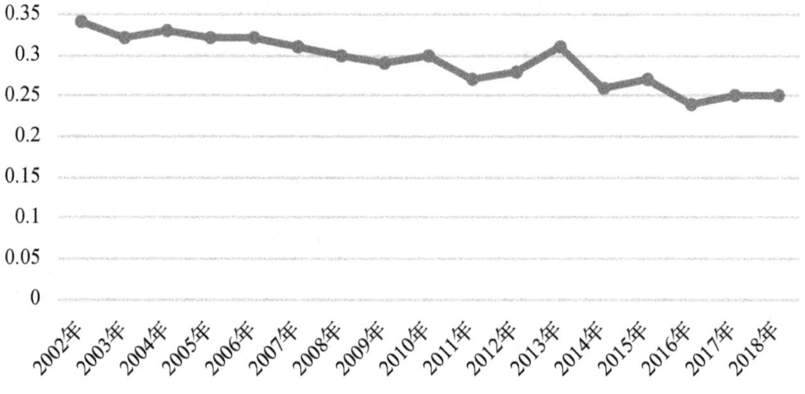


图 3-12　2002—2018 年全国农村居民低收入户与全部农村居民人均可支配收入之比

### （三）全部居民按收入五等份分组的群体收入差距状况

表 3-23 为国家统计局发布的自开展城乡一体化住户收支与生活

状况调查以来，2013 年至 2019 年全国城乡所有居民按收入五等份分组的年人均可支配收入情况。

**表 3-23　2013—2019 年全国城乡居民按收入五等份分组的年人均可支配收入**　　单位：元

| 年份 | 人均可支配收入 | 人均收入中位数 | 低收入户（20%） | 中间偏下户（20%） | 中间收入户（20%） | 中间偏上户（20%） | 高收入户（20%） |
|---|---|---|---|---|---|---|---|
| 2013 | 18 310. 8 | 15 632 | 4 402. 4 | 9 653. 7 | 15 698. 0 | 24 361. 2 | 47 456. 6 |
| 2014 | 20 167. 1 | 17 570 | 4 747. 3 | 10 887. 4 | 17 631. 0 | 26 937. 4 | 50 968. 0 |
| 2015 | 21 966. 2 | 19 281 | 5 221. 2 | 11 894. 0 | 19 320. 1 | 29 437. 6 | 54 543. 5 |
| 2016 | 23 821. 0 | 20 883 | 5 528. 7 | 12 898. 9 | 20 924. 4 | 31 990. 4 | 59 259. 5 |
| 2017 | 25 973. 8 | 22 408 | 5 958. 4 | 13 842. 8 | 22 495. 3 | 34 546. 8 | 64 934. 0 |
| 2018 | 28 228. 0 | 24 336 | 6 440. 5 | 14 360. 5 | 23 188. 9 | 36 471. 4 | 70 639. 5 |
| 2019 | 30 733 | 26 523 | 7 380 | 15 777 | 25 035 | 39 230 | 76 401 |

资料来源：国家统计局官网。

根据表 3-23 数据，可以计算出 2013 年至 2019 年全国城乡所有居民高收入户与低收入户的年人均可支配收入之比，见表 3-24。

**表 3-24　2013—2019 年全国城乡居民高收入户与低收入户人均可支配收入之比**

| 年份 | 高收入户（20%）/元 | 低收入户（20%）/元 | 高低倍数 |
|---|---|---|---|
| 2013 | 47 456. 6 | 4 402. 4 | 10. 78 |
| 2014 | 50 968. 0 | 4 747. 3 | 10. 74 |
| 2015 | 54 543. 5 | 5 221. 2 | 10. 45 |
| 2016 | 59 259. 5 | 5 528. 7 | 10. 72 |
| 2017 | 64 934. 0 | 5 958. 4 | 10. 90 |
| 2018 | 70 639. 5 | 6 440. 5 | 10. 97 |
| 2019 | 76 401 | 7 380 | 10. 35 |

根据表 3-24 数据，可以制作 2013 年至 2019 年全国城乡所有居民高收入户与低收入户的年人均可支配收入之比倍数折线图，如

图 3-13 所示。

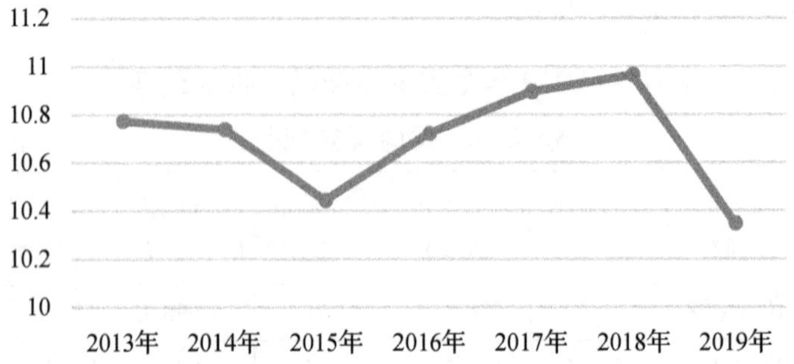


图 3-13　2013—2019 年全国居民高收入户与低收入户年人均可支配收入之比

根据表 3-23 数据，还可以计算出 2013 年至 2019 年全国城乡所有居民中，低收入户与全部居民人均可支配收入之比，见表 3-25。

**表 3-25　　2013—2019 年全国城乡居民低收入户与全部居民人均可支配收入之比**

| 年份 | 人均可支配收入/元 | 低收入户（20%）人均可支配收入/元 | 低收入户收入比例/% |
| --- | --- | --- | --- |
| 2013 | 18 310. 8 | 4 402. 4 | 0. 24 |
| 2014 | 20 167. 1 | 4 747. 3 | 0. 24 |
| 2015 | 21 966. 2 | 5 221. 2 | 0. 24 |
| 2016 | 23 821. 0 | 5 528. 7 | 0. 23 |
| 2017 | 25 973. 8 | 5 958. 4 | 0. 23 |
| 2018 | 28 228. 0 | 6 440. 5 | 0. 23 |
| 2019 | 30 733. 0 | 7 380. 0 | 0. 24 |

根据表 3-25 数据，可以制作 2013 年至 2019 年全国城乡所有居民中，低收入户与全部居民人均可支配收入之比倍数折线图，如图 3-14 所示。

根据表 3-23 数据，还可以计算出 2013 年至 2019 年全国城乡所有居民中，低收入户人均可支配收入与全部居民人均可支配收入中位数之比，见表 3-26。

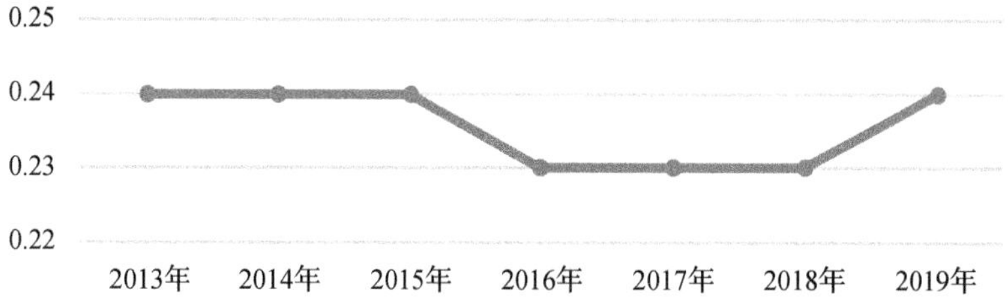


图 3-14　2013—2019 年全国城乡居民低收入户与全部居民人均可支配收入之比

**表 3-26　2013—2019 年全国城乡居民低收入户人均可支配收入与全部居民人均可支配收入中位数之比**

| 年份 | 人均可支配收入中位数/元 | 低收入户/元（20%）人均可支配收入 | 低收入户收入比例/% |
|---|---|---|---|
| 2013 | 15 632 | 4 402.4 | 0.28 |
| 2014 | 17 570 | 4 747.3 | 0.27 |
| 2015 | 19 281 | 5 221.2 | 0.27 |
| 2016 | 20 883 | 5 528.7 | 0.26 |
| 2017 | 22 408 | 5 958.4 | 0.27 |
| 2018 | 24 336 | 6 440.5 | 0.26 |
| 2019 | 26 523 | 7 380 | 0.28 |

根据表 3-26 数据，可以制作 2013 年至 2019 年全国城乡所有居民中，低收入户人均可支配收入与全部居民人均可支配收入中位数之比倍数折线图，如图 3-15 所示。

从表 3-15 至表 3-26 和图 3-9 至图 3-15 中可以看出，我国群体收入差距具有以下特征。

一是城乡居民包括低收入群体的人均收入水平均逐年增长，分享了经济发展的成果。2002 年至 2018 年，全国城镇居民人均名义可支配收入从 7 652.4 元增长为 39 251 元，增长了 4.13 倍，其中城镇低收入户人均名义可支配收入从 3 032.1 元增长为 14 386.9 元，增长了 3.74 倍；全国农村居民人均名义可支配收入从 2 528.9 元增长为

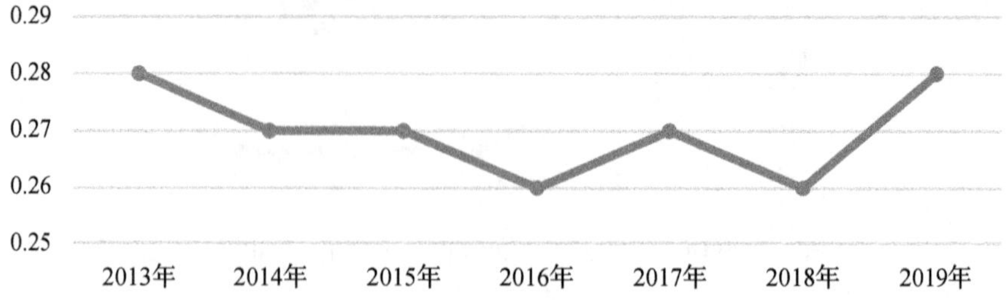


图 3-15　2013—2019 年全国城乡居民低收入户人均可支配收入与全部居民人均可支配收入中位数之比

14 617 元，增长了 4.78 倍，其中农村低收入户人均名义可支配收入从 857.0 元增长为 3 666.2 元，增长了 3.28 倍。

二是高收入群体与低收入群体之间的收入差距巨大。2002 年至 2018 年，全国城镇居民高收入户与低收入户人均可支配收入之比在 4.97 倍至 5.90 倍之间，全国农村居民高收入户与低收入户人均纯收入（可支配收入）之比在 6.88 倍至 9.48 倍之间；由于农村居民低收入户的人均收入低于城镇居民低收入户，在群体收入差距叠加城乡收入差距的情况下，全国居民高收入户与低收入户人均可支配收入之比在 10.45 倍至 10.97 倍之间。

三是农村居民高收入群体与低收入群体之间的收入差距大于城镇居民高低群体之间的差距，且差距幅度波动更大。2002 年至 2018 年，全国城镇居民高收入户与低收入户人均可支配收入之比在 4.97 倍至 5.90 倍之间，波动在 1 倍以内；全国农村居民高收入户与低收入户人均纯收入（可支配收入）之比在 6.88 倍至 9.48 倍之间，波动在 2.6 倍以内。农村居民高低群体之间的差距比城镇居民高低群体之间的差距大 1.91 倍至 3.58 倍。

四是全国居民中的低收入群体收入水平过低，多数处于相对贫困状态。按照收入五等份划分居民群体，意味着人均收入相对最低的低收入户始终占居民家庭总数的 20%，是一个不可能消失的现象。但是，在不同国家、不同区域、不同时期，低收入户的人均收入水平则存在差别，收入水平越高则其与最高收入群体的收入水平差距越小，与全部居民人均收入以及中位数收入的差距越小；反之，收入水平越低则其与最高收入群体的收入水平差距越大，与全部居民人均收入以及中位数收入的差距越大。自国家统计局发布全国居民按收入五等份分不同群体人均收入数据以来的 7 年（2013 年至 2019 年）中，我国居民中 20%的低收入户的人均可支配收入与全部居民户人均可支配收入中位数之比，一直在 0.26 至 0.28 之间，而世界银行将低于居民可支配收入中位数 1/3 的人口界定为相对贫困人口。[①] 对照此标准，全国居民中的低收入户基本上都是相对贫困人口。不过，如果没有城乡收入差距的影响，只看全国城镇居民群体，那么从 2002 年至 2018 年，全国城镇居民低收入户与全部城镇居民人均可支配收入之比在 0.37 至 0.43 之间，由于近些年来全国城镇全体居民人均可支配收入比城镇全体居民户人均可支配收入中位数大 10%左右，因此全国城镇居民低收入户与城镇全体居民户人均可支配收入中位数之比大致在 0.40 至 0.47 之间，超过世界银行界定的相对贫困标准。

五是从有居民户五等份划分群体人均收入数据以来的变化趋势看，我国城镇居民中的群体收入差距先升后降但近年反弹，农村居民中的群体收入差距一直上升且近年幅度加大。2002 年至 2018 年，城镇居民中的群体收入差距大致有两个转折点。第一个转折点是 2005 年，城镇居民高收入户与低收入户人均收入之比逐年扩大后在 2005 年达到峰值（5.70 倍），此后除 2008 年、2013 年出现异常之外，一直在逐步缩小，其中最低值为 2012 年的 4.97 倍。第二个转折点是 2015 年，高低收入之比不断缩小达到低值后，转而开始逐年扩大，且于 2018 年达到已有数据的最高值（5.90 倍）。2002 年至 2018 年，农

① 张文宏. 后 2020 我国反贫困政策选择的社会学思考［J］. 社会发展研究，2020，7（3）.

村居民中的群体收入差距也大致有两个转折点，但特征与城镇不同。第一个转折点是2011年，此前的农村居民高收入户与低收入户人均收入之比总体上呈不断扩大趋势，但扩大势头受到遏制，保持在6.88倍至7.95倍之间；但2011年首次超过8倍达8.39倍，并且此后年份的差距扩大幅度比2011年之前更大。第二个转折点是2016年，高低收入之比由2015年的8.43倍大幅提升为9.46倍，首次超过9倍，并且此后2年保持在9倍以上的高位。从2013年至2019年包括城乡在内的全国居民五等份划分群体人均收入数据来看，高收入户与低收入户人均收入之比一直在10.35倍至10.97倍之间高位徘徊，低收入户人均收入与全部居民人均收入之比在0.23倍至0.24倍之间、低收入户人均收入与全部居民户人均收入中位数之比在0.26倍至0.28倍之间低位徘徊。综合来看，主要由于农村居民群体收入差距一直扩大，城镇居民群体收入差距自2015年开始也出现反弹，导致全国居民群体收入差距高位徘徊，且自2015年起出现差距扩大的幅度有所提升的现象。

# 第四章 居民收入分配结果现实与理想的比较

本论文第二章论证探讨了居民收入分配结果的理想状态，即在价值观上坚持“效率与公平并重”，在功能上能够发挥“保障功能、激励功能、资源配置功能、经济稳定功能”等四大功能，在特征上符合“自然资源公有、劳动所得最多、分配方式公平、主体比例适合，守住民生底线、收入差距适当、水平不断提高、促进经济增长”。将第三章实证分析的中国居民收入分配结果的现实状况与第二章论证探讨的理想状态进行对照比较，可以检视现实状况的成就与不足。

## 第一节　与理想状态基本相符的居民收入分配结果特征

从居民收入分配结果特征八项指标的现实状况看，半数指标基本符合理想状态。

## 一、实现了“自然资源公有”

《中华人民共和国宪法》第九条规定，“矿藏、水流、森林、山岭、草原、荒地、滩涂等自然资源，都属于国家所有，即全民所有；由法律规定属于集体所有的森林和山岭、草原、荒地、滩涂除外”。第十条规定，“城市的土地属于国家所有”“农村和城市郊区的土地，除由法律规定属于国家所有的以外，属于集体所有；宅基地和自留地、自留山，也属于集体所有”“任何组织或者个人不得侵占、买卖或者以其他形式非法转让土地。土地的使用权可以依照法律的规定转让”。如第二章第一节所分析，《民法典》《中华人民共和国农村土地承包经营法》《中华人民共和国土地管理法》等法律规定，农村土地承包经营权、农村宅基地使用权、建设用地使用权、地役权、海域使用权、探矿权、采矿权、取水权和使用水域、滩涂从事养殖、捕捞的权利等，都属于用益物权。这就从宪法和法律上规定了稀缺性自然资源的公有制，符合理想的居民收入分配结果所要求的“自然资源公有”。

## 二、做到了“守住民生底线”

如第三章第二节所分析，按照世界银行的标准，1978 年我国农村贫困发生率达到 97.5%，人数达 7.7 亿人。到 2012 年年末，全国农村建档立卡贫困人口只剩 9 899 万人。到 2020 年年底，全国 832 个国家扶贫开发重点帮扶县和集中连片地区贫困县全部脱贫摘帽，12.8 万贫困村全部出列，9 899 万建档立卡农村贫困人口全部脱贫，不愁吃、不愁穿，义务教育、基本医疗、住房安全有保障，在中国几千年的历史上首次实现了消灭绝对贫困。城镇困难群众能够享受最低生活保障和住房救助、就业救助、教育救助、医疗救助等社会救助，也能够做到“两不愁、三保障”。

## 三、保证了“水平不断提高”

如第三章第二节所分析，1978 年我国城镇居民家庭人均可支配收入为 343.4 元，农村居民家庭人均纯收入为 133.6 元；到 2012 年，分别增长到 24 126.7 元、8 389.3 元，名义收入分别增长了 69.3 倍、61.8 倍；剔除物价变动后的实际收入（指数）分别增长了 10.3 倍、11.5 倍。2019 年，我国城镇和农村居民人均可支配收入分别达 42 358.80 元、16 020.67 元；2019 年全国城乡居民人均可支配收入达到 30 732.85 元。总体上看，改革开放以来，我国由贫穷落后的低收入国家先后提升为下中等收入国家和上中等收入国家，到 2020 年年底全面建成小康社会，绝大多数居民都分享了发展成果，实现了人均可支配收入逐年快速增长，保障了生活逐步脱离贫困、解决温饱、进入小康，部分居民还达到了富裕水平。

## 四、实现了“促进经济增长”

如第三章第二节所分析，1978 年我国 GDP 为 3 678.7 亿元，居世界第十位；此后，GDP 连续跃上新台阶，1986 年超过 1 万亿元；1991 年超过 2 万亿元；2001 年超过 10 万亿元；2010 年达到 40 万亿元，超过日本成为世界第二大经济体。从 1978 年到 2013 年，GDP 年均增长 9.8%，增长速度和高速增长持续的时间均超过经济起飞时期的日本和韩国。2014 年，中央提出我国经济发展进入新常态，由高速增长阶段转变为高质量发展阶段，其后每年的 GDP 仍然保持着中高速增长，2014 年至 2019 年，GDP 增长率分别为 7.4%、7.0%、

6.8%、6.9%、6.7%、6.1%，到2020年，我国GDP超过100万亿元。1980年至2017年，以美元计算的中国人均国民总收入增长了44.7倍；同一时期，欧美发达国家中，美国增长3.5倍，英国增长3.7倍，法国增长2倍，德国增长2.1倍；亚洲发达国家和地区中，日本增长3.7倍，韩国增长12.2倍；金砖国家中，印度增长7.3倍，巴西增长3.9倍，南非增长2.5倍。总体上看，改革开放以来，我国经济发展速度之快、持续时间之长，史上罕见。这就充分证明作为基本经济制度之一的收入分配制度是适应经济发展需要的，居民收入分配结果实现了“促进经济增长”。

## 第二节　与理想状态存在差距的居民收入分配结果特征

居民收入分配结果特征的八项指标中，两项指标趋向于理想状态，但存在一定差距。

### 一、“劳动所得最多”方面趋向于理想状态但存在一定差距

据国家统计局官网年度数据库数据，2019年全国居民人均可支配收入30 733元，其中人均可支配工资性收入17 186元，人均可支配经营净收入5 247元。据此计算，2019年全国居民人均劳动所得22 433元，占居民人均可支配收入的73%，其中工资性收入占比为55.9%。这表明我国居民收入分配中实现了劳动所得最多。

与此同时要看到，2019年全国人均GDP为70 892元，居民人均劳动所得只占人均GDP的31.6%。从国际比较看，2009年前后，美国、英国、法国劳动者报酬在GDP中占比达55%以上，德国、韩国在50%~55%，日本为50%，巴西、南非接近50%，印度、菲律宾、

埃及不到 30%。[①] 据张车伟等人研究，我国的劳动报酬份额中包括了自雇劳动者的混合收入，但在联合国的统计中，劳动报酬通常使用仅包括雇员劳动收入的统计口径，而把自雇经济中的劳动收入归为混合收入计入营业盈余项目之中。[②] 以此来看，我国劳动报酬在 GDP 中占比与发达国家相比差距更大，与同等经济发展水平的巴西、南非相比也存在差距，只与印度、埃及、菲律宾占比相似。这表明我国劳动所得的占比还应该进一步提升。

## 二、“主体比例适合”方面趋向于理想状态但存在一定差距

如第三章第二节所分析，2019 年我国城乡居民人均可支配收入达到 30 733 元，同年我国人均 GDP 达到 70 892 元，超过 1 万美元。这表明 2019 年我国城乡居民收入在国民总收入中占比约为 43.4%，而政府收入和企业收入占比超过一半。由于我国还是一个发展中国家、上中等收入国家，还需要大力加强基础设施、公共服务设施建设，不断增加基本公共服务供给，进一步扩大企业投资，因此政府收入和企业收入占比超过居民收入是特定发展阶段的需要。改革开放以来，我国交通通信、水电气热等基础设施快速发展，城市建设日新月异，形成了世界各国中门类最齐全的产业体系，已成为“世界工厂”，每年新增就业达 1 000 万人以上，2.9 亿农民工由第一产业转移到第二、第三产业就业，实现了经济总量的高速增长和居民收入的逐年提高，这表明在此期间我国国民收入分配中，居民、政府、企业的收入占比总体上是趋向于理想状态的。

---

① 余芳东. 世界主要国家居民收入分配状况［EB/OL］.（2012-10-06）. http://www.stats.gov.cn/tjzs/tjsj/tjcb/dysj/201211/t20121106_38098.html.

② 张车伟，程杰. 正确认识我国劳动报酬份额问题［EB/OL］.（2013-04-17）. http://iple.cass.cn/shbzx/cgjs/lw/201304/t20130417_1948754.shtml.

但是也要看到，我国城乡居民收入在 GDP 中占比与其他国家相比还处于较低水平。2009 年，美国居民可支配收入占 GDP 比重接近 80%，法国、德国、英国和意大利接近 70%，俄罗斯、巴西和南非在 60%左右，印度和埃及在 80%以上，墨西哥和菲律宾在 70%以上。[①] 尤其是随着国内外形势的变化，2020 年中央提出要构建国内大循环为主体、国内国际双循环相互促进的新发展格局。在新发展格局中，国内消费需求在 GDP 中的贡献必须较大幅度提升，与此相比，居民收入在国民总收入中占比 43.4%就显得过低。

## 第三节　与理想状态相差较大的居民收入分配结果特征

居民收入分配结果特征的八项指标中，两项指标的现实状况与理想状态相差较大。

### 一、“分配方式公平”方面与理想状态相差较大

如第三章第一节所分析，目前我国居民收入分配方式复杂多样，包括劳动收入、资本收入、其他生产要素收入、非生产要素财产性收入、政府转移收入、社会转移收入、赔偿补偿收入、非法收入等。总体上来看，劳动、资本、管理、技术、知识等生产要素都按照贡献参与了国民收入分配，非生产要素的居民财产也能按照贡献参与国民收入分配，即使是无劳动能力、无其他生产要素和财产性收入的居民，也能通过政府转移支付、社会转移支付等方式获得收入从而得到最低生活保障，一定程度上体现了收入分配的公平性，即合法性、合理

---

① 余芳东. 世界主要国家居民收入分配状况［EB/OL］.（2012-10-06）. http://www.stats.gov.cn/tjzs/tjsj/tjcb/dysj/201211/t20121106_38098.html.

性、合情性。

但是也要看到，目前的居民收入分配方式与理想状态相比还存在较大差距。

第一，非法收入大量存在，部分人通过违法犯罪获得收入的方式繁杂、种类多样，与“分配方式公平”所要求的“合法性”存在较大差距。仅在最严重的犯罪方面存在的非法收入就包括危害国家安全犯罪收入、危害公共安全犯罪收入、破坏社会主义市场经济秩序犯罪收入、侵犯公民人身权利民主权利犯罪收入、侵犯财产犯罪收入、妨害社会管理秩序犯罪收入、危害国防利益犯罪收入、贪污贿赂犯罪收入、渎职犯罪收入、军人违反职责犯罪收入、其他违法犯罪收入。其他违反行政法律、民事法律而获得收入的行为更加普遍。

第二，部分收入分配方式虽然不违法但是不符合“分配方式公平”所要求的“合理性、合情性”。在劳动收入方面，进城就业农民工在用人单位尤其是国有用人单位不能与城镇劳动者实现同工同酬，存在明显的被歧视；机关、事业单位、社会团体的工作人员按照规定的工资标准确定收入水平，干多干少一个样、干与不干一个样的问题普遍存在。在资本收入方面，企业之间不正当竞争大量存在，部分企业通过与一些政府工作人员拉关系而在工程投标、政府采购中不当获利；部分企业隐形侵害消费者权益获利，股票市场上操纵股价、获取内幕消息、投机活动等问题时有发生。在非生产要素财产性收入方面，投机炒房、贷款炒房现象既哄抬了房价又使部分人群获得不合理不合情的高收入。在政府转移收入方面，城乡基础设施、公共服务设施、基本公共服务相差太大；机关、事业单位职工养老保险待遇与企业职工养老保险待遇差距太大，职工基本养老保险待遇与城乡居民基本养老保险待遇差距太大；待遇领取条件不公平，城市公园里刚满50岁的女性在跳舞，而超过60岁白发苍苍的农村老妇人在扫地保洁。在社会转移收入方面，公益组织、慈善组织数量太少，有的还违背公益原则牟利。赔偿补偿收入方面，法律执行不严，企业违反劳动法律却未被追究赔偿金、经济补偿金的现象普遍。

## 二、“收入差距适当”方面与理想状态相差较大

从第三章第三节所分析的五类收入差距状况可以看出，我国收入差距现状虽然有一定的适当性和特定发展阶段的客观必然性，但与理想状态相差较大。一定的适当性和客观必然性体现在以下两个方面。

第一，改革开放以来，随着经济社会发展，全国居民总体上看都分享了经济发展成果，人均收入大幅增长。从城乡收入看，城镇居民人均年可支配收入由 1978 年的 343.4 元增长到 2019 年的 42 358.8 元，农村居民人均年纯收入（可支配收入）也由 1978 年的 133.6 元增长到 2019 年的 16 020.67 元。从区域收入看，收入最高的上海市城镇居民人均年可支配收入由 2000 年的 11 718.0 元增长到 2018 年的 68 033.6 元，农村居民人均年纯收入（可支配收入）由 1990 年的 1 907.32 元增长到 2018 年的 30 374.7 元；收入最低的甘肃省城镇居民人均年可支配收入也由 2000 年的 4 916.3 元增长到 2018 年的 29 957.0 元，农村居民人均年纯收入（可支配收入）也由 1990 年的 430.98 元增长到 2018 年的 8 804.1 元。从行业收入看，收入最高的信息传输、计算机服务和软件业城镇单位就业人员年平均工资由 2003 年的 30 897 元增长到 2018 年的 147 678 元，收入最低的农、林、牧、渔业城镇单位就业人员平均工资也由 2003 年的 6 884 元增长到 2018 年的 36 466 元。从所有制收入看，收入最高的国有单位就业人员平均工资由 2009 年的 34 130 元增长到 2018 年的 89 474 元，收入最低的城镇私营单位就业人员平均工资也由 2009 年的 18 199 元增长到 2018 年的 49 575 元。从群体收入看，城镇高收入户人均收入由 2002 年的 15 459.5 元增长到 2018 年的 84 907.1 元，城镇低收入户人均收

入也由 2002 年的 3 032.1 元增长到 2018 年的 14 386.9 元；农村高收入户人均收入由 2002 年的 5 903.0 元增长到 2018 年的 34 042.6 元，农村低收入户人均收入也由 2002 年的 857.0 元增长到 2018 年的 3 666.2 元。

第二，目前存在的居民收入差距较大问题具有特定发展阶段的客观必然性，解决这一问题需要健全经济社会政策，更需要依靠经济社会发展。从我国各类收入差距的情况看，符合收入分配的“倒 U 型曲线”假说。“倒 U 型曲线”也称库兹涅茨曲线，是诺贝尔经济学奖获得者、美国经济学家西蒙·史密斯·库兹涅茨提出的假说。该假说认为，在一个国家由农业社会向工业化、城镇化为主的现代社会转型过程中，收入分配存在着“倒 U 型”演变趋势，也就是在经济未充分发展的阶段，收入分配将随着经济发展而趋于不平等；其后，经历收入分配差距暂时无大变化的时期，到达经济充分发展的阶段后，收入分配将趋于平等。[①] 从我国实际情况看，2005 年至 2010 年，是收入分配差距受到遏制、暂时无大变化的时期；在此之前收入分配差距总体上不断扩大，而在此之后收入分配差距开始逐渐缩小。在城乡收入差距方面，问题主要表现在中部地区、西部地区，而城镇化率较高的东部地区、东北地区差距较小。城乡收入差距最大的甘肃省也是城乡居民收入最低的省份，差距最小的江苏省、北京市、天津市则均为发达地区。在区域收入差距方面，不同省份城镇居民之间的收入差距远小于农村居民之间的收入差距。在行业收入差距方面，问题也主要表现在农、林、牧、渔业收入太低。在群体收入差距方面，城镇居民内部高收入户与低收入户的收入差距远远低于农村居民内部高收入户与低收入户的收入差距。这些事实都证明，发展中的问题要靠发展来解决，越发达则收入差距可能越小。

---

① 毛强. 库兹涅茨曲线［EB/OL］.（2018-01-19）. http://paper.cntheory.com/html/2018-01/19/nbs.D110000xxsb_A2.htm.

居民收入差距现状与理想状态相差较大体现在以下三个方面。

第一，在国民收入分配过程中，各类收入分配差距都较大，其中群体收入差距最大。从城乡收入差距看，1978年至2019年，全国城乡居民人均可支配收入的差距倍数在1.82倍至3.14倍之间，在城乡收入差距最大的省份可达5.58倍。国际上，美国非农业人口与农业人口可支配收入之比，1935年至1939年为2.49倍，1955年至1959年为2倍，1965年至1969年为1.36倍，1995年至1999年约为1.3倍；2006年美国农场家庭平均收入为全国城乡家庭平均收入的1.17倍。日本城乡收入差距1900年为1.92倍，1930年为3.13倍，1961年为1.44倍，1972年为0.97倍。韩国城乡收入差距1970年为1.49倍，1980年为1.19倍，1988年为0.86倍，1990年为1.03倍，2004年为1.19倍。20世纪70年代和80年代，印度、巴西、泰国等发展中国家城乡居民人均收入之比一般在2倍以上。根据国际劳工组织对36个国家1985年、1990年、1995年城乡居民人均收入之比进行的统计，多数国家在各年度小于1.5倍，超过2倍的国家分别只有4个、5个、3个。[①] 中国的城乡收入差距大于这些国家。从区域收入差距看，2000年、2010年、2015年、2018年人均收入最高的上海市与收入最低省份城镇居民收入之比分别为2.48倍、2.41倍、2.23倍、2.33倍，农村居民收入之比分别为4.43倍、4.21倍、4.08倍、3.35倍、3.45倍。国际上，日本1955年人均收入最高的5个县与最低的5个县的人均收入之比为2.1倍，1961年为2.4倍，1965年2.1倍，20世纪70年代后期为1.6倍，此后保持在2倍以内，1993年以后始终保持在1.6倍以内。[②] 中国的区域收入差距大于日本当年相同发展阶段的差距。从行业收入差距看，2003年、2005年、2010年、2015年、2018年，全国平均工资收入最高的行业收入水平分别是最低的行

---

① 曾国安，胡晶晶. 城乡居民收入差距的国际比较［J］. 山东社会科学. 2008（10）.
② 冯辉. 日本区域经济差距研究［D］. 吉林大学，2007.

业收入水平的4.49倍、4.73倍、4.20倍、3.59倍、4.05倍，是次低的行业收入水平的2.84倍、2.80倍、3.00倍、2.81倍、3.06倍。国际上，根据国际劳工组织公布的十几个行业雇员工资数据分析，各国行业间收入差距有所不同，总体上发达国家行业间收入差距要小于发展中国家。美国、德国和英国最高收入行业与最低收入行业间平均工资之比在2~3倍，日本和意大利则在2倍以下，印尼和巴西在8~9倍，埃及和菲律宾在5~6倍，墨西哥为4.4倍。[①] 中国的行业收入差距大于发达国家。从所有制收入差距看，2000年、2009年、2018年，全国收入最高的所有制单位与城镇集体单位的收入水平之比分别为1.80倍、1.66倍、1.47倍，2009年、2018年，收入最高的所有制单位与城镇私营单位的收入水平之比分别为1.88倍、1.80倍。从群体收入差距看，2002年至2018年，全国居民高收入户与低收入户人均可支配收入之比在10.45倍至10.97倍之间，其中，城镇居民五等份划分高收入户与低收入户人均可支配收入之比在4.97~5.90倍，农村居民五等份划分高收入户与低收入户人均纯收入（可支配收入）之比在6.88~9.48倍。国际上，据有关研究，20%最高收入群体的平均收入和20%最低收入群体的平均收入之比，美国是8.4倍，印度是4.9倍，俄罗斯是4.5倍，而日本只有3.4倍。[②] 中国的群体收入差距远大于这些国家。

第二，在我国各类收入差距中，城乡收入差距问题最突出，因为城乡收入差距不仅自身较大，而且影响和扩大了其他各类收入差距。这具体表现在：一是迄今为止，同一地区城镇居民与农村居民之间的收入差距，一直大于不同地区居民之间的收入差距，而且数据可得的

---

① 余芳东. 世界主要国家居民收入分配状况［EB/OL］.（2012-10-06）. http://www.stats.gov.cn/tjzs/tjsj/tjcb/dysj/201211/t20121106_38098.html.

② 蔡慎坤. 中国贫富差距的真相［EB/OL］.（2014-07-27）. http://www.wyzxwk.com/Article/shidai/2014/07/324615.html.

最近年份2018年，最发达地区的农村居民收入仍然明显低于最不发达地区的城镇居民收入，最发达地区的城镇居民收入（上海68 033.6元）与最不发达地区的农村居民收入（甘肃8 804.1元）差距则很大(前者是后者的7.73倍)。二是我国区域收入差距主要表现在不同地区农村之间收入差距较大。2000年、2010年、2015年、2018年等代表性年份，人均收入最高的上海与人均收入最低省份的城镇居民收入之比分别为2.48倍、2.41倍、2.23倍、2.33倍，而且除东部地区之外，其他地区与人均收入最低省份的城镇居民收入差距基本上在1.5倍以下，差距较小。但是人均收入最高的上海与人均收入最低省份的农村居民收入之比分别为4.21倍、4.08倍、3.35倍、3.45倍。三是我国行业收入差距主要表现在农、林、牧、渔业收入太低。农、林、牧、渔业不仅一直都是平均收入最低的行业，而且其收入水平显著低于其他行业收入，形成与其他行业收入的“差距悬崖”。如果剔除农、林、牧、渔业，那么其他行业之间的收入差距与美国、德国和英国等发达国家状况类似，低于大多数发展中国家，总体上比较适当。四是我国群体收入差距主要表现在农村低收入户收入太低。2002年至2018年，全国城镇居民高收入户与低收入户人均可支配收入之比为4.97~5.90倍，与印度、俄罗斯相差不大，低于美国。但是全国农村居民高收入户与低收入户人均纯收入（可支配收入）之比为6.88~9.48倍。而且由于农村低收入户的人均收入低于城镇低收入户，在群体收入差距叠加城乡收入差距的情况下，有相关数据的2013年至2018年，全国居民高收入户与低收入户人均可支配收入之比为10.45~10.97倍。可见在农村低收入户的影响下，我国居民的群体收入差距不仅远超印度、俄罗斯，甚至比美国还大得多。

第三，从各类收入差距的变化趋势看，2007年前后，我国收入差距总体上受到遏制并开始逐步缩小，但是2016年前后又开始有所反弹。具体来看，所有制收入差距自2000年以来呈现逐年缩小的趋势；

城乡收入差距在2007年达到峰值3.14倍后逐步缩小，并且自2010年起下降到3倍之内；区域收入差距和行业收入差距在2010年达到峰值后逐步缩小，但在2016年后出现反弹；城镇居民群体收入差距在2005年达到峰值后逐步缩小，但自2016年开始也出现反弹。需要高度重视的是，农村居民群体收入差距一直在扩大，且自2016年起扩大的幅度提升，导致全国居民群体收入差距高位徘徊。

## 第四节　从价值观和功能角度看居民收入分配结果现状

检视居民收入分配结果体现出的价值观和功能，可以看出现实状况与理想状态有的基本相符，有的则存在不足。

### 一、保障功能、资源配置功能、经济稳定功能实现较好但激励功能实现不足

从现实状况看，改革开放以来，中国在一个农村贫困发生率高达97.5%的贫穷落后国家消灭了绝对贫困，守住了民生底线；全体居民都分享了经济发展成果，实现了收入水平不断提高，这些表明居民收入实现了保障功能。在长达40多年时间里，数以亿计的农业劳动力为了获得更高收入而转移到第二、第三产业就业创业，人才在区域、城镇、行业间流动，新业态新技术新模式不断发展，GDP增长率保持了位居世界前列的高速度，促进了经济增长，这些表明居民收入实现了资源配置功能、经济稳定功能。

在激励功能方面，创新创业不断涌现、经济高速增长等，表明居民收入分配具备基本的激励功能。但是社会舆论的较大不满，在部分单位、部分群体中存在的不积极、不主动、不作为等现象，表明居民

收入实现激励功能方面还存在较大不足。

## 二、效率很高但公平不足

在现实状况中，居民收入分配结果守住了民生底线，提高了收入水平，促进了经济增长，实现了居民收入的保障功能、资源配置功能、经济稳定功能。因此可以说，居民收入分配结果创造出很高效率。

在公平方面，居民收入分配结果实现了自然资源公有，保持了居民和政府、企业等主体之间分配比例基本适合，而且守住了民生底线，实现了全体居民收入水平不断提高，这些表明居民收入分配结果总体上是公平的。但是，在劳动所得最多、分配方式公平、收入差距适当方面以及激励功能方面与理想状态还相差较大，这些表明居民收入分配结果在体现公平价值观方面还存在较大不足。

综合归纳来看，改革开放以来，中国居民收入分配取得了巨大的进步，方向是正确的，结果是趋向理想状态的。它实现了很高的效率，也体现了基本公平，促进了经济高速增长，使我国综合实力跃居世界前列，在贫穷落后的中国消灭了绝对贫困，全体居民的收入水平和生活水平都得到不断提高。与此同时，居民收入分配结果也存在公平不足问题，尤其是居民收入水平差距较大，一些分配方式不合法、不合理、不合情，需要进一步深化改革予以完善。

# 第五章
# 居民收入分配结果的影响因素

本论文第四章以理想状态为参照，比较分析了我国居民收入分配结果现实状况的巨大成就，也指出了存在的问题，即居民收入水平差距较大，一些分配方式不合法、不合理、不合情，按劳分配为主体还未得到真正实现等。要解决这些问题，就需要进一步分析产生这些问题的原因，然后对症下药。第三章第一节全面归纳了我国目前居民收入分配的各种方式，每一个居民获得收入的途径都是这些分配方式的具体组合。居民收入水平差距较大、一些分配方式不合法、不合理、不合情，直接原因就是不同居民获得收入的具体分配方式组合不同，同一分配方式获得的收入水平不同。那为什么不同居民获得收入的具体分配方式组合不同，同一分配方式获得的收入水平不同？这是因为有很多深层因素影响着不同居民实际拥有的收入分配方式及其分配数量。找到这些影响因素，分析其不足，然后就可以从中发现导致居民收入分配结果存在问题的原因。

根据对现实状况的归纳探究，并借鉴吸收本论文第一章第四节介绍的已有研究成果，本章构建出了居民收入分配结果影响因素的分析模型，即以居民个人为圆心，按照由里到外、从微观到宏观的次序排列，影响居民收入分配结果的因素包括居民个人的能力素质和综合实力、居民个人的社会资本、居民个人工作单位的特征、居民个人所在的地域环境、国家的收入分配制度和发展阶段、市场机制的发育程度、具有收入分配效应的社会现象等。

## 第一节　居民个人的能力素质和综合实力

这里所称“居民个人的能力素质”，指的是潜藏在人身上的认知世界、改造世界的综合性能动力，包括人的品德、意志、知识、技能、体能乃至容貌等。这里所称“居民个人的综合实力”，指的是居民个人已经拥有的财产、职位、名誉等外在的能够带来收入的力量。人的能力素质是一个复杂的系统，没有确切的定义，有很多研究成果从不同学科、不同角度提出其内涵和外延。比较常用的衡量指标体系包括：一是德、能、勤、绩、廉指标体系，主要适用于国有企业、机关、事业单位等中国国有单位；二是麦克里兰能力素质模型，认为能力素质指标包括知识、技能、态度和价值观等自我概念、特质、动机；三是美国劳工部能力素质模型，认为能力素质包括合理利用与支配各类资源的能力、处理人际关系的能力、获取信息并利用信息的能力、综合与系统分析能力、运用特种技术的能力等五种能力，以及听说读写算等基本技能、思维能力、个人品质三种素质。

居民个人的能力素质和综合实力与居民个人收入水平存在正相关关系。在假设其他条件不变的情况下，个人的能力素质和综合实力越强，对其产生越积极的影响。这表现在四个方面：一是越容易就业并且劳动生产率越高，越有可能在薪酬体系中处于较高层级，从而获得更高的劳动收入。二是越容易创业并且在经营竞争中取得更大成功，从而获得更多资本收入。三是越有可能取得发明创造成果、管理能力越强，从而获得更多的管理和技术等其他生产要素收入。四是越有更多财产积累，从而用于获得更多非生产要素财产性收入。

居民个人能力素质和综合实力的高低，主要取决于三方面因素。一是先天的基因遗传，人的智商、身体、兴趣、特长，以及神经的强度、灵活度、平衡度等存在着差别，在全部人群中呈现正态分布特征，这直接影响个人的能力素质，并间接影响人的综合实力，造成不同人之间的差别。二是后天的个人努力，有的人修身自律，终身勤奋学习、勤奋思考、勤奋实践，充分发挥自己的积极性、主动性、创造性；有的人任性而为，好逸恶劳；有的人勤奋劳动但怠于思考。努力程度的不同，是人与人之间能力素质和综合实力不同的重要影响因素。三是客观社会因素，因家庭经济条件、政府部门提供基本公共服务、国家和单位用人机制等不同，个人所能吸收的营养，接受的教育培训，得到的思想淬炼、人生历练、专业训练、实践锻炼，既往获得的财产、职位、名誉等，往往也不同，这也是造成个人之间能力素质和综合实力不同的重要影响因素。由于以上影响因素的不同，居民个人的能力素质和综合实力在青年时代往往就存在较大差别，随着年龄增长提升的速度也存在较大差别，其导致的结果是在人生的马拉松途中，不同居民个人的能力素质和综合实力差别会越来越大，相应的贡献和收入差距往往也越来越大，这是人类社会普遍存在的客观规律。

先天的基因遗传和后天的个人努力所造成的居民个人能力素质和综合实力差别以及相应的收入分配差距，是符合公平原则的。但是，家庭经济条件、政府部门提供基本公共服务、国家和单位用人机制等客观社会因素所造成的居民个人能力素质和综合实力差别以及相应的收入分配差距，则不符合公平原则。在一个理想的社会，应该努力保证起点公平，在人力资本投资上给予任何个人必要的帮助，任何个人不能因其家庭经济条件差而得不到必需的营养，政府部门应该提供均等化的医疗、教育、培训等基本公共服务，国家和单位应该健全用人机制，努力实现人尽其才、才尽其用、责权利对等。

## 第二节　居民个人的社会资本

这里所称“居民个人的社会资本”，指的是居民个人从原生家庭、子女家庭、亲戚朋友或其他利益共同体等社会关系处获得的能够直接或间接带来收入的资源。马克思主义学说认为，人是各种社会关系的总和。在人的各种社会关系中，原生家庭、子女家庭、亲戚朋友或其他利益共同体等社会关系是最密切的，个人能够从中获得帮助和支持。由于任何社会的权力、财富、声誉、能力等有价值的东西，都不是绝对平均地分配和分布，有的人拥有的多而有的人拥有的少，所以一个人最密切的社会关系所拥有的有价值的东西存在差别，其可以获得的帮助和支持也就存在差别，其中最多与最少之间甚至差距很大，也就是说，不同居民个人的社会资本可能差距很大。一般来说，居民个人的核心家庭、原生家庭、子女家庭所拥有的有价值东西的状况，决定着其社会资本的有或无、多或少，社会舆论由此归纳出“富二代”“官二代”“书香门第”“一人得道、鸡犬升天”“贫困的代际传递”“社会阶层固化”等现象。

居民个人的社会资本对其收入分配的影响，有的属于直接影响，有的属于间接影响。从现实情况看，常见的影响途径包括六种。

一是居民个人通过社会关系的帮助而提升自身能力素质并且获得更高收入。比如居民在原生家庭大力支持下接受了更好的教育，获得了条件更好、收入更多的工作，又或是成功创业，从而获得了更多劳动收入或资本收入。

二是居民个人直接从社会关系处获得社会转移收入或非生产要素财产性收入。比如“富二代”从原生家庭直接获得大额生活费用，直接获得资本用于投资，直接获得企业股份，直接获得企业的经营管理权等；居民获得长辈的赠与、遗产等；居民将赠与或遗赠的房产出租后获得非生产要素财产性收入。

三是居民个人通过社会关系的帮助获得高收入的工作岗位。比如“官二代”“富二代”依靠社会关系而不是公平竞争进入收入水平高的机关、事业单位、大型企业工作，从而获得更高的劳动收入。

四是居民个人通过社会关系的帮助取得更好业绩从而提升收入。比如居民在销售本企业商品、为本银行吸纳存款、为本企业投标工程项目等工作中，通过社会关系的帮助而非公平竞争取得成功，并因此而从本单位获得了更多奖金等劳动收入或职务晋升等。

五是居民个人通过社会关系的帮助而获得更多资本收入。比如企业所有者、个体经营户在生产经营中，通过社会关系的帮助而非公平竞争取得成功，从而获得更多营业盈余。

六是居民个人通过社会关系的帮助而获得更多政府转移收入甚至非法收入。比如居民采取“拉关系、走后门”等手段，在不符合法规政策规定条件的情况下，获得政府部门提供的公租房、财政补贴等。

在社会资本对居民个人收入分配的影响中，居民通过社会关系的帮助而提升能力素质，具有合法性、合理性、合情性。居民通过社会关系的帮助而获得社会转移收入或非生产要素财产性收入，具有合法性，也具有一定的合理性、合情性。但是，如果受赠与者不劳而获、骄奢淫逸，社会舆论往往认为这种社会转移收入的合理性、合情性不足。居民通过社会关系的帮助而非公平竞争得到更好岗位、更好业绩、更高收入，则不符合合理性、合情性原则，有些情况下甚至违背了合法性原则。

## 第三节　居民个人工作单位的特征

这里所称“居民个人工作单位的特征”，指的是居民个人与其建立劳动关系或人事关系，为其提供劳动并获得劳动报酬的用人单位所具有的某些方面的特征。在中国目前4亿多城镇就业人员中，绝大多数是在用人单位工作，从用人单位获得的劳动报酬（含工资、奖金、津贴、补贴等，从广义上看还包括福利）是居民劳动收入的主要组成部分，远大于经营收入和其他劳务收入。不同的工作单位向劳动者支付的劳动报酬可能存在很大差别，是劳动收入水平的重要影响因素。工作单位的特征对居民个人劳动收入的影响，主要有五种途径。

一是工作单位的类别。我国工作单位的类别包括机关、事业单位、企业、社会团体、民办非企业单位、个体经济组织、基金会、农村合作组织等。不同类别工作单位的社会职能不同，收入来源不同，平均收入水平也可能存在不同。在大城市，大企业众多，其劳动报酬水平往往高于机关、事业单位。而在小城市，企业规模往往较小、平均收入不高，因此机关、事业单位收入水平可能在各类工作单位中最高。由于机关掌握着公共权力，权力因素可能介入其收入分配之中，比如一些地方的机关、事业单位在法定工资制度之外设置绩效奖、综治奖、节能奖、精神文明奖、计划生育奖，从而进一步提高了机关、事业单位平均收入水平，远远高于当地社会平均工资水平。

二是工作单位所在的行业。如第三章第三节实证分析所揭示，信息传输、计算机服务和软件业，金融业，科学研究、技术服务和地质勘查业，电力、燃气及水的生产和供应业，文化、体育和娱乐业的平均收入水平基本上处于各行业的前列；农、林、牧、渔业，住宿和餐饮业，建筑业，水利、环境和公共设施管理业的平均收入水平基本上处于各行业的末尾。

三是企业、民办非企业单位、个体经济组织等社会经济组织的规模和实力。不同企业等社会经济组织的规模大小、经营管理水平、创新能力、盈利水平等可能存在很大差别，有的是全球500强，有的是街边小店，其平均收入水平因此也可能存在很大差别。

四是工作单位的所有制性质。如第三章第三节实证分析所揭示，国有企业、外商投资企业的平均收入水平比私营企业、集体企业更高。一些国有企业依靠垄断地位获得更多营业盈余，其员工能进不能出、工资能高不能低，可能比私营企业同岗位员工劳动成果更少但劳动报酬更高。

五是工作单位内部的薪酬管理。不同工作单位内部的劳动报酬分配制度可能不同，薪酬管理水平也可能不同，员工与工作单位之间的收入分配、高级管理人员与普通员工之间的收入分配、普通员工之间收入分配，所遵循的原则和机制都可能存在差别，这些都会影响不同工作单位员工的收入分配水平。

工作单位的特征对收入水平的影响既是客观存在，也是理想状态的居民收入分配结果所要求的。如第二章第三节所探讨，居民收入分配发挥资源配置功能，要求劳动收入作为劳动力价格，能够按照市场规律将劳动力资源、资本资源或其他生产要素资源配置到最能发挥其效用的位置；居民收入分配发挥激励功能，要求劳动报酬与劳动成果挂钩，从而调动劳动者的积极性、主动性、创造性。这是合法、合理、合情的。但是在现实中，一些工作单位进人机制、用人机制、薪酬管理制度等存在不足，未发挥市场在资源配置中的决定性作用，不能实现公平竞争、人员能进能出、职务能上能下、收入能高能低，导致员工劳动收入水平的差距与劳动成果不是正相关甚至是负相关，这是不合理、不合情的。

## 第四节 居民个人所在的地域环境

这里所称“居民个人所在的地域环境”，指的是居民个人工作和生活所在地区的自然环境和社会环境。改革开放以后，随着人口流动政策的深化改革，居民既可以在其出生地工作和生活，也可以自由迁徙到国内其他地区工作和生活。地域环境对居民收入分配的影响途径主要包括三种。

一是特定地区的经济发展水平影响该地区居民平均工资水平。一个地区的交通区位、自然资源、纬度和海拔、气候条件等自然环境，以及党政机关法治水平和工作效率、社会文明程度和思想观念、劳动力素质等社会环境，都对该地区的投资、人才、要素集聚有很大影响，从而促进或阻碍该地区经济发展，经济发展水平又决定了该地区大多数用人单位和居民的平均工资水平。

二是特定地区的营商环境影响该地区居民的经营收入、资本收入、其他生产要素收入、非生产要素财产性收入。一个地区的自然环境和社会环境，构成广义的营商环境，影响到该地区企业和个体经济组织的发展，而且通过溢出效应影响到其他经济活动，从而提升或降低该地区资本收入等。比如营商环境差的地区，不仅资本收入比营商环境好的地区要少，而且房屋租金等非生产要素财产性收入也低。

三是特定地区的财政收入影响该地区居民的政府转移收入水平。自然环境和社会环境影响该地区的经济发展水平，进而也影响其财政收入水平，而后者又影响该地区政府部门向居民提供的基础设施、基本公共服务等。

不同地域环境对居民个人收入的影响是难以避免的客观现象，而个人对更高收入的追求又可能会引导居民从地域环境较差的地区迁徙到较好的地区，这既可能有利于生产要素的合理配置、提升经济发展的集聚效应，也可能造成全国人口分布不合理，老少边穷地区人口锐减，影响国家安全。为此，统筹区域发展，着力解决区域发展不平衡、不充分问题，努力缩小不同地区之间地域环境的差别，可以减小地域环境对居民个人收入的影响。

## 第五节　国家的收入分配制度和所处发展阶段

“收入分配制度”，顾名思义是指国家有关国民收入分配的制度。从目前我国理论界研究和实务界做法来看，“收入分配制度”有狭义和广义两种含义与指称。狭义的“收入分配制度”专指国家基本经济制度中关于收入分配的内容，即“按劳分配为主体、多种分配方式并存”。广义的“收入分配制度”则指基本经济制度中关于收入分配的内容以及与收入分配直接或间接相关的法律制度和政策措施，如《国务院批转发展改革委等部门关于深化收入分配制度改革若干意见的通知》（国发〔2013〕6号）中所称的“收入分配制度”。这里所称“收入分配制度”，是从广义上使用“收入分配制度”概念，主要包括五个方面的内容。

一是国家实行的基本经济制度。也就是国家实行的经济所有制、收入分配制度、经济运行体制机制。基本经济制度从根本上影响着国家经济发展、国民总收入、居民收入分配方式等，对居民收入分配具有最大影响。比如在我国计划经济时期，实行全面公有制，国家和集体统一收入分配，经济按国家计划运行，结果是经济发展停滞，国民总收入总量和人均数量很小，居民除劳动收入之外不可能拥有资本收入、经营收入。改革开放以后，实行以公有制为主体、多种所有制经济共同发展的所有制，按劳分配为主体、多种分配方式并存的收入分配制度，以及社会主义市场经济体制，使得居民可以拥有多种收入来源，收入水平总体上也大幅提升。

二是国家实行的初次分配制度和政策。也就是国家针对国民总收入中政府所得、企业所得、居民所得实行的分配制度和政策。其中，政府获得收入的渠道主要包括税收、收费、基金，另外还通过借债、国有资源使用权出让、国有企业利润上缴、货币发行的铸币税等方式获得收入。初次分配制度和政策决定了国民总收入中各主体收入占比，直接影响居民收入总量。

三是国家实行的再分配制度和政策。主要包括个人所得税、企业所得税、消费税、财产税等税收制度，养老保险、医疗保险、工伤保险、失业保险、社会救助、社会优抚、社会福利等社会保障制度，以及基础设施、教育医疗等基本公共服务政策。其直接影响居民的劳动收入、资本收入、非生产要素财产性收入、政府转移收入、赔偿补偿收入等。

四是国家实行的劳动法律制度和人事管理制度。各类用人单位的用人机制、薪酬制度、劳动人事关系，以及国家就业政策、人力资源流动政策、职业技能开发政策等，都直接影响劳动收入、资本收入。

五是国家实行的其他相关制度和政策。包括经济改革或体制变迁、经济开放程度、经济政策及其变化、政府发展战略、金融发展政策、公有住房私有化、环境规制模式等与收入分配直接或间接相关的制度和政策。

需要指出的是，除广义的收入分配制度之外，政府及其部门的一些非制度性、非政策性实际行为对居民收入分配也具有影响。包括：（1）运用国有资源支持特定的居民群体，比如将采矿权低价授予特定群体，减免国有房屋的租金等；（2）在政府采购中支持特定群体，帮助其扩大营业收入，增加利润；（3）运用市场准入手段，对不同群体允许或限制其进入特定行业从事生产经营；（4）运用法律的强制力规范社会主体的收入分配行为，比如禁止非法收入；（5）其他方式，比如政府在招商引资过程中有倾向性地选择自己的合作伙伴，通过国有企业倾向性的经济活动影响民营企业的生产经营等。

从以上分析可见，政府对居民收入分配的影响不仅限于理论界和实务界通常关注的经济学上所称的国民收入再分配制度，实际上包括多种影响方式，对居民收入分配具有广泛而深刻的影响。

“国家所处发展阶段”指的是国家客观上所处的历史发展阶段，其对居民收入分配的影响，主要通过三类途径。

一是特定发展阶段普遍性的静态特征影响法律制度和政策措施，进而间接影响居民收入分配。正如马克思主义学说所揭示，社会存在决定社会意识，经济基础决定上层建筑。一个国家客观上所处的历史发展阶段，最终决定着该国的法律制度和政策措施，包括与收入分配直接或间接相关的法律制度和政策措施，进而影响着居民收入分配。比如在现代化发展的早期、中期，国家刚刚走上从农业社会向工业社会转型之路，基础设施、基本公共服务均严重不足，资本也严重短缺，在此阶段的国民收入分配制度，通常会提高政府收入和企业收入占比而压低居民收入占比。

二是特定发展阶段普遍性的静态特征通过市场机制和社会运行机制直接影响居民收入分配。比如在工业化、城镇化发展的早期、中期，城乡二元结构明显，第一产业与第二、第三产业的劳动生产率和劳动报酬相差很大，大量农业劳动力希望转移到第二、第三产业就业，但第二、第三产业能够提供的就业岗位有限，劳动力市场上供大于求，因而劳动报酬较低；直到工业化、城镇化发展的中后期、后期，劳动力市场上出现“刘易斯拐点”，农业劳动力由无限供给转变为有限剩余，劳动报酬的份额开始提升。又如在城镇化快速发展阶段，大城市住房由于供不应求而价格飞涨，大城市住房的开发商容易获得很高的资本收入，“炒房客”和拥有多套住房的居民可以获得很高的非生产要素财产性收入。

三是当前时期国家经济社会发展特殊性的动态特征对居民收入分配构成的社会大环境影响。经济学理论关于现代化、工业化、城镇化、人口老龄化等指标体系的分期，主要是依据特定阶段各国普遍性的静态特征来划分，而不涉及各阶段具体国家持续时间的长短及特殊性的动态特征。实际上，即使处于同一发展阶段，各国除具备相似的普遍性静态特征之外，特殊性动态特征可能存在很大区别。比如有的国家工业化中期可能持续百年以上，有的则可能在数十年内快速完成工业化，在具体的年份里会表现出不同动态特征。因此，不仅特定发展阶段的普遍性静态特征影响居民收入分配，而且当前时期国家经济社会发展特殊性的动态特征也对居民收入分配构成很大影响。一般来说，国家稳定的政治和社会环境，既有利于国民总收入增长，也有利于规范收入分配秩序。在国家经济持续增长时期，能够改善大多数居民的收入增长状况，而一旦经济增长停滞则可能拉大居民收入分配差距。发展中国家融入经济全球化，高能力素质居民可以获得发达国家同类居民相似的收入水平，而低能力素质居民的收入水平则远低于发达国家同类居民的收入水平，从而造成发展中国家收入分配差距大于发达国家。

根据各类评价指标，我国目前的发展阶段处于上中等收入发展阶段，为现代化发展、工业化发展、城镇化发展的中后期，是人口老龄化快速发展阶段，仍然处于社会主义初级阶段，属于发展中国家。当前时期我国经济社会发展特殊性的动态特征是由改革开放以来的经济高速增长阶段转变为高质量发展阶段。这一特定发展阶段和时代特征，对我国目前国民收入分配格局、劳动收入和资本收入占比等都产生了重要影响。

## 第六节 市场机制的发育程度

我国的基本经济制度内容之一是实行社会主义市场经济体制，也就是发挥市场在资源配置中的决定性作用，更好发挥政府作用。其中市场发挥作用的途径是市场机制，即市场主体之间的结构关系和市场运行的规则和方式。一般来说，市场机制主要包括五种机制内容。

一是自主决策机制。也就是在经济运行中，在社会生产总过程中的生产、分配、交换、消费各环节，让个人和企业等市场主体在不违法的前提下自主决策。政府只是在客观必要时才干预经济运行，并且尽量采取法律、经济、指导等方式而减少使用行政手段，这也就是所谓市场经济是法治经济。对于公民和社会组织来说，享有不违法前提下的最大自主决策权，“法无禁止即可为”，对于政府来说，应充分发挥市场主体的积极性、主动性、创造性，减少公权力对权利的干预，“法无授权不可为”。

二是自负盈亏机制。也可称为风险机制，就是在经济运行中，各市场主体可以为了维护和增加自身利益而作出不违法的决策，并且享有由此带来的合法利益，同时也要承担决策失误时自身利益受损的风险后果。

三是供求机制。也就是由市场主体自主决定商品和服务的供给与需求，由需求方自主决定需求什么、需求多少、可接受的价格等，由供给方自主决定生产什么、生产多少、如何生产、可接受的价格等。与此相关联的是由供给方自主决定行业准入、投资方向等。

四是价格机制。也就是由商品和服务的供给方与需求方平等协商、相互博弈，自发形成商品和服务的市场价格。市场价格又传导到生产要素资源配置、企业内部管理、产品和技术的创新等方面。

五是竞争机制。也就是市场主体为了维护和增加自身利益而公平竞争，需求方之间通过提高出价而竞争，供给方之间通过提高商品和服务的质量、降低商品和服务的价格、提供新产品和新服务等方式而竞争。

市场机制的发育程度对居民收入分配具有很大的影响，其大致可以分为两类。

第一类情况是发育良好的市场机制能促进分配方式公平，但难以缩小收入分配差距。发育良好的市场机制，其自主决策机制作用、自负盈亏机制、供求机制、价格机制、竞争机制等都能充分发挥作用，因而可以实现资源最优配置，提高社会劳动生产率，改进管理，促进创新，从而实现以最小成本产生最大产出的经济目标。但是正如经济学理论所论证指出，发育良好的市场机制本身也存在“市场失灵”，包括市场不能提供公共产品、会产生外部效应、存在信息不对称、难以消除自然垄断、会出现收入分配失灵等。发育良好的市场机制造成收入分配失灵，是因为不同市场主体的实力、能力、机遇等存在差别，在公平正常的市场竞争中，有的市场主体会成功从而获得高收入，而有的市场主体则会失败从而收入低，最高收入与最低收入之间的差距往往很大。这种收入差距是公平竞争的结果，因而收入分配方式是公平的，但过大的收入水平差距不符合“收入差距适当”的理想状态。

第二类情况是不成熟的市场机制将制约国民总收入增长，并且导致收入差距不公平地扩大。如果自主决策机制、自负盈亏机制、供求机制不健全，那么将会影响市场主体的活力和创造性，阻碍经济发展和国民总收入增长。如果价格机制不健全，那么扭曲的价格将导致资源的错误配置，也会阻碍经济发展和国民总收入增长。如果竞争机制不健全，出现非自然垄断、官商勾结、假冒伪劣、强迫交易等各种不公平竞争现象，那么违法违规的市场主体将会轻易获得暴利收入，扩大居民收入差距，而且这种差距不合法、不合理、不合情。

## 第七节　具有收入分配效应的社会现象

这里所称的“具有收入分配效应的社会现象”，指的是人类社会中客观存在的除以上六个方面之外对居民收入分配具有重要影响的其他社会现象。人类社会是极其复杂的大系统，对于某个居民来说，将影响其收入分配的因素由内到外、从微观到宏观排列，除自身能力素质和综合实力、本人的社会资本、所在工作单位的特征、个人所在的地域环境、国家的收入分配制度和所处发展阶段、市场机制的发育程度等可见的因素之外，还有一些不可见的因素作为社会现象而同样具有收入分配效应。随着人类对社会大系统认识的深化，这些不可见的社会现象不断浮出水面。目前来看，不可见的具有收入分配效应的社会现象至少包括四种类型。

### 一、不等价交换

在社会生产总过程理论中，交换被表述为与分配并列的环节，但在实际生活中，交换也可能是一种分配。因为现实中的交换既可能是等价交换，也可能是不等价交换，而在不等价交换中，价值少的一方从价值大的一方获得了转移收入，从而使对方收入减少而自己收入增加。

经济学理论对不等价交换的原因做了很多研究，主要包括五个方面。一是市场的正常供求变化。在难以计数的各类商品市场上，商品的供给量和需求量处于均衡从而形成商品均衡价格并不是常态。很多情况下，商品供给量和需求量会由于各种原因而发生增加或减少的变化，引起商品价格发生高于价值或低于价值的变化。二是信息不对称。由于商品销售方对商品的信息了解比较全面，而消费方却难以全面了解，形成双方信息的不对称，使得商品消费方为了不遭受损失而只接受以低于价值的价格购买该商品。三是市场竞争。一些生产主体为了提高市场占有率，可能会采取降低商品价格的方式与其他生产主体竞争，从而使商品价格发生低于价值的变化。四是垄断。处于垄断地位的生产主体故意减少商品供给量，造成商品供不应求，使商品价格发生高于价值的变化。五是国家对商品价格的管理和调控。国家运用经济、法律、行政等手段，对关系国计民生的重要商品的价格进行管理和调控，或者实行国家定价，或者实行最高或最低限价，或者规定指导价，或者规定价格上涨的幅度或频率，或者规定政府托底的保护价等，从而使商品价格发生高于或低于价值的变化。

除以上原因之外，深入分析研究实际生活情况可以发现，造成不等价交换的原因还包括以下七种情形。一是消费者“买涨不买跌心理”。当消费者预测某种商品的价格将会上涨而且担心这种上涨时，会在商品价格上涨过程中购买这种商品，从而抬高了商品价格。二是消费者“虚荣心理”。一些消费者为了满足虚荣心而愿意支付与品质不对等的高价格去购买奢侈品。三是消费者“参照系错觉心理”。消费者在不同种类的商品市场、同一种类但档次不同的商品市场中，由于受周围作为参照物的其他商品价格的影响，对目标商品价格高低的判断出现了错误，从而高估或低估该商品的价值。例如，消费者在菜市场买菜，可能为了少付几毛钱而斤斤计较，但是当其在房地产市场买房时，多支付几万元也可能无所谓。同样一个商品，在平价超市定价 100 元都可能被消费者觉得价格过高，但是放在高档商场与几千元、几万元的商品一起销售时，同一消费者可能觉得标价 500 元都非常便宜。四是交换双方悬殊的实力和境地。弱势一方有时候由于迫切需要交换而不得不接受损害自己利益的价格，有时候由于对自己所出售商品的不自信或夸大实力强大的对方的商品价值而扭曲了价格。五是供给方“最优品加价”。这指的是很多高收入者在生活中愿意购买最好的商品而不考虑价格，这使得最好商品的供给方在市场上处于供不应求的地位，可以提出加价要求，从而实现了与第二名商品相比性价比不匹配的高得多的价格。比如一些超一线城市的商品房。六是国家对外汇汇率的调控。当被调控的汇率背离了两种货币真实价值关系时，会使进出口商品的价格高于或低于价值。七是对市场的违法操纵行为。比如暴力或威胁强买强卖、以虚假信息欺骗消费者、市场炒作等行为，会扭曲价格与价值的关系。

## 二、通货膨胀

通货膨胀指的是中央银行发行的货币数量超过了商品流通所需要的货币数量从而引起的货币贬值，包括需求拉动型、成本推动型、国外输入型等不同类型。与实物交换的原始社会不同，现代社会的国民收入是以货币形式进行分配，商品和服务的市场交换也是以货币形式计价，因此当货币贬值时，拥有货币的市场主体的实际收入和货币资产也就发生了价值数量的变化。一般来说，通货膨胀对各类市场主体的收入影响具有三方面特征。

一是减少实际工资收入。工资收入是劳动者从用人单位获得的劳动报酬。劳动报酬的多少通常是由政策规定（机关、事业单位）或者在劳动合同中约定（企业、个体经济组织、民办非企业单位），支付周期通常是按月，只有少数企业高层管理者是按年计算年薪，也有少数非全日制用工劳动者是按时或按周计算薪资。在通货膨胀时期，货币每天都可能贬值，但政策规定或劳动合同约定的工资数量却难以及时变更提升，因此劳动者获得的工资收入实际上已经贬值，也就是其实际收入被动减少。

二是减少利息租金等非生产要素财产性收入，以及其他生产要素收入、政府转移收入。利息、租金等非生产要素财产性收入，管理、技术、土地等其他生产要素收入，通常也是在合同中约定明确的数量，政府转移收入则通常由法规政策作出规定，都难以经常动态地调整。在货币每天都可能贬值的通货膨胀时期，居民在获得这些收入时其实也已经贬值，实际收入被减少。

三是增加商品和服务供给者的经营收入、资本收入。商品和服务的供给者由于拥有了实物，其在出售这些商品和服务时，可以随时根据通货膨胀情况、本企业或个体经济组织成本上涨情况等，调整销售价格，从而消除通货膨胀对本企业或个体经济组织成本上涨的影响，确保自身收入不受损失，甚至还可以借机进一步提高销售价格而获得更多利润。因此，通货膨胀增加了商品和服务供给者的经营收入、资本收入。

## 三、马太效应

美国学者罗伯特·莫顿根据《圣经》中“马太福音”篇“凡有的，还要加给他叫他多余；没有的，连他所有的也要夺过来”，总结出一种社会现象，称之为“马太效应”，即任何个体、群体或地区，一旦在某个方面获得成功和进步，就会产生积累优势，有更多的机会取得更大的成功和进步。其中最典型的是在收入分配方面，富人越富，穷人越穷。

为什么人类社会存在马太效应现象，导致富人越富，穷人越穷？根本原因在于积累。富人有更高的收入，更多的财富，其可以在教育、营养、医疗等方面加大人力资本投资，提高自身能力素质；其可以结交更多富人和有知识的人，积累更多社会资本；其可以进入更好的工作单位或者有资本自主创业，获得经营收入和资本收入；其可以通过出租不动产、购买升值不动产、进行投资理财等，获得更多非生产要素财产性收入。即使富人不参与任何劳动和经营，仅仅将财产资金存入银行，其收入也可以不断增长。

除以上合法、合理、合情的积累之外，马太效应在现实中还表现在一些不合理、不合情的行为方面。比如一些地方政府部门在政府采购、资源出让、招商引资方面，为达到简便操作、规避责任等目的，往往不按照法定的招投标等竞争程序选定合作对象，而是根据刻板印象确定大企业作为合作对象，这也使得大者越大，强者越强，收入高者越高。

当然，社会学家也观察到另一种与马太效应相平衡的社会现象，即“富不过三代”，描述的是一些高收入的富豪家庭，其子孙往往骄奢淫逸，不思进取，结果前辈的高收入和积累的财富被子孙后代继承后，可能到第四代就损失殆尽。

## 四、具有不确定性的运气

马克思主义哲学的认识论反对世界不可知论，认为世界是可以认识的。这是符合客观实际的论断。人类的哲学和科学研究的就是自然界和人类社会、人类意识的客观规律，探寻事物发展的确定性。个人和社会组织在经济活动中也遵循理性原则，努力发现确定性并用之创造财富、获得收入。与此同时也要看到，与世界总体上是可以被认识相并列的是，由于作为认识对象的世界具有高度复杂性，而个人、群体乃至整个社会在特定时期的认识水平是有限的，因此事物的发展还存在很多对于个人来说不可知、不可想、不可控、不可抗的不确定性，社会习惯上称之为“运气”。当对于个人来说不可知、不可想、不可控、不可抗的不确定性给其带来利益时，称之为“运气好”；带来损害时，则称之为“运气差”。在居民收入分配方面，运气往往也产生着增加其收入或减少其收入的重要影响。

通常来说，影响居民收入分配的运气主要包括七个方面。

一是意外病残。居民患上意料之外的重病或者受到工伤伤害，会严重影响个人的工作和生活，从而影响其收入水平。

二是安全事故。突发的火灾、化工企业的爆炸等，可能会给临近的企业和居民家庭造成灾难，在不能全额获得责任方或商业保险赔偿的情况下，可能严重影响个人的收入水平。

三是自然灾害。地震、海啸、塌方、泥石流、洪涝、干旱等各种自然灾害，可能会破坏企业、个体经济组织、农户的生产经营，严重影响其收入水平。

四是传染病。重大人类传染病或动植物传染病的传播，比如2020年年初开始发生的新冠肺炎疫情，会严重影响经济和社会的运行，一些受冲击大的行业的企业可能因此而破产，一些居民可能因此而失业，严重影响居民收入水平。

五是市场的波动。证券、期货、房地产等容易发生投机行为的市场，波动往往比较剧烈且难以预测，有的人可能因此而暴富，也有的人可能因此而破产，对居民收入产生双向的巨大影响。

六是政治和社会的动荡。当一个国家的政治和社会发生动荡时，秩序会变得混乱，大多数人的收入和财产会受到损害，而少数人的收入和财产可能增长，对居民收入产生双向的巨大影响。

七是发生小概率事件。有一些事件的发生客观上概率是很小的，当其发生时，对相关人员来说基本上是出乎意外的。如果这样的小概率事件发生并且影响了相关人员的收入，那么往往也被称为“运气”，比如购买彩票并中大奖。

# 第六章
# 坚持和巩固中国特色收入分配基本制度

本论文第四章通过将居民收入分配结果的现实状况与理想状态进行对比分析，得出了我国居民收入分配结果现状总体上趋向于理想状态，但也还需要进一步努力的结论。这一结论表明，中国在居民收入分配领域总体上取得了巨大成就。那么取得巨大成就的最关键直接因素是什么呢？第五章分析了影响居民收入分配结果的七类因素，那么其中哪类因素是决定性因素呢？从理论和实践上探究这两个问题，答案都是：国家的收入分配制度。国家的收入分配制度间接影响甚至决定着居民收入分配结果的其他影响因素，其中的核心内容（狭义的收入分配制度）更是一个国家的基本经济制度，直接决定了国民收入如何分配、居民收入的分配方式。比如第五章分析的七类影响因素，都是基于第三章第一节分析的现实中八类居民收入分配方式，后者又是基于改革开放以来实行的收入分配制度。如果是在改革开放之前的计划经济时期，根据当时的收入分配制度，居民不得获取经营收入、资本收入，居民的经营能力、家庭财富也就不是收入分配结果的影响因素。

那么中国现行的是怎样的收入分配制度，这一制度哪些方面做得很好，应该坚持和巩固？这是本章要探讨的问题。

## 第一节　马克思主义的收入分配观

中国是社会主义国家，马克思主义是我国的指导思想，我国的收入分配制度也必然需要坚持马克思主义收入分配观，同时结合实际与时俱进地发展。马克思主义的根本立场是人民立场，实现每个人自由而全面的发展是马克思主义的最高价值。马克思在憧憬未来的共产主义社会时指出，“代替那存在着阶级和阶级对立的资产阶级旧社会的，将是这样一个联合体，在那里，每个人的自由发展是一切人的自由发展的条件”[①]，共产主义社会是“以每个人的全面而自由的发展为基本原则的社会形式”[②]，是“在保证社会劳动生产力极高度发展的同时又保证每个生产者个人最全面的发展的这样一种经济形态”。[③] 可见，马克思主义的收入分配观一定是维护最广大人民根本利益的收入分配观，符合最广大人民根本利益的收入分配制度才是最好的收入分配制度。

马克思生活的时代，资本主义刚刚兴起，正处于资本原始积累的时期，资本对劳动的剥削十分残酷。劳动者的劳动条件恶劣，工作时间漫长，但工资收入微薄，只能勉强维持生存，即维持劳动力的再生产。同时，生产资料资本主义私人占有同生产社会化之间的矛盾尖锐

① 共产党员网．马克思：共产党宣言［EB/OL］．（2018-04-24）．https://news.12371.cn/2018/04/24/ARTI1524553638408468.shtml#dyz.

② 马克思．资本论：第一卷［M］．中共中央马克思恩格斯列宁斯大林著作编译局，译．北京：人民出版社，1975.

③ 中国社会科学网．马克思：给《祖国纪事》杂志编辑部的信［EB/OL］．（2012-10-29）．http://www.cssn.cn/sjxz/xsjdk/mkszyjd/mkszy_14215/840001/84000/02/201311/t20131124_874410.shtml.

突出，造成社会资源的极大浪费，引起资本主义经济危机。马克思面对这些现象，深刻分析资本主义经济的本质，提出了劳动价值论和剩余价值论，认为价值就是凝结在商品中的无差别的人类劳动，只有劳动才能够创造价值，在价值（收入）分配中资本获得利润，本质上是对劳动者剩余价值的剥削。为此，应该实行生产资料公有制，杜绝私人因为占有生产资料而获得利润的可能性。可见，马克思当时的收入分配观是反对资本参与收入分配的。

那么，马克思的收入分配观主张如何分配呢？答案是在共产主义社会的第一阶段（社会主义社会）实行按劳分配，在共产主义社会的高级阶段（共产主义社会）实行按需分配。马克思在《资本论》第一卷中提出，未来社会将会以劳动时间作为计量个人消费品分配的尺度。这就是我们所说的按劳分配思想。[①] 后来，他在《哥达纲领批判》中，明确地把未来共产主义社会区分为“共产主义社会的第一阶段”和“共产主义社会高级阶段”，并阐述了在共产主义第一阶段将实行“按劳分配”的思想，而“在共产主义社会高级阶段，……在随着个人的全面发展，他们的生产力也增长起来，而集体财富的一切源泉都充分涌流之后，——只有在那个时候，……社会才能在自己的旗帜上写上：各尽所能，按需分配！”[②]

为什么在共产主义社会的第一阶段实行按劳分配呢？马克思说：“消费资料的任何一种分配，都不过是生产条件本身分配的结果”，“如果生产的物质条件是劳动者自己的集体财产，那么同样要产生一种和现在不同的消费资料的分配”。也就是说，生产资料公有制下的消费资料分配制度将不同于生产资料私有制下的劳动获得工资、资本获得利润、土地获得地租的消费资料分配制度，资本、土地不属于私

① 智士才．科学理解马克思的按劳分配思想［J］．行政管理改革，2011（9）．

② 天津财经大学珠江学院．马克思：《哥达纲领批判》［EB/OL］．（2013-11-26）．http://zhujiang.tjufe.edu.cn/zzllkb/2013/1126/c590a6027/page.htm.

人所有，那么也就不能参与分配。与此同时，“劳动者的不同等的个人天赋，从而不同等的工作能力，是天然特权”。因此，在共产主义社会的第一阶段只有劳动能参与分配，而且应按照不同等的劳动进行有差别的分配，即按劳分配。为什么在共产主义社会的高级阶段实行按需分配呢？因为按劳分配虽然体现了平等原则，但是“这种平等的权利，对不同等的劳动来说是不平等的权利”。“所以，在这里平等的权利按照原则仍然是资产阶级的权利”。因此，最理想的状态是随着个人的全面发展，他们的生产力也增长起来，集体财富的一切源泉都充分涌流，不需要担心社会生产效率问题。届时，消费资料的分配也不能再按照不同等的劳动进行有差异的分配，而应该按照每个人的需要进行分配，即社会的每个人各尽所能，按需分配。

在共产主义社会的第一阶段如何实行按劳分配呢？马克思有如下设想。首先，全体劳动者创造出来的新价值（国民收入）要进行社会扣除。如恩格斯所阐述，“不是每一个单个工人成为这种‘自己劳动的十足收入’的所有者，而是纯由工人组成的整个社会成为他们劳动的总产品的所有者，由这个社会把总产品的一部分分配给他们劳动的成员去消费，一部分用以补偿和增加自己的生产资料，一部分积累起来作为生产和消费的后备基金”。[①] 社会所进行的扣除主要包括，“第一，用来补偿消费掉的生产资料的部分。第二，用来扩大再生产的追加部分。第三，用来应付不幸事故、自然灾害等的后备基金或保险基金。……剩下的总产品中的其他部分是用来作为消费资料的。在把这部分进行个人分配之前，还得从里面扣除：第一，和生产没有直接关系的一般管理费用。和现代社会比起来，这一部分将会立即极为显著地缩减，并将随着新社会的发展而日益减少。第二，用来满足共同需要的部分，如学校、保健设施等。和现代社会比起来，这一部分将会

① 恩格斯. 论住宅问题［M］. 北京：人民出版社，2014.

立即显著增加，并将随着新社会的发展而日益增加。第三，为丧失劳动能力的人等等设立的基金。总之，就是现在属于所谓官办济贫事业的部分”。[①] 其次，在进行了社会扣除后，其他的国民收入将按劳动量分配给每个劳动者。“每一个生产者，在作了各项扣除之后，从社会方面领回的，正好是他所给予社会的。他给予社会的，就是他个人的劳动量。”[②]最后，衡量劳动量的标准是劳动的时间或强度。劳动量“就必须按照它的时间或强度来确定”。

## 第二节 新中国成立后至改革开放前的收入分配制度

新中国成立后至改革开放前，我国的收入分配制度经历了多次变迁，一般认为大致可以分为四个阶段，即新中国成立后的前七年（1949—1956 年）、全面建设社会主义时期（1956—1966 年）、“文化大革命”时期（1966—1976 年）、两年“徘徊”时期（1976—1978 年）。

第一阶段，新中国成立后的前七年（1949—1956 年）。在这一时期，经济领域的总基调是对私营经济进行社会主义改造，所有制结构是公有制经济与私营经济并存，但私营经济的比重越来越小。收入分配制度的结构是在公有制经济（国营经济和集体经济）中实行按劳分配，而在其他经济成分中则实行灵活多样的分配方式。由于所有制结构的变化，收入分配制度也呈现“大集中、小自由”的特点，即按劳分配的比重越来越大、其他分配方式的比重越来越小。

第二阶段，全面建设社会主义时期（1956—1966 年）。在这一时期，社会主义改造已经完成，城市经济的所有制结构是国营经济和集

①② 天津财经大学珠江学院. 马克思：《哥达纲领批判》［EB/OL］.（2013-11-26）. http://zhujiang.tjufe.edu.cn/zzllkb/2013/1126/c590a6027/page.htm.

体经济并存，农村经济的所有制是集体经济占绝对主体（另有少数自留地种植自用蔬菜等）。收入分配制度基本上实行的是以城乡分隔为基础、以平均主义为特点的单一的按劳分配，对城市劳动者分配工资，对农民在年底按工分计提收益分红。

第三阶段，“文化大革命”时期（1966—1976年）。在这一时期，收入分配理论出现倒退，按劳分配被斥为“衰亡着的资本主义”，是“资本主义的旧事物”，是“资本主义的分配制度”。按劳分配制度被否定，收入分配的平均化趋势进一步加强。

第四阶段，两年“徘徊”时期（1976—1978年）。在这一时期，收入分配制度并没有大的改变，但其平均化的局面有所改善。

回顾反思新中国成立后至改革开放前的收入分配制度，其具有以下特征。一是生产资料所有制基本上实行完全的公有制，禁止私人作为生产和经营主体出售商品获利，与之相对应的是在收入分配领域禁止资本等其他生产要素参与居民收入分配，居民获得收入的渠道只有劳动，实行按劳分配，以至于在“文化大革命”时期以按需分配的名义实行平均主义的分配。二是在按劳分配的具体制度上，难以提出合理的制度设计。实践中按劳动时间的长短来分配，难以避免出工不出力的“磨洋工”；按劳动强度来分配，难以体现脑力劳动和体力劳动的贡献差别；按职务和级别的高低这种静态特征来分配，难以体现动态的业绩，职务级别高但不干事者的工资却比职务级别低但干出业绩者工资更高；按业绩这种已经凝固的劳动来分配，难以通过破格提拔、提前支付更高工资来激发能力强的劳动者的活劳动、潜在生产力；按全国各地区、各行业、各企业统一的工资标准来分配，难以体现不同地区、行业、企业的劳动生产率差别。三是限制了效率的提高。由于难以提出合理的按劳分配的具体制度设计，当时实行的工资收入分配制度极大地影响了企业、居民的劳动积极性。加上禁止私人从事生产经营活动，企业家精神这种重要生产要素基本上不存在，国民经济发展几乎停滞。到 1978 年，中国的 GDP 总量为 3 678.7 亿元，人均 GDP 仅为 385 元，而 2019 年全国 GDP 总量为 990 865.1 亿元，人均 GDP 达 70 892 元。四是貌似公平实则隐藏着不公平。从表面上看，在当时实行的按劳分配具体制度下，各类人员的工资差距较小，似乎比较公平。但从另一方面看，在企业之间、居民之间不区分劳动生产率的平均化的分配，实际上是不公平的，导致了“大锅饭”。在城镇劳动者内部，由于货币分配之外还有很多住房、医疗、养老、教育等基本民生领域的实物分配，不同职务级别人员之间的差距也是很大的。在城乡之间，由于实行“统购统销”、工业品和农产品价格“剪刀差”政策，城镇劳动者的收入远远超过农民的收入且很不合理，一对文化程度和技能水平不高，往往生产出次等品的城镇劳动者夫妇，在城镇能有住房（尽管面积较小），能看得起病，并且抚养多个子女，退休后能享受养老待遇；但是一对生产粮食这种当时极度短缺产品的农民，却只能过着贫困生活。而且，当时接受不公平分配的农民的比例占全国人口的绝大多数，因为直到 1978 年全国城镇化率也仅为 17.9%。

## 第三节　改革开放后收入分配制度的改革探索

改革开放后，伴随着我国生产资料所有制的改革，收入分配制度也进行了改革，大致可以分为两个阶段。

第一阶段，党的十一届三中全会后至党的十三大之前（1978—1987 年）。在这一时期，重新确立了按劳分配制度。党的十一届三中全会提出“克服平均主义”，会后，以农村为突破口，推行了家庭联产承包责任制。1982 年 12 月 4 日，《中华人民共和国宪法》在第五届全国人大第五次会议上正式通过并颁布实施，提出“中华人民共和国的社会主义经济制度的基础是生产资料的社会主义公有制，即全民所有制和劳动群众集体所有制”“社会主义公有制消灭人剥削人的制度，实行各尽所能、按劳分配的原则”。

第二阶段，党的十三大之后（1987 年至今）。在这一时期，建立了按劳分配为主体、多种分配方式并存的分配制度。随着农村家庭联产承包责任制的产生和推行，城市私营经济的出现，农民以及城市私营经济主体的生产经营利益需要得到认可和保护，资本等其他生产要素参与收入分配也就呼之欲出。1987 年召开的党的十三大，就正式提出了“以按劳分配为主体、以其他分配方式为补充”的原则。这是新中国成立以来我国收入分配制度的历史性变革，是对马克思主义收入分配观的重大发展。此后，1997 年召开的党的十五大提出：“坚持按劳分配为主体、多种分配方式并存的制度。”1999 年 3 月 15 日第九届全国人民代表大会第二次会议通过的《中华人民共和国宪法修正案》补充规定，“国家在社会主义初级阶段，坚持公有制为主体、多种所有制经济共同发展的基本经济制度，坚持按劳分配为主体、多种分配方式并存的分配制度”，这一表述在其后的 2004 年、2018 年宪法修改中均被完整保留下来。

在收入分配制度改革的第二阶段，在坚持按劳分配为主体、多种分配方式并存的分配制度的基础上，党中央根据当时的实际情况也对具体的分配政策进行了改革。党的十四大首次提出在分配制度上要兼顾效率与公平。党的十四届三中全会提出，允许属于个人的资本等生产要素参与收益分配，明确了个人资本作为生产要素参与分配的权利。党的十五大进一步提出，把按劳分配和按生产要素分配结合起来，坚持效率优先、兼顾公平；允许和鼓励资本、技术等生产要素参与收益分配。党的十五届四中全会提出，实行董事会、经理层等成员按照各自职责和贡献取得报酬的办法，认可了管理作为生产要素参与收益分配。随着我国收入分配差距的不断扩大，党的十六大提出，调整和规范国家、企业和个人的分配关系，确立劳动、资本、技术和管理等生产要素按贡献参与分配的原则；初次分配注重效率，再分配注重公平。党的十七大进一步提出，初次分配和再分配都要处理好效率和公平的关系，再分配更加注重公平；逐步提高居民收入在国民收入分配中的比重，提高劳动报酬在初次分配中的比重；创造条件让更多群众拥有财产性收入。党的十八大提出，实现发展成果由人民共享，必须深化收入分配制度改革，努力实现居民收入增长和经济发展同步、劳动报酬增长和劳动生产率提高同步；完善劳动、资本、技术、管理等要素按贡献参与分配的初次分配机制，加快健全以税收、社会保障、转移支付为主要手段的再分配调节机制。党的十八届三中全会提出，健全资本、知识、技术、管理等由要素市场决定的报酬机制，进一步加入了知识这一生产要素。党的十九大提出，坚持按劳分配原则，完善按要素分配的体制机制，促进收入分配更合理、更有序；履行好政府再分配调节职能，加快推进基本公共服务均等化，缩小收入分配差距。党的十九届四中全会提出，坚持按劳分配为主体、多种分配方式并存。坚持多劳多得，着重保护劳动所得，增加劳动者特别是一线劳动者劳动报酬，提高劳动报酬在初次分配中的比重。健全劳动、资本、土地、知识、技术、管理、数据等生产要素由市场评价贡献、按贡献决定报酬的机制。健全以税收、社会保障、转移支付等为主要手段的再分配调节机制，强化税收调节，完善直接税制度并逐步提高其比重。完善相关制度和政策，合理调节城乡、区域、不同群体间分配关系。重视发挥第三次分配作用，发展慈善等社会公益事业。鼓励勤劳致富，保护合法收入，增加低收入者收入，扩大中等收入群体，调节过高收入，清理规范隐性收入，取缔非法收入。

回顾改革开放以来的收入分配制度改革，具有以下五个方面的显著特征。

一是坚持了马克思主义收入分配观的基本原则。每一步改革，都坚持以人民为中心的发展思想，维护最广大人民群众的根本利益，坚持以按劳分配为主体。

二是解放思想，实事求是，与时俱进，求真务实，根据社会主义初级阶段的实际发展了马克思主义收入分配观，在生产资料所有制方面坚持以公有制经济为主体，多种所有制经济共同发展；与之相适应地在收入分配方面，坚持按劳分配为主体、多种分配方式并存，允许资本和其他生产要素参与收入分配，并且不断拓展生产要素的范围。

三是在多种分配方式中，不仅允许资本、技术、管理等其他生产要素按贡献参与分配，即不仅允许生产要素根据其在创造财富的生产经营活动中的贡献参与分配；也包括允许居民的非生产要素财产参与分配，获得利息、租金、买卖价差等财产性收入；还包括通过社会保障、基本公共服务等方式进行与生产要素和居民财产基本无关的按需再分配。

四是坚持兼顾效率与公平的价值取向，并根据实际情况动态调整，努力实现效率与公平的平衡。在 1992 年年初邓小平同志南方谈话之后，党的十四大正式确立社会主义市场经济体制，首次提出收入分配要兼顾效率与公平。为了调动各类生产要素积极性，促进经济发展，党的十五大提出，坚持效率优先、兼顾公平。随着收入分配差距的不断扩大，党的十六大开始提升公平价值的分量，提出初次分配注重效率，再分配注重公平。党的十七大进一步提出，初次分配和再分配都要处理好效率和公平的关系，再分配更加注重公平。

五是对国民收入初次分配与再分配的认识不断深化。党的十五大提出，允许和鼓励资本、技术等生产要素参与收益分配。这是对初次分配认识的深化。党的十六大提出，确立劳动、资本、技术和管理等生产要素按贡献参与分配的原则；初次分配注重效率，再分配注重公平。这一表述增加了参与分配的管理要素，并且明确了各生产要素应按贡献参与分配，同时首次区分初次分配与再分配，是对收入分配认识的进一步深化。党的十八大提出，加快健全以税收、社会保障、转移支付为主要手段的再分配调节机制。党的十九大提出，履行好政府再分配调节职能，加快推进基本公共服务均等化，缩小收入分配差距。这是对再分配手段和目标的认识深化。

## 第四节　坚持和巩固我国现行收入分配基本制度

总的来看，新中国成立以后，党和国家坚持马克思主义收入分配观，突出按劳分配，努力维护最广大人民的根本利益。在计划经济时期，由于思想认识的错误导致政策失误，一方面将按劳分配确立为唯一的分配方式，排斥了其他收入分配方式，影响了经济社会发展的效率，另一方面又未能真正落实好按劳分配原则，在城乡各自内部存在收入分配差距过小的“大锅饭”现象，而在城乡之间存在不公平的较大差距。改革开放以来，党和国家解放思想，实事求是，与时俱进，求真务实，在建立公有制为主体、多种所有制经济共同发展的所有制制度和社会主义市场经济体制的实践中，探索确立了现行的“按劳分配为主体、多种分配方式并存”的收入分配基本制度，并明确其为基本经济制度的重要组成部分。这一收入分配基本制度既实事求是，也充满着智慧，它坚持了按劳分配的主体地位，体现了社会主义制度优越性；但未将按劳分配作为唯一分配凭据，而是允许其他分配方式存在，同我国社会主义初级阶段社会生产力发展水平相适应。同时在改革开放的时代背景下，为了给探索留有足够的空间，除了法律禁止的违法分配方式外它并没有限定多种分配方式的具体形态。

那么，社会该如何理解“按劳分配为主体、多种分配方式并存”？多种分配方式并存是不是如一些观点所言指按劳动、资本、管理、技术等生产要素分配？总结中国改革开放前后的实际，借鉴国际经验，并从理论上对照分析居民收入分配结果理想状态对收入分配制度的要求，作者认为“按劳分配为主体、多种分配方式并存”的延伸内涵应该是“按劳分配为主体，按贡献分配与按需要分配相结合，由市场评价贡献与由政府调节分配相结合”，这也是适合中国国情的理想收入分配基本制度，应该坚持和巩固。

## 一、按劳分配为主体

从实际情况看，如第四章所分析，我国目前居民收入分配现实状况中，尽管还存在不足，但是总的来看已经实现了按劳分配为主体，趋向于符合居民收入分配结果理想状态中“劳动所得最多”特征。

从理论上看，应该坚持和巩固“按劳分配为主体”，有以下几点原因。第一，劳动在经济财富的创造中贡献最大。从纵向上考察，一个国家的自然资源基本上是既定的，而且越是久远之前，其自然资源可能还由于未经采用而越丰富，但是其久远之前创造的经济财富即使不贫乏但也比不上进入现代后那样富足，根本原因就是其居民的劳动生产率越来越高，教育、科技、管理、创新等创造性劳动极大地解放和发展了生产力。从横向上考察，一些非洲、拉丁美洲国家自然资源丰富，但居民受教育程度低，科技、管理落后，导致其产业结构中第一产业占比很大而第二、第三产业占比较小，在第二、第三产业内部结构中也是以低端产业为主，因此长期掉进低收入或中等收入陷阱而难以跨越。与此相反，日本、韩国、新加坡等国家国土面积不大，自然资源不丰富甚至缺乏石油等战略资源，但是其居民受教育程度高，科技、管理先进，这些创造性劳动使得其产业结构不断改进，占据了全球产业链、供应链的高端，民富国强。可见，劳动在经济财富的创造中贡献最大。第二，在经济财富的创造中，提供劳动力生产要素的居民群体最大。在任何国家，拥有资本、土地要素的居民都是少数，而大多数居民主要通过提供劳动，包括体力劳动和脑力劳动、一般劳动和技术、管理、知识产权等智力劳动，去参与经济财富的创造。因此，按劳分配才符合最广大居民的利益。第三，按劳分配为主体的分配方式既符合国家和社会的利益也符合个体的利益，既符合现在的利益也符合未来长远的利益。马克思提出，劳动是人的本质，是人的第一需要。马斯洛的需求层次论提出人的最高需求是自我实现需要，而自我实现依靠的就是人自身创造性的劳动。在一个国家和社会中，只有实行按劳分配为主体，才能够体现劳动的价值和对劳动的尊重，以及社会公众期盼的公平；进而才能够使劳动真正成为人的第一需要，既为国家和社会创造经济财富，也为自身获得收入和更富足的生活；还能够促进人的全面发展，因为不仅在过去劳动创造了人类，而且在未来也只有劳动才能够发展人类。

## 二、劳动以外的其他生产要素贡献也应该成为收入分配的凭据

从实际情况看，党的十五大提出，允许和鼓励资本、技术等生产要素参与收益分配。党的十六大提出，确立劳动、资本、技术和管理等生产要素按贡献参与分配的原则。党的十九届四中全会进一步将生产要素拓展为劳动、资本、土地、知识、技术、管理、数据。如第三章第一节所分析，目前合法的居民收入分配方式也已经包括资本收入和其他生产要素收入。这表明，“多种分配方式并存”包括资本及其他生产要素按贡献参与收入分配。

从理论上看，应该坚持和巩固劳动以外的其他生产要素按贡献参与收入分配。因为在经济财富的创造中，劳动做出了最大的贡献，但并不能认为劳动做出了唯一的贡献。第一，人对经济财富即产品和服务的需要，是由于其使用价值而非价值。在干旱的沙漠里人需要的是能解渴的水，而不是衡量商品价值的货币。当使用价值不被市场需要

时，即使特定的产品和服务已经被创造出来，凝结了人的无差别的劳动价值，但该产品和服务仍然不会被购买，其价值不能被实现。第二，具有特定使用价值的产品和服务的创造，既需要以劳动要素为主导，也需要运用资本、土地、技术、管理等其他生产要素，否则社会生产将无法进行。因此，其他生产要素也为经济财富的创造做出了重要贡献，尽管贡献的大小不同。第三，如果否定其他生产要素为经济财富的创造做出的贡献，不允许其他生产要素参与收入分配，其他生产要素的拥有者可能不会将其投入社会生产或者不会追求最佳的投入方式，资源将不能得到最佳的配置。所以，理想的收入分配制度应该按收入创造中的贡献来分配，其中劳动的贡献最大，因而以按劳分配为主体，同时因为其他生产要素也做出了贡献，因而也应该分配给这些生产要素与其贡献相对应的收入。

## 三、非生产要素的居民财产对劳动力再生产作出的贡献也应该成为收入分配的凭据

从实际情况看，党的十七大提出，创造条件让更多群众拥有财产性收入。如第三章第一节所分析，目前非生产要素财产性收入也已经成为居民合法的收入来源。这表明，“多种分配方式并存”包括非生产要素财产性收入。

从理论上看，应该坚持和巩固非生产要素的财产可以依据其贡献参与居民收入分配。因为人的劳动，以及资本、土地等其他生产要素直接参与了社会生产，在经济财富的创造中直接做出了贡献，因此应该成为收入分配的主要凭据。除此之外，在现实中，还有部分资源只是间接地参与社会生产，甚至未参与社会生产，但也为经济财富的创造做出了贡献，这就是居民财产，其来自于居民未当期消费的积累的收入。当居民将财产储蓄到银行，银行将其借贷给企业从事社会生产

活动时，这部分财产就间接地成了资本而参与了社会生产过程，为经济财富的创造做出了贡献。资本要素从社会生产中获得的收入，也就包含了这部分财产的收入，其通过企业向银行支付贷款利息，银行向居民支付存款利息而分配给这部分财产的拥有者。当居民将财产直接租借给其他居民作为生活消费使用时，比如出租房屋、汽车等不动产，虽然这部分财产未参与社会生产，没有为经济财富的创造做出贡献，但其满足了其他居民的生活需要，替代了其他居民对房屋、汽车等不动产的直接购买消费，为其他居民的劳动力再生产做出了贡献，因此其他居民应该将其收入中用于劳动力再生产的一部分支付给租赁财产的拥有者。可见，不仅劳动不是收入分配的唯一凭据，而且生产要素也不是收入分配的唯一凭据，居民财产不具有生产要素属性时对劳动力再生产做出的贡献也应该成为收入分配的凭据。

## 四、特殊情形下应按需要分配

从实际情况看，党的十六大提出，初次分配注重效率，再分配注重公平。党的十七大进一步提出，初次分配和再分配都要处理好效率和公平的关系，再分配更加注重公平。党的十八大提出，加快健全以税收、社会保障、转移支付为主要手段的再分配调节机制。党的十九大提出，履行好政府再分配调节职能，加快推进基本公共服务均等化，缩小收入分配差距。如第三章第一节所分析，目前政府转移收入、社会转移收入也已经成为居民可支配收入的合法来源。所得税制度、基本公共服务均等化制度也在不断推进实施。这表明，“多种分配方式并存”包括政府转移收入、社会转移收入，而且从广义上看，还包括基本公共服务均等化等不构成居民可支配收入的政府公共产品的分配。这些分配与居民贡献无关，而是为了保障和提升国民福祉进行的分配，属于特殊情形下的按需要分配。

从理论上看，应该坚持和巩固特殊情形下的按需要分配。一方面，经济财富是社会创造出来的财富，因此经济财富的分配（收入分配）应该主要按照在经济财富创造过程中做出的贡献大小以及对劳动力再生产做出的贡献大小来进行分配，这样的按贡献分配不仅公平，而且能够激励居民运用生产要素和财产资源创造更多的经济财富。另一方面，一个社会中往往有部分居民因无劳动能力而不能为经济财富创造做出贡献，文明社会出于人道主义关怀也应该保障其生存，从整个社会来看，还应让收入水平不同的所有居民都能依法享受政府提供的均等化的基本公共服务。因此，一个文明社会的收入分配也应该辅之以按需要分配，即根据当时当地的居民生活水平确定维持一个人基本生活或最低生活所需要的收入水平，并且无偿地向因无劳动能力而不能为经济财富创造做出贡献者提供，同时向所有居民提供均等化的基本公共服务。这就是按贡献分配与按需要分配相结合。

## 五、由市场评价贡献

从实际情况看，在改革开放以来的不断探索中，除机关、事业单位以外的其他用人单位的劳动者报酬由用人单位与劳动者双方协商确定，经营收入和资本利润通过市场竞争确定，土地通过招标、拍卖、挂牌和协议方式出让使用权从而获得土地出让金，知识、技术、管理、数据等生产要素参与收入分配也由供需双方协商确定，可见生产要素参与收入分配是由市场决定而非政府决定。存款利息、房屋租金等非生产要素财产性收入也是由市场决定。党的十九届四中全会明确提出，健全劳动、资本、土地、知识、技术、管理、数据等生产要素由市场评价贡献、按贡献决定报酬的机制。这表明，“多种分配方式并存”明确包含着生产要素由市场评价贡献、按贡献决定报酬，而且实际上还包含着非生产要素财产也可以参与收入分配，分配机制也是由市场评价贡献，按贡献决定报酬。

从理论上看，应该坚持和巩固由市场评价贡献、按贡献决定报酬。这是因为，在市场经济条件下，市场在资源配置中发挥着决定性作用，生产要素和经济资源主要通过市场机制进行配置，法律法规能赋予市场主体最大权利自行决定自己的需求和供给，市场需求决定着资源的配置方向，市场价格决定着资源的配置数量（从而决定生产和供给数量）和配置方式（资源的高效率、低成本利用）。在这种情形下，劳动、资本、土地和其他生产要素在具体的资源配置中贡献的大小以及应分配多少收入，将分别由人力资源市场、金融市场、土地市场、知识产权市场等各类生产要素市场决定，表现为工资、利润、利息等市场价格。非生产要素的居民财产在具体的资源配置中贡献的大小以及应分配多少收入，将由存贷款市场、房屋租赁市场、汽车租赁市场等决定，表现为利息、租金等市场价格。

## 六、由政府对收入分配进行调节

从实际情况看，根据中央要求，党和政府不断出台政策措施，在初次分配环节，调整和规范国家、企业和个人的分配关系，完善按要素分配的体制机制，逐步提高居民收入在国民收入分配中的比重，提高劳动报酬在初次分配中的比重；在再分配环节，加快健全以税收、社会保障、转移支付、基本公共服务均等化为主要手段的再分配调节机制；重视发挥第三次分配作用，发展慈善等社会公益事业；完善相关制度和政策，合理调节城乡、区域、不同群体间分配关系，保护合法收入，调节过高收入，取缔非法收入。这表明，“多种分配方式并存”包含着由政府对收入分配进行调节。

从理论上看，应该坚持和巩固由政府对收入分配进行调节，更好地将市场在资源配置中的决定性作用和政府作用相结合。这是因为，

第一，如第五章所分析，即使在市场机制充分发育成熟的情况下，也存在“市场失灵”，导致收入分配差距过大，难以提供公共产品。需要政府通过再分配制度调节收入分配差距，提供社会保障和基本公共服务。第二，市场机制在现实中往往难以实现完美，在我国发展的现阶段更是存在较大不足，而且通过违法行为获取收入的现象依然存在，需要政府不断完善市场机制，采取法治措施取缔非法收入。第三，调整和规范政府、企业和个人在国民收入分配中的分配关系，合理调节城乡、区域、不同群体间分配关系，更加需要政府采取综合性宏观经济社会政策。

综上所述，“多种分配方式并存”不是如一些观点所言仅仅指按劳动、资本、管理、技术等生产要素分配，“按劳分配为主体、多种分配方式并存”的延伸内涵应该表述为“按劳分配为主体，按贡献分配与按需要分配相结合，由市场评价贡献与由政府调节分配相结合”。具体含义是：国民收入的大部分应该按贡献分配，其中劳动收入为主体，其他生产要素收入、非生产要素财产性收入为补充，各类贡献的大小和收入的多少由市场决定；国民收入的小部分应该按需要分配，履行人道主义的兜底保障职能，其中主要由政府调节，辅之以社会调节，表现为政府转移收入、社会转移收入；政府还应该不断完善制度政策，合理调节收入分配关系，努力实现居民收入分配结果的理想状态。

中国改革开放以来的伟大实践和居民收入分配结果的现实成就，以及对照居民收入分配结果理想状态所作的理论分析都证明，“按劳分配为主体、多种分配方式并存”的中国特色收入分配基本制度，既体现了社会主义制度优越性，又同我国社会主义初级阶段社会生产力发展水平相适应，是党和人民的伟大创造，是适合中国国情的理想收入分配制度，应该坚持和巩固。

# 第七章
# 完善和发展中国特色收入分配具体政策制度

本论文第六章分析认为，居民收入分配结果取得的成就主要归功于收入分配基本制度的优越，尤其是作为基本经济制度重要组成部分的“按劳分配为主体、多种分配方式并存”的优越，应坚持和巩固。同理，居民收入分配结果存在的不足也应主要归因于收入分配制度的不足，需要完善和发展。因此，在坚持和巩固“按劳分配为主体、多种分配方式并存”的收入分配基本经济制度的前提下，也应该针对目前收入分配领域存在的不足，进一步完善和发展广义的收入分配制度，以更好地调节居民收入分配结果，使其不断趋向理想状态。那么，应该如何完善和发展中国特色收入分配具体政策制度呢？总的思路是：针对第四章分析的居民收入分配结果中存在的问题，即分配方式公平、收入差距适当方面存在较大不足，劳动所得最多、主体比例适合方面需要改进，体现公平原则、发挥激励功能不够等问题，重点从第五章分析的居民收入分配结果的七类影响因素上着手，通过改变影响因素进而改进居民收入分配结果。

## 第一节 调节国民收入分配关系增加居民收入

从国际比较来看，我国居民收入在GDP中占比、劳动报酬在GDP中占比均处于较低水平。在存在大量外贸顺差的“世界工厂”时期，劳动者在社会生产总过程中的角色主要是劳动力生产要素，生产出来的产品和服务销往国外，因而可以保持社会生产总过程的循环不中断。但是在国际贸易基本平衡的新时期，社会总需求“三驾马车”中的净出口值很小，国内消费需求在GDP中的贡献必须较大幅度提升，因此劳动者在社会生产总过程中的角色不仅是劳动力生产要素，而且是消费者，提高劳动报酬在居民收入和GDP中占比、居民收入在GDP中占比就具有高度重要性。如第四章所分析，2019年，我国居民收入在GDP中占比为43.4%，如果提高到俄罗斯、巴西和南非等金砖国家2009年的60%左右，那么需要提高16.6个百分点，超过16万亿元；我国居民人均劳动所得只占人均GDP的31.6%，如果提高到巴西、南非2009年的接近50%，那么需要提高18.4个百分点，超过18万亿元。可见，提高劳动报酬在居民收入和GDP中占比、居民收入在GDP中占比还具有高度紧迫性。在实践中，党的十七大以来的历次党的代表大会都提出，要逐步提高居民收入在国民收入分配中的比重，提高劳动报酬在初次分配中的比重。从国家统计局发布的现有数据看，2013年，全国居民人均可支配收入18 311元，占同年人均GDP 43 684元的41.9%；全国居民人均可支配劳动收入（工资性收入和经营净收入）13 846元，占同年人均GDP的31.7%。从2013年到2019年，劳动报酬在GDP中占比不升反降了0.1个百分点，居民收入在GDP中占比也仅提升了1.5个百分点，可见，提高劳动报酬在居民收入和GDP中占比、居民收入在GDP中占比还具有高度艰巨性。

结合当前实际情况，建议重点从以下几个方面着手，提高劳动报酬在居民收入和 GDP 中占比、居民收入在 GDP 中占比。

## 一、提高农民工等普通劳动者工资收入

2019 年，全国农民工总量达到 29 077 万人，其中本地农民工 11 652 万人，跨乡镇外出农民工 17 425 万人。在外出农民工中，年末在城镇居住的进城农民工 13 500 万人。全国农民工月均收入 3 962 元，其中外出农民工月均收入 4 427 元。① 2019 年，全国城镇非私营单位就业人员年平均工资为 90 501 元②，月均 7 542 元；城镇私营单位就业人员年平均工资为 53 604 元③，月均 4 467 元。全国外出农民工月均收入略低于城镇私营单位就业人员月均工资，但只相当于城镇非私营单位就业人员月均工资的 58. 7%。提高农民工等普通劳动者工资收入，不仅可以改善他们的生活水平，而且可以增加国内消费需求。为此，提出以下几点建议。

一是完善工资指导线制度，建立统一规范的企业薪酬调查和信息发布制度。区分企业经营管理者和一线劳动者分类发布工资指导线，指导促进一线劳动者每年工资增长幅度高于 GDP 增长幅度。

二是大力推行工资集体协商制度。政府部门指导，充分发挥大企业工会、街道和社区工会、行业工会组织的作用，在大企业内部开展企业工资集体协商，对于中小微企业开展区域性或行业性工资集体协

---

① 国家统计局. 2019 年农民工监测调查报告［R/OL］.（2020-04-30）. http://www.stats.gov.cn/tjsj/zxfb/202004/t20200430_1742724.html.

② 国家统计局. 2019 年城镇非私营单位就业人员年平均工资 90 501 元［EB/OL］.（2020-05-15）. www.stats.gov.cn/xxgk/sjfb/zxfb2020/202005/t20200515_1767714.html.

③ 国家统计局. 2019 年城镇私营单位就业人员年平均工资 53 604 元［EB/OL］.（2020-05-15）. http://www.stats.gov.cn/xxgk/sjfb/zxfb2020/202005/t20200515_1767713.html.

商，促进工资增长总体上适当快于利润增长，同时调动劳动者积极性、提高劳动生产率。

三是落实最低工资保障制度，维护低收入劳动者的工资权益，发挥收入的保障功能。参考当地就业者及其赡养人口的最低生活费用、城镇居民消费价格指数、职工个人缴纳的社会保险费和住房公积金、职工平均工资、经济发展水平、就业状况等因素，每年度调整一次最低工资标准，特殊情况下每两年调整一次，使其达到当地城镇从业人员平均工资的40%以上。研究发布部分行业最低工资标准。

四是依法保障被派遣劳动者的同工同酬权利。严格执行《中华人民共和国劳动合同法》及相关法律法规规定，严格规范劳务派遣用工行为，对违反同工同酬的用人单位严肃查处。

## 二、实现农民工等普通劳动者参加社会保险应保尽保

根据人力资源社会保障部发布的数据，2017 年年末，全国参加城镇职工基本养老保险的农民工人数为 6 202 万人，参加基本医疗保险的农民工人数为 6 225 万人，参加失业保险的农民工人数为 4 897 万人，参加工伤保险的农民工人数为 7 807 万人。[①] 同年，国家统计局数据显示，全国农民工总量达到 28 652 万人，其中跨乡镇外出农民工 17 185 万人；在外出农民工中，进城农民工 13 710 万人。[②] 另据国家统计局发布的 2015 年农民工数据显示，2015 年全国外出农民工中受雇就业的比重为 94. 1%。[③] 据此估算，全国应当依法参加职工基本

---

① 人力资源社会保障部. 2017 年度人力资源和社会保障事业发展统计公报［R/OL］.（2018-05-21）. www. mohrss. gov. cn/SYrlyzyhshbzb/zwgk/szrs/tjgb/201805/t20180521_294287. html.

② 国家统计局. 2017 年农民工监测调查报告［R/OL］.（2018-04-27）. www. stats. gov. cn/tjsj/zxfb/201804/t20180427_1596389. html.

③ 国家统计局. 2015 年农民工监测调查报告［R/OL］.（2016-04-28）. www. stats. gov. cn/tjsj/zxfb/201604/t20160428_1349713. html.

养老保险、职工基本医疗保险、失业保险、工伤保险的农民工总数至少有 12 900 万人。除工伤保险参保率达到 60%之外，参加职工基本养老保险、职工基本医疗保险的比例不到 50%，参加失业保险的比例不到 40%。

在外出农民工中，1980 年及以后出生的新生代农民工自 2010 年起已超过一半，成为农民工主体。他们中多数希望在城市定居成为新市民，尤其是 2000 年及以后出生的新世纪一代农业转移人口，绝大多数接受过高等教育或中高等职业教育，毕业后在城市第二、第三产业就业创业，市民化的愿望更加强烈，如果不能参加社会保险尤其是职工基本养老保险、职工基本医疗保险，那么将来退休后在城市将难以维持基本生活。因此，建议国家采取强有力的措施依法推进农民工参加社会保险工作，要确保新生代农民工、新世纪一代农业转移人口应保尽保，从而既维护农民工社会保险权益，又促进新型城镇化健康发展，还能调节企业和居民之间国民收入分配关系。

## 三、对小微企业、部分行业和普通劳动者减税

虽然在国民收入分配中企业部门所占比例偏高，但是在企业部门内部也存在收入分配结构不平衡问题[①]，资源类、垄断性行业等利润占比较大而部分行业利润占比较小，大中企业利润占比较大而小微企业利润占比较小。2020 年，为了应对新冠肺炎疫情的冲击，国家采取减税降费措施，全年新增减税降费超过 2.5 万亿元[②]，有效帮助广大市场主体特别是中小微企业减轻负担，有力有效服务了“六稳”“六保”大局，为统筹推进疫情防控和经济社会发展做出了积极贡献。建

① 刘克崮．如何调整国民收入分配大格局［J］．中国新闻周刊．2020（971）．

② 中国政府网．超 2.5 万亿元！2020 年减税降费政策很给力［EB/OL］．（2021-01-09）．www.gov.cn/xinwen/2021-01/09/content_5578358.htm.

议国家在提高农民工等普通劳动者工资收入，实现农民工等普通劳动者参加社会保险应保尽保的同时，总结应对新冠肺炎疫情冲击的经验做法，有针对性地减税降费，重点对象是小微企业，以及装备制造业、高科技产业、一般制造业、流通行业、服务业，而对大中型金融企业、房地产行业、资源类行业、垄断性行业不应将其纳入减税降费范围甚至可适当提高其税率费率。

根据现行《中华人民共和国个人所得税法》规定，居民个人取得的综合所得（含工资、薪金所得，劳务报酬所得，稿酬所得，特许权使用费所得），按纳税年度合并计算个人所得税；纳税人取得的经营所得，利息、股息、红利所得，财产租赁所得，财产转让所得，偶然所得，分别计算个人所得税。其中，居民个人的综合所得，以每一纳税年度的收入额减除费用6万元以及专项扣除、专项附加扣除和依法确定的其他扣除后的余额，为应纳税所得额；经营所得，以每一纳税年度的收入总额减除成本、费用以及损失后的余额，为应纳税所得额。2019年，全国个人所得税总额为10 388.53亿元，比2018年的13 871.97亿元减少了3 483.44亿元。考虑到劳动报酬等综合所得的免征额只有每年6万元，而全国城镇非私营单位就业人员年平均工资为90 501元，相差约3万元，建议将免征额大幅提高到全国城镇非私营单位就业人员年平均工资水平，并定期调整，以免除工资收入在平均水平以下劳动者的个人所得税，提高劳动报酬和居民收入在国民收入分配中的占比。

## 第二节　调节居民收入分配关系缩小收入差距

根据第二章至第四章的分析，居民收入分配结果理想状态的特征之一是“收入差距适当”，即形成“橄榄型”收入分配格局，将全国基尼系数控制在 0.4 以下；参照国际上 20%的最高收入群体的平均收入和 20%最低收入群体的平均收入之比，美国为 8.4 倍、印度为 4.9 倍、俄罗斯为 4.5 倍、日本为 3.4 倍的状况，将我国城乡全体居民五等份法划分群体收入差距控制在 5 倍以内。而目前我国居民收入差距的现实状况与理想状态相差较大，其中城乡收入差距问题最突出，区域收入差距问题也比较严重，叠加了城乡收入差距以后的群体收入差距最大，所有制收入差距虽然可以部分归因于国有企业普遍规模大、实力强从而收入水平更高，但也存在垄断等不合理因素造成的收入差距。为了实现理想状态，国家应该进一步完善和发展收入分配制度，加大收入差距的调节力度，努力缩小城乡、区域、群体之间的收入差距。建议重点从以下几个方面着手。

## 一、推进城乡融合发展

目前我国居民收入差距方面最突出的问题是城乡收入差距较大，而城乡收入差距较大的直接原因是农村人均土地等资源过少，农业劳动生产率过低，农村基础设施和基本公共服务不足。为此，应按照同步推进新型工业化、信息化、城镇化、农业现代化的要求，推进城乡融合发展，逐步将农村富余劳动力和人口转移到生产力更高的城镇第二、第三产业就业创业，从而提高其收入水平，也为工业反哺农业、城市支持农村打下物质基础。留下少部分农业劳动力和人口在农村人均占有更多土地等资源，从事现代化农业生产经营，加上工业和城市在农村基础设施和基本公共服务上的反哺和支持，从而也能提高其收入水平，努力将城乡收入差距控制在 2 倍以内。推进城乡融合发展，要通过抓组织领导体系、抓规划、抓财政、抓金融、抓土地、抓户籍制度改革、抓市场机制，来实现统筹城乡产业发展，统筹城乡就业和社会保障，统筹城乡基础设施建设，统筹城乡基本公共服务供给，统筹城乡社会治理。当前最重要的任务是坚持“两手抓”。

一方面，加快推进以农民工为主体的农业转移人口市民化。自工业革命以来，世界上绝大多数国家发展的目标都是努力实现现代化。现代化的过程，就是由农业社会转型为工业社会，进而转型为后工业社会的过程，会经历工业化、城镇化、农业现代化阶段。在此期间，必然伴随着农业人口转移，即初始的农业社会里占劳动力绝大多数的农业劳动力逐渐由务农转变为从事第二、第三产业，占总人口绝大多数的农业人口逐渐由农村居民转变为城镇居民，剩下的少数农业劳动力人均占有更多的土地资源，为农业现代化提供必要条件。这是人类社会发展的客观规律。目前，在已经实现现代化的国家，农业增加值占 GDP 的比例降到了 10%以下，农业劳动力占全部劳动力的比例降到了 10%以下，农村居民占总人口的比例降到了 30%以下，其中最发达国家农业劳动力占比不到 5%，农村居民占比不到 20%。中国发展的目标也是努力实现现代化，在此进程中也必然遵循农业人口转移的客观规律。为此，党的十八大在改革开放以来农民工发展的基础上提出了“有序推进农业转移人口市民化”的目标。党的十九大进一步提出，到 2035 年基本实现社会主义现代化，加快推进农业转移人口市民化。落实这一战略性目标任务，必须切实改变城乡二元管理的体制和观念，着力推进四个方面的工作：一要着力稳定和扩大农民工在城镇就业创业，二要着力维护农民工劳动和社会保障权益，三要着力推动农民工在城镇落户或者持居住证逐步平等享有市民权益，四要着力促进新市民与老市民社会融合。

另一方面，全面推进乡村振兴。“三农”工作历来是党和国家工作的重中之重。改革开放以来，先后实施了家庭联产承包责任制改革、发展乡镇企业、扶贫开发、农业劳动力转移就业、新农村建设等重大战略。2017 年，党的十九大作出实施乡村振兴战略的重大决策部署。2018 年中共中央、国务院印发《关于实施乡村振兴战略的意见》

《乡村振兴战略规划（2018—2022年）》。2020年中央农村工作会议提出，从2021年开始，“三农”工作重心要从打赢脱贫攻坚战转移到全面推进乡村振兴，“十四五”期间要做好巩固拓展脱贫攻坚成果同乡村振兴有效衔接。全面推进乡村振兴是推进城乡融合发展的另一翼，从“十四五”时期开始，应按照党和国家决策部署，一要提升农业发展质量，培育乡村发展新动能，实现产业兴旺；二要推进乡村绿色发展，打造人与自然和谐共生发展新格局，实现生态宜居；三要繁荣兴盛农村文化，焕发乡风文明新气象，实现乡风文明；四要加强农村基层基础工作，构建乡村治理新体系，实现治理有效；五要提高农村民生保障水平，塑造美丽乡村新风貌，实现生活富裕。产业振兴是乡村振兴的基础，要鼓励和引导人才、资金等生产要素留在农村、流向农村，发展农民专业合作社、家庭农场等新型经营主体，支持适度规模经营，促进第一、第二、第三产业融合发展。同时针对农业的脆弱特性，健全农产品价格保护制度，稳步提高重点粮食品种最低收购价，完善大宗农产品临时收储政策。健全农业补贴制度，对农民种粮、购买良种、购买农资农机、参加农业保险等予以费用补贴。

## 二、统筹区域协调发展

统筹区域协调发展是维护国家统一和社会和谐稳定的重要举措，是保持全国人口合理分布的重要手段，也是缩小区域经济发展水平和居民收入水平差距的最关键途径。为此，要在充分发挥各地区主体积极性、主动性、创造性和市场机制作用的基础上，充分利用社会主义中国全国一盘棋、集中力量办大事的制度优势，更好发挥政府作用，实施主体功能区战略和区域协调发展战略。

一是精准支持各地区发挥比较优势。根据主体功能区战略，合理规划各地区在国家内的主体功能定位。在推进西部大开发中，积极推动成渝地区双城经济圈的建设，打造西安等内陆改革开放高地，使西部地区成为面向中亚西亚和欧洲的改革开放前沿地区。在推动东北等老工业基地振兴中，支持其建设面向东北亚的开放合作平台。在推动中部地区崛起中，支持其发挥沟通南北、连接西东的区位优势。在推进东部地区率先发展中，支持其发展海洋经济。

二是统筹规划和实施基础设施建设。用国际化的视野，在全国范围内，统筹规划和实施铁路、公路、水运、航空、油气管道、通信、电力、水资源等基础设施建设，为各地区尤其是欠发达地区发展奠定良好基础。

三是建立东中西部地区产业梯度转移机制。在中西部和东北地区建设一批国家级新区、承接产业转移示范区，通过财税优惠政策和中央预算内投资支持建设园区基础设施和公共服务设施等方式予以支持，引导东部地区的一些产业、技术和人才梯度转移到中西部和东北地区，实现中西部和东北地区丰富的人力资源和自然资源与东部地区资本、技术和人才资源的合理结合利用。

四是建立资源有偿使用补偿机制。由于资源禀赋不同，我国中西部地区的自然资源相对丰富，而东部地区便于城市化和工业化发展。在经济分工中，油气、电力、矿藏等能源和自然资源属于初级产品，处于价值链的低端，而能源使用者和矿藏资源精加工产品处于价值链的中高端，由此带来国民收入分配中的不平衡。同时，为了国家的整体利益，国家实施主体功能区战略，在东部地区中城市化地区占比大，而在中西部地区中农产品主产区、重点生态功能区占比大，农产品主产区、重点生态功能区属于限制开发、禁止开发区域，对其经济发展具有很大约束。因此，国家应建立资源有偿使用补偿机制，对矿藏资源所在地给予更多资源税，对森林、水资源所在地由收益地给予合理的经济补偿。

五是健全东西部协作机制。总结东西部扶贫协作机制的经验做法，在全面推进乡村振兴中继续坚持并不断健全，通过建立东部省、直辖市与西部省、自治区协作机制，东部发达城市与西部市县对口支援机制，采取政府援助、企业合作、社会帮扶、人才交流等方式，帮扶西部地区发展，缩小地区间的经济发展差距和收入差距。

六是健全中央财政转移支付制度。在教育、医疗、就业、养老、住房等基本公共服务方面，中央财政加大对欠发达地区的转移支付力度，提升其承载能力。

七是健全领导干部和专业技术人才双向交流制度。选派东部地区的优秀领导干部和专业技术人才到中西部、东北地区任职或挂职，既推动后者发展，又发挥人才的“传帮带”作用。同时，选派中西部、东北地区有培养前途的领导干部和专业技术人才到东部地区任职或挂职，在实践中学习新观念、锻炼新能力，期满后回中西部、东北地区工作，服务家乡的经济社会发展。

## 三、努力提高全体居民的能力素质

正如第五章所分析，居民个人的能力素质是影响本人收入水平的重要因素。因此，应努力提高全体居民的能力素质，缩小因能力素质差别而导致的收入差距，增进起点公平。同时，也促进人的全面发展，实现社会发展的根本目标。从目前实际情况看，提高国民能力素质、增进起点公平，应多措并举。

一是实行公立中小学建设标准化。公立中小学教育是基础教育，是传道解惑的开端，是每一个国民都应平等享受的基本公共服务。公立中小学的师生比、课程开设、校园教室面积、教学教育设备、文化体育设施等，相应地应该保持大体一致的水平。但是在目前的实际中，不仅城乡之间、区域之间的公立中小学软件硬件差别巨大，而且同一区、市、县内城镇公立中小学之间或者农村公立中小学之间的条件都可能差别很大，一些所谓重点学校的软硬件可能比大学还要好，而普通学校尤其是外来人口子弟学校的条件却达不到基本要求。为此，应出台和实施法律法规及强制性公立中小学建设标准，对同一区、市、县内公立中小学的校园教室面积、教学教育设备、文化体育设施以及师生比、生均教育经费、建设经费等实行统一，禁止出现学校经费和建设水平相差悬殊的现象。

二是实行农村教师县域内统筹调配。一般来说，县城的工作条件和生活条件比乡镇、村更为优越，不同乡镇、村之间也可能存在经济发展水平和自然条件的差别，因此在人力资源市场的配置下，设立在乡镇、村的公立中小学很难招聘到优秀教师，招人难、留人难是普遍现象。为此，建议在县域范围内对公立中小学教师实行统筹调配，由县级教育部门统一公开招聘，定期轮换工作地点，保障其生活条件和工资收入，让更多优秀教师到乡镇、村公立中小学从教，使农村学生也能得到更好的教育。

三是全面推行中小学生营养午餐。在全国城乡所有的中小学推行营养午餐，设定科学合理的膳食标准，保证中小学学生获得科学合理的营养，促进身体健康发育。其中对城镇低收入家庭和农村家庭的子女免费提供营养午餐。

四是在中小学开设心理学、逻辑学课程。在快速发展的科学技术带动下，现代社会是一个瞬息万变的社会，人的认知结构需要不断进行调整才能正确地描述社会现象、解释社会现象、预测社会现象、评价社会现象、规范社会现象，这给所有人的心理都造成很大冲击。同时，差距较大的收入水平和相差悬殊的生活条件，对于每个人的世界观、价值观、人生观都可能产生很大影响，有的人可能因此而心理扭曲或出现心理障碍。为此，建议在中小学普遍开设心理学、逻辑学课程，从学生时代开始培养自我学习、终生学习、自我调适的能力，形成正确的认知结构，从而在急剧变化和差别巨大的社会中能够正确地认知世界、改造世界，这对于多数人来说可能比物理、化学、生物等知识有用得多。

五是实行免学费接受中职高职教育的政策。目前，我国义务教育毕业后的青年学生职普比为 4∶6 左右，与德国等发达国家相比，接受职业教育的学生比例较低而接受普通教育的学生比例偏高。这既与产业结构、岗位结构不匹配，不利于青年人就业，也与产业结构转型升级对技能人才的需求不相适应。为此，建议在现行试点基础上，普遍实行免学费接受中职高职教育的政策，让部分青年学生根据自身兴趣、特长、条件接受中等高等职业教育，在促进产业结构转型升级的同时，也提高自身就业能力和收入水平。

六是健全教育资助制度。进一步完善普通高中、普通本科高校家庭经济困难学生国家资助政策，逐步提高补助标准。为家庭经济困难儿童、孤儿和残疾儿童接受学前教育提供补助。

七是持续开展农民工免费职业技能培训。目前，我国普通高等教育和中等高等职业教育学位有 1 400 万个左右，而每年新生人口也只有 1 400 万人左右，因此今后的新生人口总体上可以通过在参加工作之前接受普通高等教育和中等高等职业教育解决其能力素质提高问题。今后的在职培训工作定位，应侧重于为接受过普通高等教育和中等高等职业教育的人员提供在岗技能提升、转岗技能学习的服务，以及为已就业农民工提供技能培训的服务。建议在 2021 年年底职业技能提升行动结束后，继续出台实施农民工免费职业技能培训行动方案，提高其就业质量和收入水平。

## 四、完善社会保障制度

改革开放以来，我国的社会救助、社会保险、社会福利、社会优抚等各项社会保障制度已经建立形成基本框架，在保障和改善民生、调节居民收入分配方面发挥了巨大作用。但是目前仍然存在很多不足，需要进一步改革完善。建议当前高度重视并努力推动以下方面的改革。

一是完善基本养老保险制度。2014 年 10 月 1 日起，我国实行机关事业单位工作人员基本养老保险制度改革，但基金与企业职工基本养老保险基金相独立，改革前参加工作且在改革后退休的“中人”待遇计发办法与企业退休职工不同，待遇差距较大。城乡居民基本养老保险待遇与企业和机关事业单位职工基本养老保险待遇的差距则更大，2020 年全国城乡居民基本养老保险金平均每月只有 170 元。待遇领取条件也不公平。为此，建议逐步合并实施机关事业单位和企业职工基本养老保险制度，大幅提高城乡居民基本养老保险待遇。

二是完善住房保障制度。“十三五”期间，国家通过打赢脱贫攻坚战，完成了农村贫困家庭危房改造或重建任务，实现了建档立卡贫困户住房安全有保障。目前住房方面存在的问题主要是城镇部分困难家庭住房面积过小、安全难以保障，以及进城定居农民工住房困难。据国家统计局监测调查，2018 年全国进城农民工在城镇购买住房的比例只有 19%，租房居住的占 61. 3%；每户人均居住面积 20. 2 平方米，其中在 500 万人以上规模城市的农民工每户人均居住面积为 15. 9 平方米，在 50 万人以下规模城市的农民工每户人均居住面积为 23. 7 平方米。为此，建议完善住房保障制度，使全国城镇保障性住房覆盖面达到困难家庭比例，并且加强保障性住房管理，使其真正惠及城镇困难家庭，严禁不符合条件者非法享受保障性住房。同时，可采取限定面积、限定地价、限定房价、市场运作、群体内部循环的方式，面向进城定居农民工群体开发新市民安居房，解决农民工市民化进程中的住房障碍问题。

三是健全社会救助制度。健全城乡最低生活保障制度，建立最低生活保障标准与物价上涨挂钩的联动机制，逐步提高城乡居民最低生活保障水平。提高优抚对象抚恤补助标准。建立健全经济困难的高龄、独居、失能等老年人补贴制度。完善孤儿基本生活保障制度，推进孤儿集中供养，建立其他困境儿童生活救助制度。建立困难残疾人生活补贴和重度残疾人护理补贴制度。

## 五、推进基本公共服务均等化

2012 年出台的《国家基本公共服务体系十二五规划》和 2017 年出台的《“十三五”推进基本公共服务均等化规划》实施以来，我国建立了基本公共服务清单制，确定了公共教育、劳动就业创业、社会保险、医疗卫生、社会服务、住房保障、公共文化体育、残疾人服务等八个领域的 81 个服务项目，并且努力在城乡之间、区域之间、群体之间推进均等化实施，基本公共服务均等化取得显著成就。但是也要看到，目前基本公共服务均等化仍然存在很多不足，在失业保险等一些领域尚未对城乡劳动者实行公平均等的制度，在教育、医疗等一些领域还存在财政投入不均等问题，在文化体育、残疾人服务等一些领域还存在人员、设施、设备供给不均等问题，在养老服务等一些领域还存在未能全面覆盖服务对象的问题，在养老保险、医疗保险等领域还存在服务供给质量差异较大的问题。为此，建议对各项基本公共服务实行服务对象、服务质量、服务方式、经费投入等方面的标准化管理，对服务经费实行中央与地方各级财政共同负担、足额安排的预算管理，进一步推进基本公共服务均等化，让全国城乡居民享受均等化的基本公共服务。

## 六、加大对高收入居民的税收调节力度

正如第三章、第五章所分析，在市场经济条件下，居民获得收入

的渠道多种多样，影响其各种渠道收入水平的因素也多种多样，即使消除了收入分配不公现象、市场机制发育成熟、社会政策完善健全，也还存在市场失灵以及运气等不确定因素造成的收入差距过大问题。为此，国际上对于高收入居民普遍采取税收政策予以调节，我国也实行了超额累进个人所得税、消费税等制度。但总的来看，我国对高收入居民的税收调节力度较小，建议进一步加大力度。

一是健全个人所得税征收机制。目前很多研究提出个人所得税征收的主要对象是中等收入群体，而高收入群体缴纳的个人所得税份额较小，主要原因是征缴机制落后，出现高收入居民逃税现象。建议建立税务部门与不动产登记机构、公安交通车管机构、银行证券保险等金融机构以及其他相关机构的信息共享机制，及时掌握高收入居民购买房屋、汽车、游艇、私人飞机，以及银行存款、证券投资、商业保险等信息，关联核实其申报纳税收入的真实性、准确性、完整性，依法征缴个人所得税，实现应缴尽缴。

二是适时开征房产税。在发达国家，住房保有环节的税收是居住地城市基础设施建设和基本公共服务的重要税收来源，而我国至今只对征收保有环节的房产税进行小范围试点，这既助长了炒房现象，推高了房价，也造成财产性收入差距的扩大。建议适时开征房产税，同时整合调整目前房地产开发、流转环节涉及的诸多收费和税收，将目前重流转环节税收、轻保有环节税收的做法转变为流转与保有环节税收并重的制度。

三是完善消费税制度。合理调整部分消费税的税目和税率，将部分高档娱乐消费和高档奢侈消费品纳入征收范围。

四是适时开征遗产税和赠与税。遗产税和赠与税是财产税系的一个重要组成部分，在调节收入分配差距方面具有重要作用，同时还有助于鼓励居民的捐赠行为，促进慈善与公益事业的发展，实现国民收入的“第三次分配”，缩小收入差距。目前需要先行对开征遗产税、赠与税的制度设计和政策效应等问题深化研究探索，做好理论储备，同时应加快完善财产登记制度和评估制度等相关配套制度的建设，为将来的改革做好准备。

## 第三节　全面推进依法治国遏制不公平的分配方式

如第二章所分析，不公平的收入分配方式是不合法、不合理、不合情的分配方式。不合法分配方式意味着违反了现行法律法规规定，大部分不合理、不合情分配方式的存在也意味着现行法律法规有待完善。因此，遏制不公平的收入分配方式，最关键的举措是要全面推进依法治国。从更深层次来看，古今中外的历史证明，法治是衡量一个国家和社会是否实现现代化的基础指标，全面推进依法治国是我国建设社会主义现代化国家的题中应有之义。推进落实科学立法、严格执法、公正司法、全民守法，能够代表最广大人民的根本利益，让全社会在不违反法律规范的前提下各显其能，充分发挥积极性主动性创造性，增进社会的确定性与和谐稳定，减少社会成员之间的内耗、交易成本以及国家的执法、司法等消极职能成本。为此，建议全面推进依法治国，遏制不公平的收入分配方式，当前要重点从以下几个方面着手。

### 一、预防和打击犯罪，遏制犯罪收入

纪检监察机关和公安部门、检察院、法院等司法机关要加强对党员领导干部和公职人员的教育、管理和监督，严厉查处权钱交易、行贿受贿等犯罪行为，针对廉政风险点完善制约制度，持续营造不敢腐、不能腐、不想腐的环境氛围。要围绕国企改制、土地出让、矿产

开发、工程建设等重点领域，强化监督管理，堵住获取非法收入的漏洞。要严厉打击走私贩私、偷税逃税、内幕交易、操纵股市、制假售假、骗贷骗汇等经济犯罪活动。要深入治理商业贿赂，加强反洗钱工作和资本外逃监控等。

## 二、加强行政执法，遏制行政违法行为获取收入

市场监管、生态环境、住房建设、应急管理、税务、人社、民政、卫生等各类行政部门要加强执法，严肃查处违反行政法律法规，以次充好、虚假宣传、污染环境、降低建筑质量标准、不依法投入劳动保护、偷税漏税、克扣和无故拖欠工资、假借公益组织名义牟利、食品卫生不达标等各种违法行为，使其不能从违法行为中获益，相反要付出沉重代价。目前，执法不严现象比较普遍，一些行政部门不仅不主动对监督检查中发现的违法行为进行处罚，而且有时对投诉举报也怠于查处。行政复议机关和行政法庭要依法监督行政部门的具体行政行为，纪检监察机关对不作为的行政部门和公职人员要依法追究法律责任。

## 三、强化民事案件裁判结果的执行力度，遏制民事违法行为获取收入

改革开放以来，我国民事法律不断充实，到 2020 年 5 月《民法典》颁布，我国已经建立了比较完备的民事法律体系，对人格权、物权、合同之债、侵权之债等均做了详细的规定。在司法实践中，人民法院的民事裁判对民事主体之间止纷定争也起到了巨大作用。但是目前还存在一些生效的民事裁定书、判决书得不到有效执行的问题，胜诉方赢了官司却不能真正维护自身的合法权益，而败诉方虽然输了官司却拒不执行人民法院裁判书，实际上非法侵占了胜诉方的权益而使

自己获取不法收入。为此，建议专项整治败诉方拒不执行生效裁判书的违法问题，对于人民法院执行机构存在不作为的，也要依法追究法律责任。

## 四、规范机关经济行为，遏制利益输送

这里所称的“机关经济行为”，指的是各级各类机关和行使管理职能的事业单位以社会管理者身份或者民事主体身份进行商品买卖的行为，包括以国有资金自行购买办公用品等商品，集中采购计算机、汽车、复印机等大额商品，委托研究机构进行课题研究等委托服务，有偿请社会机构向群众提供基本公共服务等政府购买服务，政府投资工程进行招投标等购买行为，以及土地使用权出让，矿山等自然资源开采权出让，国有企业股权转让，医疗、文化、培训等国有机构改制转让，其他国有资产所有权转让等出售行为。

由于机关权力巨大而行为规范不够科学严谨，机关经济行为的法制化、规范化、经济性不足，部分行使决策或参与机关经济行为的公职人员滥用权力向亲属或利益关系人输送利益，使后者获得不公平收入，而且前者往往也涉嫌腐败。比如一些地方在土地使用权出让过程中收益主要被开发商和其他利益集团占有，农民和集体利益没有得到足够保障；在矿产资源开采权出让过程中收益主要被矿主占有，国家和集体利益受损；在国有企业改制转让过程中企业被低价卖给私人，企业职工有时也从政府获得远远超出法定标准之上的各类补偿，使国家和全体国民利益受损；一些机关主要向特定利益关系人采购商品或服务，以远远高于价值的价格购买商品或服务，有时甚至购买质次价高的商品或服务，建设工程内定给特定利益关系人承包等。

法制化、规范化、经济性不足的机关经济行为，是腐败的“温床”，也会造成公共利益的损失，还会使部分居民利用第五章所分析

的不合理社会资本获得不公平收入，应该予以纠正。为此，建议全面梳理机关经济行为，查找机关自行购买、集中采购、委托服务、购买服务、工程招投标、国有自然资源使用权出让、国有企业改制转让、国有资产出售等机关经济行为的漏洞，进一步细化程序完善制约制度，条件成熟时专门立法，提升机关经济行为的法制化、规范化、经济性。出台规范领导干部配偶、子女及其配偶经商办企业规定，实行合理范围内的地域和行业经营回避或领导干部任职回避。加强对机关经济行为的监督，对违反制度的机关及相关公职人员予以严肃查处。

## 五、深化国有单位人事制度改革，遏制社会阶层固化

如第五章所分析，居民个人的社会资本、所在用人单位的差异，对居民收入分配具有很大影响。在理想状态下，居民个人应该利用自身的能力素质，通过成熟的人力资源市场和科学的人事管理制度，被合理配置到适合的用人单位及岗位，依据工作业绩和劳动生产率获取公平的收入。但是在实际中，不少居民依靠不公平的社会资本占据了高收入的用人单位和岗位，在未创造出良好工作业绩和劳动生产率的情况下却获得了高收入，成为深为社会舆论诟病、被称为“社会阶层固化”的不公平收入分配方式。这种现象在各级各类机关、事业单位、人民团体、国有企业等国有单位尤为突出，其主要原因是国有单位人事制度存在缺陷。为此，建议深化国有单位人事制度改革，遏制这种不公平的收入分配方式，同时也改进国有单位人力资源配置，更好地履职尽责，为国家和社会服务。

一是深化国有单位用人制度改革。改革开放以来，国家不断推进用人制度改革，逐步分类建立了机关公务员制度、事业单位人员聘用制度，以及企业和民办非企业单位、个体经济组织劳动合同制度，总体上是公平的。目前存在的问题是，一些行使社会管理职能的国有单

位因为行政编制总额所限而不能纳入机关和公务员制度管理，只能归属于事业单位；大量事业单位对其管理人员、专业技术人员未依法实行统一的聘用制度，而是部分实行聘用制度，部分实行劳动合同制度；大量国有企业名义上实行了全员劳动合同制度，但实际上对员工区分三六九等，有的实行的仍然是计划经济时期的“铁饭碗”制度，有的实行能进能出的劳动合同制度，有的则实行劳务派遣制度。建议深化用人制度改革，依法全面落实机关公务员制度；在事业单位合理设置岗位，依法全面落实聘用制度，禁止对所谓编外人员适用劳动合同制度；在国有企业全面落实劳动合同制度，建立人员能进能出、职位能上能下的用人机制，禁止对一部分人员实行“铁饭碗”而对另一部分人员实行劳务派遣的行为，依法规范劳务派遣行为。

二是深化国有单位进人制度改革。目前，县处级（不含）以下公务员实行“凡进必考”进人制度，事业单位聘用制人员实行公开招聘制度，而对劳动合同制人员实际上采取自主招聘的做法，国有企业实行自主招聘的进人制度。机关、事业单位、国有企业的进人，从用人单位自主权来看依次扩大，但从公平性来看则依次减弱。公务员考试制度是公信力最高的进人制度，总体上能避免“拉关系、走后门”现象。存在的问题是有的人先报考难度小得多的基层公务员，然后通过“走后门”调配到上级机关；有的人学历不高，综合能力不强，在军队服役时间不长，但通过军官转业安置制度被安置到省级以上机关。事业单位自主安排的公开招聘和国有企业自主招聘中，“拉关系、走后门”现象比较常见，这些单位成为所谓“官二代”“富二代”比较集中的用人单位。建议深化进人制度改革，合理设定公务员逆向调动的基本条件和程序；对转业军官申请进入公务员队伍的，合理设定学历、服役年限等基本条件，参照公务员统一考试的报考比例适当提高定向招考的报考比例；推行由组织部门和人力资源社会保障部门统一组织事业单位公开招聘的笔试、面试；探索建立国有企业进人公开招聘制度。

三是深化国有单位人员选拔制度改革。任何一个单位的人员选拔晋升，都关系到该单位的职能履行和业绩情况，也关系到单位内部不同人员之间的收入格局。在理想的状态下，国有单位人员选拔晋升，应该按照规定的程序，选拔忠诚干净担当、德能勤绩廉俱优的优秀人才。但是在实际中常常出现“劣币驱逐良币”的现象，因为国有单位尤其是机关、事业单位的工作很难像企业一样进行定量绩效考核，单位和个人的工作业绩也与薪酬及其他待遇不直接挂钩，而且管理层级很多，中央的决策部署和倡导要求传递到具体单位要经过省、市、区县等多个行政层级，在同一行政层级内也要经过党委书记、行政首长、分管领导、部门主要负责人、部门分管负责人等不少管理层级，因此对于具体单位的领导班子和一把手来说，其难以强烈地感受到选拔优秀人才的动力和压力。如果单位的领导班子尤其是一把手党性修养高、责任感强，那么会认真落实选拔优秀人才的要求，任人唯贤，任人唯才，任人唯绩。反之，如果单位的领导班子尤其是一把手党性修养不高、责任感不强，那么可能就会任人唯亲，任人唯拍，任人唯跑，任人唯蒙，如果单位的领导班子尤其是一把手是腐败分子，那么可能就会任人唯送。建议深化国有单位人员选拔制度改革，在党组织领导下，探索“赛马”与“相马”并重的人员选拔制度，对机关单位内一定比例的领导岗位实行单位内部竞争上岗或者面向全国公开选拔，对事业单位内领导岗位和专业技术岗位实行竞聘上岗。

四是深化国有单位工资制度改革。目前机关和参照公务员法管理的事业单位实行的是职务级别工资制度，公务员的工资与其职务职级挂钩，与工作业绩则没有直接关系。这就导致同一职务级别的不同人员的工资水平，干与不干一个样，干多干少一个样，缺乏工资的激励功能。机关是管理工资和财政收支的法定权力拥有者，一些地方党政机关自行出台规定，以绩效奖、社会治安综合治理奖、精神文明奖等名义在机关内发放奖金或其他津贴补贴，提高机关收入水平，使得机关收入水平远远超过当地社会平均工资水平，显失公平。目前事业单位实行绩效工资制度，但绩效管理工作薄弱，编制内人员的工资水平与绩效水平不成正比；加上一些事业单位存在实行劳动合同制度的编外人员，其工资水平由单位与个人约定，往往比编制内同岗位人员低很多，导致同工不同酬，甚至出现干活的编外人员工资水平低于不干活的编内人员的严重不公平现象。国有企业实行由政府部门管理工资总额、企业自主确定内部分配的工资制度，一些国有企业用工资总额支付严格控制人数的“铁饭碗”员工和劳动合同制员工工资，而用劳务派遣人员弥补实际用工人数，在核定的工资总额之外单列其他费用支付劳务派遣人员的工资，后者的工资水平与同岗位企业员工相差很大，前者甚至可能比后者高数倍，严重不公平。此外，一些国有企业高管人员职务消费不规范，超出规定的消费标准，相当于增加了高管人员的不合理收入。为此，建议完善机关津贴补贴奖金发放办法，既考虑到地区之间差异、公务员工资与当地社会平均工资的关系，使公务员工资保持在合理水平，又严格禁止党政机关自行发放各种津贴补贴和奖金。提高年度考核为优秀等次的公务员一次性奖金数额，研究解决年度考核中对不作为公务员难以确定为基本称职或不称职的问题。在前述严格规范事业单位、国有企业用人制度的基础上，总结推广事业单位绩效管理经验做法，适当拉开绩效工资差距；禁止国有企业在工资总额之外单列人工成本；禁止事业单位、国有企业同工不同酬，对劳动人事争议仲裁机构或人民法院裁决违反此项规定的国有单位，主管部门应追究其主要负责人和分管负责人的责任。严格控制国有企业高管人员职务消费，规范车辆配备和使用、业务招待、考察培训等职务消费项目和标准，严格落实公务招待费审批和核算等制度规定，职务消费相关账目要公开透明，接受职工民主监督。

## 六、完善市场机制，遏制不公平竞争获取收入

如第五章所分析，发育不成熟的市场机制会给部分居民带来不公平的收入。改革开放后，我国开始市场经济体制的探索，1992 年党的十四大正式确立了社会主义市场经济体制，至今不到 30 年时间，发挥市场在资源配置中决定性作用的观念尚不牢固，相关制度尚不完善，市场机制尚未发育成熟。在实际中，国有企业自主决策、自负盈亏机制尚未全面落实，亏损企业还需要政府救助；供求机制还存在不足，市场准入制度较严，民营企业还难以进入某些行业领域进行投资、经营；价格机制方面还存在政府部门过于严格管制部分商品价格的现象；竞争机制方面存在的问题最多，一些国有企业和互联网平台等民营企业存在垄断行为，很多企业在生产经营中行为不规范，违法现象层出不穷、屡禁不止，有的要素市场和商品市场还存在地区分割现象，妨碍了公平竞争，影响了收入分配的公平性，客观上进一步扩大了居民收入差距。为此，建议进一步深化改革，完善市场机制，遏制不公平竞争获取收入。

一是落实国有企业自主决策、自负盈亏机制。对国有企业与其他所有制企业一视同仁，对经营不善发生亏损的，由企业法人承担资产萎缩后果，由企业经营管理者及员工承担工资收入下降等后果，促进各类所有制企业公平竞争。

二是完善供求机制。实行市场准入负面清单制度，对负面清单之外的行业领域，任何居民或社会组织均可依法成立市场主体，自主决定投资和经营。逐步缩小负面清单名录范围，除极少数关系国家安全和国计民生的行业领域外，其他行业领域应向民营经济开放。

三是完善价格机制。深化金融制度改革，逐步放松对利率、汇率的价格管制；积极创造条件，形成多元供给主体，放开对成品油、电

力等商品的价格管制；对普通商品发生的价格波动采取调节供需的经济手段进行调控，减少直接的价格管制。

四是完善竞争机制。健全公共资源占用及其收益分配机制，对公共资源应当有偿使用，对使用公共资源造成的生态环境破坏应当予以补偿，公开公平公正地出让国有土地、海域、森林、矿产、水等公共资源；加强对自然垄断行业的监管，防止通过不正当手段无偿或低价占有和使用公共资源；建立公共资源出让收益全民共享机制，出让收益主要用于公共服务支出。对涉嫌垄断的大型互联网平台企业开展反垄断调查。清理要素市场和商品市场存在的地区分割现象，维护全国统一的要素市场和商品市场。完善相关立法提高市场主体违法的成本，加强市场监管和行政执法，强化社会信用体系建设，让市场主体的违法行为能被发现、会受查处，市场主体付出巨大代价，促进市场秩序的规范和公平竞争。

# 参考文献

[1] 安鸿章. 现代企业人力资源管理 [M]. 北京：中国劳动出版社，1995.

[2] 安体富，蒋震. 对调整我国国民收入分配格局、提高居民分配份额的研究 [J]. 经济研究参考，2009 (25).

[3] 本书编写组. 国际共产主义运动史 [M]. 北京：人民出版社，2012.

[4] 本书编写组. 科学社会主义概论 [M]. 北京：人民出版社，2011.

[5] 本书编写组. 马克思主义哲学 [M]. 北京：高等教育出版社，2009.

[6] 本书编写组. 马克思主义政治经济学概论 [M]. 北京：人民出版社，2011.

[7] 布朗芬布伦纳. 收入分配理论 [M]. 方敏，李翱，刘振楠，等译. 北京：华夏出版社，2009.

［8］才科. 财政部曾晓安：我国财政收入分配结构优化方向［N］. 经济参考报，2019-10-16.

［9］蔡昉，都阳，高文书，等. 劳动经济学——理论与中国现实［M］. 北京：北京师范大学出版社，2009.

［10］蔡昉，王美艳. 中国面对的收入差距现实与中等收入陷阱风险［J］. 中国人民大学学报，2014，28（3）.

［11］蔡昉，张车伟. 中国收入分配问题研究［M］. 北京：中国社会科学出版社，2016.

［12］蔡昉. 刘易斯转折点——中国经济发展新阶段［M］. 北京：社会科学文献出版社，2008.

［13］蔡慎坤. 中国贫富差距的真相［EB/OL］.（2014-07-27）. www. wyzxwk. com/Article/shidai/2014/07/324615. html.

［14］陈斌开，林毅夫. 金融抑制、产业结构与收入分配［J］. 世界经济，2012，35（1）.

［15］陈刚，李树. 中国的腐败、收入分配和收入差距［J］. 经济科学，2010（2）.

［16］陈共，侯梦蟾，袁振宇. 财政学教程［M］. 北京：中国财政经济出版社，1985.

［17］陈共. 财政学［M］. 北京：中国人民大学出版社，1998.

［18］陈光金. 市场抑或非市场：中国收入不平等成因实证分析［J］. 社会学研究，2010，25（6）.

［19］陈启清. 健全和完善生产要素参与分配机制［EB/OL］.（2020-03-05）. https://www. ccps. gov. cn/dxsy/202003/t20200305_138497. shtml.

［20］陈炜伟，于佳欣. 市场规模持续扩大消费结构逐步优化——统计数据展现改革开放以来我国消费市场巨变［EB/OL］.（2018-09-05）. http://www. gov. cn/shuju/2018-09/05/content_5319508. htm.

[21] 陈洋林，许越洋．基于安徽省16市近15年数据的经济开放与城乡居民收入差距研究［J］．齐齐哈尔大学学报（哲学社会科学版），2019（8）．

[22] 陈宇，陈健．现代工资理论与管理［M］．北京：中国劳动出版社，1992.

[23] 陈宗胜，等．中国居民收入分配通论：由贫穷迈向共同富裕的中国道路与经验［M］．上海：格致出版社，2018.

[24] 陈宗胜，周云波．城镇居民收入差别及制约其变动的某些因素——就天津市城镇居民家户特征的影响进行的一些讨论［J］．经济学（季刊），2002（2）．

[25] 邓文和．"四位一体"的总体布局与中国共产党与时俱进的品质［J］．南京政治学院学报，2007（6）．

[26] 丁伯根．生产、收入与福利［M］．何宝玉，刘铧，译．北京：北京经济学院出版社，1991.

[27] 恩格斯．论住宅问题［M］．北京：人民出版社，2014.

[28] 樊晓燕，刘儒．我国收入分配问题日益尖锐［J］．经济研究参考，2014（71）．

[29] 范言慧，段军山．外商直接投资与中国居民的收入分配［J］．财经科学，2003（2）．

[30] 冯辉．日本区域经济差距研究［D］．吉林大学，2007.

[31] 弗雷雪尔，克尼斯勒．西方劳动经济学［M］．文跃然，邓春黎，译．北京：中国华侨出版公司，1990.

[32] 弗里德曼．劳动经济学［M］．刘东一，程为敏，周小庄，译．北京：商务印书馆，1987.

[33] 高文书，赵文，程杰．农村劳动力流动对城乡居民收入差距统计的影响［M］．//蔡昉．中国人口与劳动问题报告No.12．北京：社会科学文献出版社，2011.

［34］高勇. 失去土地的农民如何生活（观察与思考）——关于失地农民问题的理论探讨［N］. 人民日报，2004-02-02.

［35］高志民，王泳. 改革开放30年：扶贫成就斐然［EB/OL］.（2008-11-04）. https://www.chinanews.com/gn/news/2008/11-04/1437154.shtml.

［36］共产党员网. 马克思：共产党宣言［EB/OL］.（2018-04-24）. https://news.12371.cn/2018/04/24/ARTI1524553638408468.shtml dyz.

［37］共产党员网. 马克思《资本论（第一卷）》（节选）学习导读［EB/OL］.（2018-05-03）. https://news.12371.cn/2018/05/03/ARTI1525354408175174.shtml.

［38］共产党员网. 中共中央关于坚持和完善中国特色社会主义制度、推进国家治理体系和治理能力现代化若干重大问题的决定［EB/OL］.（2019-11-05）. https://www.12371.cn/2019/11/05/ARTI1572948516253457.shtml.

［39］关怀，任扶善，陈文渊. 劳动法学［M］. 北京：群众出版社，1988.

［40］郭庆旺，吕冰洋. 论要素收入分配对居民收入分配的影响［J］. 中国社会科学，2012（12）.

［41］郭树清，韩文秀. 中国GNP的分配和使用［M］. 北京：中国人民大学出版社，1991.

［42］郭玉燕. 民生共享背景下的收入分配制度改革［J］. 现代经济探讨，2019（12）.

［43］国家发改委就业和收入分配司. 中国居民收入分配年度报告（2012）［M］. 北京：经济科学出版社，2013.

［44］国家统计局. 2019年农民工监测调查报告［R/OL］.（2020-04-30）. http://www.stats.gov.cn/tjsj/zxfb/202004/t20200430_

1742724. html.

[45] 国家统计局综合司. 人均国民总收入的概念及世界银行国别收入分组标准 [EB/OL]. (2010-09-24). http://www. malaysiaeconomy. net/world_economy/gross_prod_calc/world_gni_rank/2010-09-24/6962. html.

[46] 海南省人民政府网. 关于将城镇低收入困难群体纳入脱贫帮扶政策的建议 [EB/OL]. (2018-07-10). https://www. hainan. gov. cn/rdjydata-6490. html.

[47] 杭行. 中国居民收入分配差距扩大的原因及对策分析 [J]. 复旦学报 (社会科学版), 2002 (2).

[48] 何兴邦. 环境规制与城镇居民收入不平等——基于异质型规制工具的视角 [J]. 财经论丛, 2019 (6).

[49] 洪银兴. 中国特色社会主义政治经济学财富理论的探讨——基于马克思的财富理论的延展性思考 [J]. 经济研究, 2020, 55 (5).

[50] 江威. 我国教育不平等对城乡收入差距的影响分析 [J]. 经济研究导刊, 2019 (22).

[51] 凯恩斯. 就业利息和货币通论 [M]. 徐毓枬, 译. 北京: 商务印书馆, 1993.

[52] 李东进. 第四次消费升级引来诸多变化和新挑战 [N]. 中国经济时报, 2018-01-10.

[53] 李实, 万海远, 等. 中国收入分配演变 40 年 [M]. 上海: 格致出版社, 2018.

[54] 李实, 魏众, 丁赛. 中国居民财产分布不均等及其原因的经验分析 [J]. 经济研究, 2005 (6).

[55] 李实, 岳希明, [加] 史泰丽, 等. 中国收入分配格局的最新变化——中国居民收入分配研究Ⅴ [M]. 北京: 中国财政经济出版

社，2018.

［56］李实，赵人伟. 中国收入分配与劳动力市场研究［M］. 北京：中国劳动社会保障出版社，2020.

［57］李实. 怎么看“6 亿人每月收入 1 000 元”［EB/OL］.（2020-06-22）. http://www.xinhuanet.com/politics/2020-06/22/c_1126144559.htm.

［58］李显冬. 民法概要［M］. 太原：山西人民出版社，2001.

［59］林光彬. 等级制度、市场经济与城乡收入差距扩大［J］. 管理世界，2004（4）.

［60］林宏，陈广汉. 居民收入差距测量的方法和指标［J］. 统计与预测，2003（6）.

［61］林新奇. 新中国人力资源管理变革的路径和走向［M］. 大连：东北财政大学出版社，2012.

［62］刘克崮. 如何调整国民收入分配大格局［J］. 中国新闻周刊，2020（971）.

［63］刘尚希. 收入分配循环论［M］. 北京：中国人民大学出版社，1992.

［64］刘社建，徐艳. 城乡居民收入分配差距形成原因及对策研究［J］. 财经研究，2004（5）.

［65］刘声. 2020 年我国失地农民总数预计将超过 1 亿人［N］. 中国青年报，2009-03-19.

［66］卢家楣，魏庆安，李其维. 心理学——基础理论及其教育应用（修订版）［M］. 上海：上海人民出版社，2004.

［67］吕世伦，公丕祥. 现代理论法学原理［M］. 合肥：安徽大学出版社，1996.

［68］罗宾斯，库尔特. 管理学［M］. 孙建敏，黄卫伟，王凤彬，等译. 北京：中国人民大学出版社，2004.

[69] 罗豪才，应松年. 行政法学 [M]. 北京：中国政法大学出版社，1989.

[70] 罗润东，付光新，李煜鑫. 我国国有部门与非国有部门工资决定及差异研究 [J]. 中国经济问题，2014 (2).

[71] 骆永民，樊丽明. 宏观税负约束下的间接税比重与城乡收入差距 [J]. 经济研究，2019，54 (11).

[72] 马建堂. 六十五载奋进路 砥砺前行谱华章——庆祝中华人民共和国成立65周年 [N]. 人民日报，2014-09-24.

[73] 马克思. 资本论：第一卷 [M]. 中共中央马克思恩格斯列宁斯大林著作编译局，译. 北京：人民出版社，1975.

[74] 马克思. 资本论 [M]. 姜晶花，张梅，编译. 北京：北京出版社，2007.

[75] 毛强. 库兹涅茨曲线 [EB/OL]. (2018-01-19). http://paper.cntheory.com/html/2018-01/19/nbs.D110000xxsb_A2.htm.

[76] 民政部. 2019年民政事业发展统计公报 [R/OL]. (2020-09-08). http://www.mca.gov.cn/article/sj/tjgb/202009/20200900 029333.shtml.

[77] 帕森斯. 社会行动的结构 [M]. 张明德，夏翼南，彭刚，译. 北京：译林出版社，2003.

[78] 潘正文. 从《资本论》的起点看逻辑、辩证法、认识论的一致性 [J]. 中山大学学报 (社会科学版)，1983 (1).

[79] 人力资源社会保障部. 2019年度人力资源和社会保障事业发展统计公报 [R/OL]. (2020-06-08). http://www.mohrss.gov.cn/SYrlzyhshbzb/zwgk/szrs/tjgb/202006/t20200608_375774.html.

[80] 沙莲香. 社会心理学 [M]. 北京：中国人民大学出版社，1987.

[81] 沈水生. 中国农民工市民化问题研究 [M]. 北京：中国劳

动社会保障出版社，2015.

［82］沈水生. 重论工资在宏观经济管理中的功能［N］. 中国劳动报，1992-10-20.

［83］斯密. 国富论［M］. 唐日松，等译. 北京：华夏出版社，2005.

［84］苏海南. 收入分配之我见［M］. 北京：中国财政经济出版社，2011.

［85］孙一先. 中国金融发展与开放对居民收入分配的影响［J］. 中外企业家，2020（2）.

［86］谭中和. 中国薪酬发展报告（2017）［M］. 北京：社会科学文献出版社，2018.

［87］天津财经大学珠江学院. 马克思：《哥达纲领批判》［EB/OL］.（2013-11-26）. http://zhujiang. tjufe. edu. cn/zzllkb/2013/1126/c590a6027/page. htm.

［88］王小鲁. 灰色收入与国民收入分配：2013 年报告［J］. 比较，2013（5）.

［89］谢舒舒. 起点公平和机会公平对收入分配的影响分析［J］. 现代商业，2019（13）.

［90］徐颂陶，刘嘉林，张显扬，等. 中国工资制度改革［M］. 北京：中国财政经济出版社，1989.

［91］央视网. 范小建：脱贫攻坚 啃硬骨头 对深度贫困咬住不放［EB/OL］.（2016-03-09）. http://news. cctv. com/2016/03/09/ARTImN2WZiUtTVSmAz6t6A3r160309. shtml.

［92］杨涟漪，吴杰. 中国城乡差距分析［J］. 商情，2010（1）.

［93］杨茜，石大千. 交通基础设施、要素流动与城乡收入差距［J］. 南方经济，2019（9）.

［94］杨团，朱健刚. 慈善蓝皮书：中国慈善发展报告（2020）

[M]. 北京：社会科学文献出版社，2020.

[95] 杨伟国，文彦蕊. 国外公共部门的绩效薪酬改革：背景、模式与效果 [J]. 国家行政学院学报，2011 (1).

[96] 杨伟国. 劳动经济学 [M]. 大连：东北财经大学出版社，2013.

[97] 杨燕绥，等. 劳动法新论 [M]. 北京：中国劳动社会保障出版社，2004.

[98] 杨志明. 和谐之基——中国劳动者权益保障之路 [M]. 北京：中国劳动社会保障出版社，2011.

[99] 姚玉祥，吴普云. 中国城镇化的收入分配效应——理论与经验证据 [J]. 经济学家，2019 (9).

[100] 余芳东. 世界主要国家居民收入分配状况 [EB/OL]. (2012-10-06). http://www.stats.gov.cn/tjzs/tjsj/tjcb/dysj/201211/t20121106_38098.html.

[101] 张车伟，程杰. 正确认识我国劳动报酬份额问题 [EB/OL]. (2013-04-17). http://iple.cass.cn/shbzx/cgjs/lw/201304/t20130417_1948754.shtml.

[102] 张军. 从民生指标国际比较看全面建成小康社会成就 [EB/OL]. (2020-08-07). http://www.stats.gov.cn/tjsj/sjjd/202008/t20200807_1781473.html.

[103] 张立军，湛泳. 我国金融发展与城镇居民收入差距的关系 [J]. 财经论丛 (浙江财经学院学报)，2005 (2).

[104] 张亮. 我国收入分配领域改革：进展、问题及政策建议 [J]. 发展研究，2018 (10).

[105] 张明. 相对价格扭曲对中国城乡收入差距的影响 [J]. 当代经济研究，2018 (7).

[106] 张全林. 40 年改革开放消费方式的转变 [EB/OL]. (2018-

10-18). https://www.sohu.com/a/260 414121_114882.

[107] 张巍, 张奎. 体现效率促进公平的收入分配体系测度评价[J]. 调研世界, 2019 (10).

[108] 张文宏. 后2020我国反贫困政策选择的社会学思考[J]. 社会发展研究, 2020, 7 (3).

[109] 赵人伟, 李实. 中国居民收入差距的扩大及其原因[J]. 经济研究, 1997 (9).

[110] 郑宏志, 刘高秀. 我国个人所得税对居民收入分配的影响[J]. 价值工程, 2019, 38 (33).

[111] 智士才. 科学理解马克思的按劳分配思想[J]. 行政管理改革, 2011 (9).

[112] 中国科技新闻网. 统计局: 中国拥有全球规模最大中等收入群体 超过4亿人[EB/OL]. (2019-01-21). https://www.zghy.org.cn/item/452112187570225152.

[113] 中国社会科学网. 马克思: 给《祖国纪事》杂志编辑部的信[EB/OL]. (2012-10-29). http://www.cssn.cn/sjxz/xsjdk/mkszyjd/mkszy_14215/840001/84000102/201311/t20131124_874410.shtml.

[114] 周强. 2020年最高人民法院工作报告[R/OL]. (2020-05-26). https://www.chinapeace.gov.cn/chinapeace/c100007/2020-05/26/content_12352774.shtml.

[115] 朱振华, 曹克. 人口老龄化对中国居民收入分配的影响[J]. 南京财经大学学报, 2019 (4).

[116] 最高人民检察院. 2019年全国检察机关主要办案数据[EB/OL]. (2020-06-02). https://www.spp.gov.cn/spp/xwfbh/wsfbt/202006/t20200602_463796.shtml#1.

[117] ABRAMOVITZ M. The Search for the Sources of Growth: Ar-

ea of Ignorance, Old and New [J]. Journal of Economic History, 1993, 53.

[118] ALLEN R C. Capital Accumulation, Technological Change, and the Distribution of Income during the British Industrial Revolution [R]. Department of Economics, Oxford University, Working Paper, 2005.

[119] ATKINSON A, BOURGUIGNON F. Handbook of Income Distribution (Volume 1) [M]. North Holland, 2000.

[120] ATKINSON A, PIKETTY T, SAEZ E. Top Incomes in the Long Run of History [J]. Journal of Economic Literature, 2011, 49.

[121] BESHAROV D J, BAEHLER K. China Social Policy in a Time of Transition [M]. New York: Oxford University Press, 2013.

[122] CHENG Z, SMYTH R, GUO F. The Impact of China's New Labor Contract Law on Socioeconomic Outcomes for Migrant and Urban Workers [J]. Human Relations, 2015.

[123] DEANE P, COLE W A. British Economic Growth 1688-1959 [M]. Cambridge: Cambridge University Press, 1962.

[124] DORNBUSCH R, EDWARDS S. Macroeconomic Populism in Latin America [R]. NBER Working Paper, No. 2986, 1989.

[125] DU Y, WANG M Y. Discussion on Potential Bias and Implications of Lewisi Turning Point [J]. China Economic Journal, 2010, 3 (3).

[126] EICHENGREEN B, DONGHYUN P, KWANHO S. When Fast Growing Economies Slow Down: International Evidence and Implications for China [R]. NBER Working Paper, No. 16919, 2010.

[127] FIELDS G S. Accounting for Income Inequality and its Change [C]. Mimeo, Cornell University, 1988.

[128] GIL I, HOMI K. An East Asian Renaissance: Ideas for Economic Growth [M]. Washington, D. C.: World Bank Publications, 2007.

[129] GOLLIN D. Getting Income shares Right [J]. Journal of Political Economy, 2002, 110 (2).

[130] GUSTAFSSON B, LI S, SATO H. Data for Studying earnings, the distribution of household income and poverty in China [J]. China Economic Review, 2014, 30.

[131] GUSTAFSSON B, LI S, SICULA T. Inequality and Public Policy in China [M]. New York and Cambridge: Cambridge university Press, 2007.

[132] HARRISON A E. Has Globalization Erodes Labor's Share Some Cross-country Evidence [R]. UC-Berkeley and NBER Working Paper, 2002.

[133] ILO, The Key Indicators of the Labor Market, the sixth edition.

[134] ILO. Employment, Income and Equity: A strategy for Increasing Productive Employment in Kenya [R]. Geneva, 1972.

[135] International Monetary Fund. World Economic Outlook: Globalization and Inequality [R]. 2007.

[136] JOHNSON D G. The Functional Distribution of Income in the United States: 1850-1952 [J]. The Review of Economics and Statistics, 1954, 33 (2).

[137] KALDOR N. Capital Accumulation and Economic Growth [M]. In The Theory of Capital, edited by Friedrich A. Lutz and Douglas C. Hague. New York: St. Martin's Press, 1961.

[138] KRAVIS I B. Relative Income Shams in Fact and Theory

[J]. American Economic Review, 1959, 49 (5).

[139] LI S, ZHAO R. Market Reform and the Widening of the Income Gap [J]. Social science in China, 2011 (2).

[140] MISTIAEN J A, MARTIN R. Survey Compliance and the Distribution of Income [R] Policy Research Working Paper Series 2956, The World Bank, 2003.

[141] NAGEL J. Inequality and Discontent: A Nonlinear Hypothesis [J]. World Politics, 1974, 26.

[142] PALMA J G. Homogeneous Middles vs Homogeneous Tails, and the end of the "inverted-U": the Share of the Rich is What It's All About [R]. Cambridge Working Papers in Economics, 2011.

[143] PARK A. Rural-Urban Inequality in China [M] //China Urbanizes: Consequences, Strategies, and Policies, the World Bank, Washington, D. C, 2007.

[144] RAVALLION M, CHEN S. China's Uneven Progress Against Poverty [J]. Journal of Development Economics, 2007, 82.

[145] RICHARD H. China's Emergence as a Market Economy: Achievements and Challenges [R]. OECD Economics Development Working paper, March, 2011.

[146] SHORROCKS A F. Inequality Decomposition by Factor Components [J]. Econometrica, 1982, 50 (1).

[147] SOLOW R M. A Skeptical Note on the Constancy of Relative Shares [J]. American Economic Review, 1958, 48 (4).

[148] SONG J, TERRY S, YUE X M. The 2002 and 2007 CHIP Surveys: Sampling, Weights and Combining the Urban , Rural and Migrant Samples [M] //Rising Inequality in China: Challenges to a Harmonious Society. New York: Cambridge University Press, 2013.

[149] SONG Z, KJETIL S, FABRIZIO Z. Growing Like China [J]. American Economic Review, 2011, 101 (1).

[150] The World Bank. Productivity Linked Wage System [R]. Progress Report, Washington, D. C.: The World Bank, 2011.

# 附录 1
# 博士在学期间学术成果

## 一、研究实际问题并发表学术论文

学术论文之一：《中国农民工市民化之路》，发表于人力资源社会保障部主管的《中国人力资源社会保障》2018 年第 12 期。在改革开放 40 周年之际，该论文全面回顾总结中国农民工发展历程，分析农民工就业平权阶段（农民工作为中国公民与城镇居民一样平等享有在城镇从事第二、第三产业工作的就业权）、劳动平权阶段（农民工作为用人单位的劳动者与城镇劳动者一样平等享有劳动和社会保障相关法律法规赋予的劳动权利）、市民平权阶段（农民工作为城镇常住人口与城镇户籍人口一样平等享有政府提供的市民权利）等 3 个发展阶段，揭示了中国特色的农业劳动力转移路径，提出了今后加快推进农业转移人口市民化的建议。

学术论文之二：《农民工市民化的可能路径及政策建议》，发表于核心期刊、中央党校（国家行政学院）主管主办的《行政管理改革》2019 年第 7 期，在中国劳动学会换届大会征文中获评一等奖。该论文全面分析改革开放以来老一代农民工、新生代农民工（出生于 20 世纪八九十年代）、2000 年后出生的农村转移劳动力的工作、生活、个人素质特征，提出了“新世纪一代”农村转移劳动力概念（2000 年后出生的农村转移劳动力）。预测老一代农民工多数将回到农村定居，他们是“付出的一代”，应做好其养老服务、工伤治疗等工作；预测“新世纪一代”农村转移劳动力多数将以中专以上学历的高素质劳动力身份留在城镇，建议必须实现其参加养老保险、医疗保险全覆盖，赋予其市民权利等。

学术论文之三：《经济发展新常态下的就业形势与政策选择》，收录于中国劳动社会保障出版社《中国助业报告（第一辑）》，2019 年 7 月第 1 版。该论文分析了经济发展新常态下，投资需求、消费需求、劳动年龄人口减少、就业服务体系成型等促进就业的有利形势，以及农民工市民化滞后于城镇化、收入分配差距较大、资本流出速度加快、经济结构调整幅度加大等促进就业面临的挑战，提出了推进以人为核心的新型城镇化、调节收入分配、促进创业创新、调控对外投资、加强职业培训、改革发展教育等对策建议。

学术论文之四：《就业援助面临的新形势及对策建议》，发表于人力资源社会保障部主管的《中国人力资源社会保障》2020 年第 1 期。该论文分析了就业援助面临的三大新形势：随着移动互联网的发展，公共职业介绍的作用下降，就业援助的作用提升；随着脱贫攻坚战的实施，就业援助对象的范围扩大；随着经济社会的发展，就业援助对象的诉求提高。剖析了目前公共就业服务机构存在的 4 方面不适应：组织举办的线下招聘会成效不大，服务大厅大屏幕发布岗位需求信息观者不多，对农村贫困劳动力开展就业援助触角较短，面对就业援助对象的多元诉求办法很少。提出了完善就业援助工作的 5 条对策建议：在公共就业服务机构的职责任务上，要从以职业介绍工作为主转变为以就业援助工作为主；在有限保留的职业介绍职能的工作方式上，要努力形成知名度高、便于用人单位和求职者在需要时知悉和使用的线上、线下职业介绍品牌；建立公共就业服务机构与驻村扶贫工作队和第一书记协作机制；强化职业指导工作；将开展集体文化活动作为就业援助的重要方式。

学术论文之五：《关于不断提高社会治理科学化水平的建议》，收录于中国言实出版社《社会治理：40年回顾与展望》，2018年12月第1版。该论文针对地方基层在工作中反映的问题，分析其原因，研究破解办法，提出用因地制宜原则破解决策“一刀切”问题，用统筹协调原则解决督查“一哄而上”问题，用法制化、标准化原则解决“督查提出问题不明确”问题，用合理适度原则解决执法部门“提醒义务过度”问题。

学术论文之六：《不断提升县乡级领导干部履职担当的能力》，发表于人力资源社会保障部主管的《中国人事科学》2019年第7期。根据对实践的总结，该论文分析了领导干部进行管理的对象及方式，提出管理对象有三个层次，即本单位、本系统、本社会领域。包括五类内容，即事、人、财、物、信息。管理主要履行三大职能，即计划（谋划）、组织、控制。抓住两大环节，即龙头环节、薄弱环节。在以上分析基础上，研究提出领导干部履行好管理职责需具备的七方面综合素质：一是修养品格，二是理论水平，三是法规政策水平，四是眼界视野，五是把握实情，六是工作经验，七是实践能力，包括思维能力（思考谋划能力）、统筹协调能力、组织实施能力、识人用人能力、沟通能力、书面表达能力、口头表达能力。

学术论文之七：《把握深化“放管服”改革优化政务服务的重点》，发表于核心期刊、中央党校（国家行政学院）主管主办的《行政管理改革》2020年第1期。针对“放管服”改革中“优化政务服务”这一命题，该论文总结纷繁复杂的政策文件和地方实践，研究提出“优化政务服务”的理论框架：一是明确政务服务项目（提供什么服务），二是提升政务服务基本要求（提供什么样的服务），三是合理确定政务服务的主体（由谁提供服务），四是合理确定政务服务的对象（向谁提供服务），五是改进政务服务的提供方式（如何提供服务），六是加强政务服务的保障（如何保障服务的提供）。

## 二、参加学术会议

1. 2018年7月，受邀参加北京师范大学中国教育与社会发展研究院主办的第八届中国社会治理论坛，并在分论坛上演讲，题目为《关于不断提高社会治理科学化水平的建议》（见以上学术论文之五）。该论坛由国务院研究室原主任、国家行政学院原常务副院长魏礼群同志发起和组织，有关部委、高校、研究机构、社会组织的专家学者参加。

2. 2019年7月，受邀参加北京师范大学中国教育与社会发展研究院主办的第九届中国社会治理论坛并在分论坛上演讲（后因故未能现场参会）。提交的演讲论文《把握深化“放管服”改革优化政务服务的重点》被论坛主办方刊发，另发表于《行政管理改革》（见以上学术论文之七）。

3. 2019年7月，受邀参加中国人民大学劳动人事学院、上海市静安区人力资源社会保障局、上海市静安区安吉乐助业服务所联合举办的第六届中国助业研讨会，并发表大会演讲，题目为《就业援助面临的新形势及对策建议》（见以上学术论文之四）。

## 三、开展国情调研

根据学校安排开展了国情调研，针对不同阶层、不同职业的劳动者和城乡居民进行访谈调查，了解其获得收入的各种来源途径，研究起草了关于城乡居民收入来源的调研报告。报告将城乡居民收入来源分为八个方面：一是劳动收入，二是资本收入，三是其他生产要素收入，四是非生产要素的财产性收入，五是政府转移支付收入，六是社会转移收入，七是赔偿补偿收入，八是非法收入。报告形成的研究成果成为博士论文的重要内容。

# 附录2
# 工作以来学术成果

## 一、发表论文

1.《重论工资在宏观经济管理中的功能》，载《中国劳动报》1992年10月20日。

2.《西方工资决定理论及制度》，载《中国劳动科学》1993年第2期。

3.《谨防国有资产流失为个人消费基金》，载《中国劳动报》1993年4月1日。

4.《“两个低于”的经济学含义探讨》，载《中国劳动科学》1994年第2期，中国人民大学报刊复印资料《劳动经济与人力资源管理》1994年第5期转载，入选《中国改革开放20年（企业改革卷)》(中央文献出版社1999年9月第1版)。

5.《国有企业使用农民工存在的问题》，载《中国劳动报》1994

年3月17日。

6.《也谈劳动力宏观调控》，载《中国劳动报》1994年5月26日。

7.《关于邯钢“企业办社会”问题的调查》，载《劳动内参》1994年第5期。

8.《企业内部分配呼唤社会行为》，载《中国劳动报》1994年9月20日。

9.《目前我国城镇居民个人收入差别状况及简要分析》，陈炳才、沈水生，载《经济研究参考》1995年第1期。

10.《城镇居民个人收入来源分析》，载《劳动内参》1995年第10期。

11.《对西方劳动力需求理论的反思》，载《中国劳动科学》1995年第10期。

12.《当代中国的社会收入分配》，姚裕群、沈水生，载《教学与研究》1996年第3期。

13.《当前社会收入与分配问题》，沈水生、姚裕群，载《管理与财富》1996年第6期。

14.《社会主义市场经济条件下企业工资决定理论探讨》，载《经济研究参考》1996年第82期。

15.《论我国的社会收入分配问题》，姚裕群、沈水生，载《经济研究参考》1996年第95期。

16.《资本、市场、科技：现代社会发展的三大动力》，载《劳动保障通讯》1999年第10期。

17.《深化收入分配制度改革》，载《劳动保障通讯》1999年第12期。

18.《建立国有企业经营者激励和约束机制初探》，载《中国劳动保障报》2000年1月13日。

19.《新形势下劳动保障管理方式探讨》，载《中国劳动保障报》2000年2月17日，中国人民大学报刊复印资料《劳动经济与人力资源管理》2000年第5期转载。

20.《建立国有企业经营者的激励和约束机制是国有企业改革的龙头》，载《经济研究参考》2000年第40期，入选科技日报社2002年8月主办“首届中国科学家论坛”特邀嘉宾书面交流论文。

21.《关键是持股员工的股东、职工身份分开》，载《北京青年报》2000年5月23日。

22.《持股员工与企业关系探讨》，载《中国劳动保障报》2000年6月1日，中国人民大学报刊复印资料《工业企业管理》2000年第7期转载。

23.《对当前养老保险个人账户的一点看法》，载《中国劳动保障报》2000年9月14日。

24.《用人单位应远离事实劳动关系》，载《中国劳动保障报》2003年6月10日。

25.《建议废止违反工资法规支付经济补偿金的规定》，载《中国劳动保障报》2003年7月1日。

26.《对现行就业政策的理论分析及建议》，载《经济研究参考》2003年第51期。

27.《关于“应得工资”问题的建议》，载《中国劳动保障报》2003年9月2日。

28.《临时用工不是“临时工”》，载《中国劳动保障报》2003年9月16日。

29.《当前我国劳动关系领域需要关注的几个问题》，北京市法学会劳动法和社会保险法分会2003年年会大会发言论文，载《劳动保障通讯》2004年第3期，入选《劳动法与社会保障法论坛（一）：劳动法与劳动关系研究》（人民日报出版社2005年12月第1版），2006

年2月被评为“纪念北京市劳动和社会保障法学会成立五周年优秀论文评选优秀奖”。

30.《规范建设领域农民工劳动关系》，载《中国劳动保障报》2004年5月11日。

31.《浅议规范建设领域农民工劳动关系问题》，北京市法学会劳动法和社会保险法分会2004年年会分组发言论文，载《劳动保障通讯》2004年第7期，入选《劳动保障法学论丛》第1卷（中国人事出版社2005年6月第1版）、《劳动法与社会保障法论坛（一）：劳动法与劳动关系研究》（人民日报出版社2005年12月第1版）。

32.《对〈工伤保险条例〉〈劳动保障监察条例〉的部分处罚条文如何执行的解答》，载《中国社会保障》2005年第5期。

33.《商业秘密保护与竞业禁止关系探讨》，载《中国劳动保障报》2005年8月9日。

34.《关于劳动者单方解除合同法律责任规定的建议》，载《中国劳动保障报》2005年10月11日。

35.《对劳务派遣立法的探讨》，北京市劳动和社会保障法学会2005年年会大会发言论文，载《中国劳动保障》2005年第12期，入选《新法下劳动关系与争议处理疑难问题解析》（法律出版社2009年3月第1版）。

36.《让劳动执法硬起来》，署名“石平”，载《人民日报》2005年12月21日。

37.《用人单位也要维权——商业秘密保护与竞业禁止关系探讨》，载《中国劳动保障》2006年第3期。

38.《试用期劳动者同样受保护》，载《人民日报》2006年4月5日。

39.《竞业限制要兼顾劳企权益》，载《人民日报》2006年4月19日。

40.《辩证看待劳动合同短期化》，载《人民日报》2006 年 5 月 10 日。

41.《关于完善工伤认定制度的探讨》，北京市劳动和社会保障法学会 2006 年年会大会发言论文，载《劳动关系》2008 年 1 月刊。

42.《对〈劳动合同法〉之性质的分析与理解》，载《中国劳动保障报》2008 年 3 月 4 日。

43.《对〈劳动合同法〉性质的分析及看法》，北京市劳动和社会保障法学会 2007 年年会大会发言论文，载《劳动关系》2008 年 3 月刊，入选《新法下劳动关系与争议处理疑难问题解析》（法律出版社 2009 年 3 月第 1 版），在 2010 年 3 月召开的北京市劳动和社会保障法学会 2009 年年会上，被评为“北京市劳动和社会保障法学会 2006—2009 年优秀论文评选一等奖”。

44.《保护劳动者合法权益　是落实科学发展观的必然要求》，载《中国劳动保障报》2008 年 3 月 11 日。

45.《经济形势困难　更要保护劳动者基本权益》，“劳动关系视角下的国际金融危机透视（之一）”，载《中国劳动保障报》2009 年 2 月 21 日。

46.《应对金融海啸　应当努力实现多重目标》，“劳动关系视角下的国际金融危机透视（之二）”，载《中国劳动保障报》2009 年 2 月 25 日。

47.《不能将调整经济结构与促进中小企业发展对立起来》，“劳动关系视角下的国际金融危机透视（之三）”，载《中国劳动保障报》2009 年 2 月 28 日。

48.《经济下滑不是劳动合同法造成的》，载《南方周末》2009 年 3 月 5 日。

49.《国际金融危机对我国的影响及应对——兼谈国际金融危机下的劳动关系》，北京市劳动和社会保障法学会 2008 年年会大会发言论文，入选《用人单位劳动争议前沿问题与实践》（法律出版社 2010 年 3 月第 1 版），入选北京市法学会、法学杂志社 2009 年 8 月举办“第五届首都法学家论坛”《国际金融危机的影响与对策研究　研讨材料汇编》。

50.《劳动关系视角下的国际金融危机影响及应对》，载《现代交际》（原《劳动关系》）2009 年 5 月刊。

51.《家政派遣制：理顺家政服务行业各方关系的现实途径》，载《中国劳动保障报》2010 年 2 月 27 日。

52.《我国现行家政服务各方关系模式》，载《中国劳动保障报》2010 年 2 月 27 日。

53.《部分国家和地区家政服务各方关系模式》，载《中国劳动保障报》2010 年 2 月 27 日。

54.《关于家政服务各方关系的探讨》，入选《劳动法与社会保险法前沿问题研究》（法律出版社 2011 年 3 月第 1 版）。

55.《对“招工难”问题的分析》，载《中国人事报》2010 年 4 月 12 日。

56.《关于农民工城镇化问题的探讨》（简版），载《中国人事报》2010 年 4 月 26 日。

57.《关于农民工城镇化问题的探讨》，入选《劳动法与社会保险法前沿问题研究》（法律出版社 2011 年 3 月第 1 版）。

58.《新生代农民工对劳动关系的影响及对策》（简版），载《中国人事报》2010 年 7 月 26 日。

59.《新生代农民工对劳动关系的影响及对策》，北京市劳动和社会保障法学会 2010 年年会大会发言论文，入选《劳动法与社会保障法新论》（中国法制出版社 2012 年 3 月第 1 版）。

60.《关于从根本上解决农民工问题的探讨》，北京市劳动和社会保障法学会 2011 年年会大会发言论文，载《中国组织人事报》2011

年 10 月 28 日。

61.《推动农民工发展进入市民化新阶段》，载《行政管理改革》2012 年第 5 期，入选《劳动法和社会保障法热点问题探讨》（中国法制出版社 2014 年 3 月第 1 版），主要观点被《红旗文摘》等媒体摘要转载。

62.《进一步规范建设领域农民工劳动关系的探讨》（简版），载《中国组织人事报》2012 年 5 月 25 日。

63.《关于进一步规范建设领域农民工劳动关系的探讨》，入选《劳动关系与劳动争议现状和展望》（中国法制出版社 2013 年 3 月第 1 版）。

64.《统筹城乡发展：主要任务和重要抓手》，载《行政管理改革》2012 年第 9 期。

65.《有序推进农民工市民化》，载《中国人力资源社会保障》2013 年第 5 期。

66.《对农民工称谓的看法》，载《芳草・潮》2013 年第 3 期。

67.《关于劳动和社会保障法律研究重心转移的建议》，北京市劳动和社会保障法学会 2013 年年会大会发言论文，入选《劳动法和社会保障法热点问题探讨》（中国法制出版社 2014 年 3 月第 1 版）。

68.《事业单位工作人员患难以治愈的严重疾病后人事关系问题研究》，北京市劳动和社会保障法学会 2014 年年会大会发言论文，入选《劳动和社会保障法论丛（第 1 辑）》（中国劳动社会保障出版社 2015 年 3 月第 1 版）。

69.《农民工全家进城落户后土地权益问题探讨》，载《行政管理改革》2014 年第 7 期。

70.《家庭服务业权利义务关系再探讨》，载《中国人力资源社会保障》2014 年第 8 期。

71.《德国养老金计发和调整办法及对我国的启示》（简本），载

《中国劳动保障报》2015 年 2 月 10 日。

72.《德国养老金计发和调整办法及对我国的启示》，北京市劳动和社会保障法学会 2015 年年会大会发言论文，入选《劳动和社会保障法论丛第 2 辑》（中国劳动社会保障出版社 2016 年 3 月第 1 版）。

73.《改革农村集体土地征收制度的探讨》，载《行政管理改革》2015 年第 3 期。

74.《人力资源开发视角下的计划生育政策调整研究》，载《中国人事科学》2015 年第 5 期。

75.《让农民工学到真本事》，载《中国人力资源社会保障》2015 年第 7 期。

76.《经济发展新常态下的就业形势与政策选择》，2015 年第二届中国助业研讨会发言论文，入选《中国助业报告（第一辑）》（中国劳动社会保障出版社 2019 年 7 月第 1 版）。

77.《沈水生：用共享的理念推动社会建设》，载《中国党政干部论坛》2015 年第 12 期。

78.《实施转移就业脱贫工程的探讨》，载《行政管理改革》2016 年第 2 期。

79.《关于当前经济下行压力影响因素的探讨——兼论劳动者权益保护和社会政策的重要性》，载《行政管理改革》2016 年第 5 期。

80.《影响农民工城镇落户意愿的五大因素》，第六届中国社会治理论坛分会场发言论文，载《社会治理》2016 年第 6 期，入选《创新社会治理 决胜全面小康》（红旗出版社 2017 年 1 月第 1 版）。

81.《关于在劳动和社会保障领域落实法治方略的探讨》，载《行政管理改革》2017 年第 5 期。

82.《农民工共享城镇基本公共服务的进展、问题及对策》，第七届中国社会治理论坛分会场发言论文，载《社会治理》2017 年第 6 期，入选《社会治理 新思想新实践新境界》（中国言实出版社 2018

年 1 月第 1 版）。

83.《扶贫脱贫工作中存在的几个难题及建议》，载《行政管理改革》2017 年第 7 期，《中国医药报》2017 年 9 月 27 日转载。

84.《阻碍民生改善的主要因素研究》，沈水生、陈季、梅振、周万生、杨连祥，载《社会治理》2017 年第 9 期，入选《中共中央党校报告选》2017 年第 9 期。

85.《探索中国特色农业劳动力转移道路》，载《中国人力资源社会保障》2018 年第 1 期。

86.《中国农民工市民化之路》，载《中国人力资源社会保障》2018 年第 12 期。

87.《关于不断提高社会治理科学化水平的建议》，第八届中国社会治理论坛分会场发言论文，入选《社会治理：40 年回顾与展望》（中国言实出版社 2018 年 12 月第 1 版）。

88.《农民工市民化的可能路径及政策建议》，载《行政管理改革》2019 年第 7 期。

89.《浅谈县乡级领导干部履职担当能力的提升》，载《中国人事科学》2019 年第 7 期。

90.《把握深化“放管服”改革优化政务服务的重点》，第九届中国社会治理论坛分会场发言论文，载《行政管理改革》2020 年第 1 期。

91.《就业援助面临的新形势及对策建议》，载《中国人力资源社会保障》2020 年第 1 期。

92.《新冠病毒疫情防控措施分析与完善建议》，载《社会治理》2020 年第 4 期。

## 二、专著、编著

1.《工时与休息休假权益维护》，沈水生、孙蔚青编著，中国劳动社会保障出版社2001年9月第1版。

2.《农民工劳动保障权益维护》，沈水生编著，中国劳动社会保障出版社2003年11月第1版；《农民工劳动保障权益维护（2011年修订版）》，沈水生编著，中国劳动社会保障出版社2011年5月第1版。

3.《〈劳动保障监察条例〉制度精解及新旧规定比较》，沈水生编著，中国人事出版社2005年6月第1版。

4.《中国农民工市民化问题研究》，沈水生著，中国劳动社会保障出版社2015年12月第1版，入选国家新闻出版广电总局《"十三五"国家重点图书、音像、电子出版物出版规划》项目。

## 三、参与重要课题研究成果

1.《社会收入分配问题分析》，编入中国人民大学组织编写的《中国人民大学社会发展报告（1994—1995），从传统向现代快速转型过程中的中国社会》第7章第2节第4小节，中国人民大学出版社1996年4月第1版。

2.《社会收入分配》，编入中国人民大学组织编写的《中国人民大学中国社会发展研究报告——2（1996—1997），走上两个文明全面发展轨道的中国社会》第8章第4节，中国人民大学出版社1998年4月第1版。

3.《有序推进农民工市民化》，编入国家行政学院社会治理研究中心、北京师范大学中国社会管理研究院组织编写的《中国社会体制改革报告 NO. 2（2014)》（社会体制蓝皮书）第7章，社会科学文献出版社2014年4月第1版。

4.《关于有序推进农民工市民化的总体部署》，编入国家行政学院社会治理研究中心、北京师范大学中国社会管理研究院组织编写的《中国社会体制改革报告 NO. 3（2015)》（社会体制蓝皮书）第36章，社会科学文献出版社2015年4月第1版。

5.《农民工工作“十二五”回顾及“十三五”建议》，编入国家行政学院社会治理研究中心、北京师范大学中国社会管理研究院组织编写的《中国社会体制改革报告 NO. 4（2016)》（社会体制蓝皮书）第9章，社会科学文献出版社2016年4月第1版。

6.《2016年农民工市民化工作稳中求进》，编入国家行政学院社会治理研究中心、北京师范大学中国社会管理研究院组织编写的《中国社会体制改革报告 NO. 5（2017)》（社会体制蓝皮书）第13章，社会科学文献出版社2017年3月第1版。

7.《加快推进农民工市民化》，编入国家行政学院社会治理研究中心、北京师范大学中国社会管理研究院组织编写的《中国社会体制改革报告 NO. 6（2018)》（社会体制蓝皮书）第9章，社会科学文献出版社2018年3月第1版。

# 后记

2021年春节，原本计划回安徽老家探望85岁高龄的母亲，但北京新冠肺炎疫情防控措施升级，因此响应组织的号召，留在北京过年。假期里伏首疾书，终于在上班前一天的正月初六晚上写完博士论文的最后一章，压在心上一年的石头落了地，不禁长舒一口气。虽然在知天命的年纪攻读博士学位，不会有太强烈的激动，但回想起来也还是有很多感慨！

人一生的轨迹与行为，有的受限于自然，无可选择，比如年岁随时间而增长，冯唐易老；有的则得之于自己的选择，或由意愿，或因外力，或者经过了对外在环境与自身内在的思考。人每一天都在进行各种各样的决策、选择，吃喝穿着、住用行游、文体娱乐、学习工作，信仰什么观念、塑造什么人格、确立什么目标、采取什么方式，都取决于自己的选择。选择正确与否，往往影响着人生幸福与否。不过，不同选择的重要性不同，对人生幸福的影响程度也有所不同。虽然从哲学的终极追问来看，世上没有完全相同的两片叶子，人不可能两次踏进同一条河流，人的每一个选择都是唯一的，一经作出就成为历史。但从人的心理感受来说，大量的日常选择是重复的、相同的，前天未买的新衣可以今天去买，昨日蹉跎的光阴可以明日追回，因而我们对大多数选择可能不会太在乎而比较随意。不过，有一些选择即使从人的心理感受来说也是难以轻易重新来过的，它们是人生的重要关头，是人生道路的分岔口，决定着人将在哪里定居，从事什么工作，归属于何种社会阶层，与什么人结为终身伴侣一起生活，比如上大学、找工作、恋爱结婚。当然，这些选择也不是绝对不能变更，现代社会从物质条件到思想观念都为人提供了更多的选择机会，青年时未上大学可以中老年时再考，所学专业不喜欢可以变换，工作不喜欢也可以重找，伴侣不爱了也可以分手，可是有些“后悔药”代价高昂啊！由此可见，人生的重大选择不可不慎重！那么，该如何作出重大选择呢？这要具体问题具体分析，因人因事因情境而定，有些不可知因素恐怕只能由命运决定了。回想起来，我之选择攻读劳动经济学博士，既有机缘巧合，也是自己的慎重选择。

我之选择攻读劳动经济学博士，首先是缘分。1988 年填写高考志愿时，虽然我早已确定将中国人民大学作为第一志愿，但是对专业情况几乎一无所知。那天，我的同门大师兄、1985 年考入中国人民大学档案学院的周来宝恰好来看望我们共同的高三文科班主任何慎玉老师，何老师请他指导我。来宝师兄介绍说劳动人事学院是原劳动人事部与中国人民大学于 1983 年联合创办的新学院，1985 年开始招收劳动经济专业本科生，是全国最好的劳动经济专业，毕业分配会很好。经过一番思考比较，我选择了填报劳动人事学院劳动经济专业，1992 年本科毕业后被分配到原劳动部工作。1998 年，原劳动保障部委托中国人民大学从部里在职干部中培养一批劳动经济学硕士研究生，我有幸以 390 分并列第一名的成绩，在时隔 10 年后再次走进劳动人事学院半脱产学习。这是我与劳动经济学第二次结缘。没有想到的是，又过了20年，我的大学师兄兼好友告诉我，中国社会科学院大学“马克思主义理论骨干人才计划”招收在职博士生，其中有劳动经济学专业，我符合报名条件。经报单位批准、推荐、参加考试，我有幸被录取。就这样，30年过去，当初的青涩小伙已变成头发泛白的中年人，但与劳动经济学的缘分一直不断。

我之选择攻读劳动经济学博士，也是由于兴趣。大学本科期间，我的精力主要在三个方面，除专业学习和履行好学生干部职责外，就是与一帮志趣相投的同年级校友开展各种研究和讨论。到劳动部工作以后，我的最大爱好也是在业余时间研究与本职工作相关的问题，学习、思考、写作。迄今在《人民日报》《行政管理改革》《经济研究参考》《中国劳动》《中国人事科学》等报刊发表论文90余篇，内容涉及收入分配、就业、社会保障、劳动关系、人才人事、农民工、劳动法、脱贫攻坚、国企改革、政务服务等领域，一些论文被中国人民大学复印报刊资料转载，有的被中国劳动学会评为一等奖，有的被北京市劳动法和社会保障法学会评为一等奖，有的观点被《红旗文摘》摘录。与此同时，2001年以来，先后出版了《工时与休息休假权益维护》(第一作者)、《农民工劳动保障权益维护》、《〈劳动保障监察条例〉制度精解及新旧规定比较》、《中国农民工市民化问题研究》，其中《中国农民工市民化问题研究》入选“十三五”国家重点图书出版规划。此外，我的学士论文研究的是工资决定机制问题，本科毕业到劳动部工作时第一个工作岗位就是在部工资司，硕士论文研究的是市场经济条件下政府工资宏观调控措施，这次博士论文又选择研究收入分配问题，都是因为强烈的兴趣。

我之选择攻读劳动经济学博士，更是由于工作所需。政府部门的主要职责是宏观调控、市场监管、社会管理、公共服务、环境保护，都是属于对特定社会领域的宏观管理。由于社会系统十分复杂，要想履行好社会领域的宏观管理职责，就必须通过描述性认知去全面了解社会现象的实际情况，通过解释性认知去深入分析社会现象背后的根源，通过预测性认知去准确判断社会现象的发展趋势，通过评价性认知去合理评估社会现象的对错好坏，通过规范性认知去研究提出解决社会问题、改进社会系统的对策建议。这就需要政府部门的各级工作人员终身学习、终身思考，一则掌握更多的系统化理论知识，作为各类认知用以借鉴的框架，努力既见树木又见森林，既见现象又见规律，既见自身又见域外，既见现在又见历史和未来；二则不断提升自己的各类认知能力，因为业精于勤荒于嬉，脑筋越用越好用，认知能力提升了，从事熟悉的工作就更可能推陈出新、与时俱进，成为专家权威，即使从事新工作也可能会很快进入角色成为行家里手。此外，政府部门的各级工作人员最好还要保持终身动笔起草文稿的习惯，因为书面写作过程中的思考往往比默想或口头表达中的思考更加全面深入。

在攻读博士学位的三年时间里，我得到了杨伟国教授、张车伟研究员、高文书研究员的悉心指导，张晓晶研究员、李实教授、张彦海副所长、王炜处长、吴清军教授、屈小博研究员、王智勇研究员、吴要武研究员、陆旸研究员、曲玥研究员、李长安教授、黎煦教授、刘相波副教授、李小伟老师、杨超老师也对我给予了很大帮助，我要对各位老师表示衷心感谢！张剑飞、孙晓丽、王蒙、欧阳优、左胜强、泥霓是我的同专业同学，大家虽然在年龄上分属中年、青年，但关系亲密，共同交流思想，相互督促学业，留下很多美好的回忆，我要对同学们表示感谢！我的妻子、儿子一如既往支持我的学习和工作，妻子是我论文的第一个读者，常常提出很好的意见，儿子还与我比学赶超，原本也是在2021年夏季毕业的他经过努力提前半年取得了学士学位，我也要对妻子和儿子表示感谢！我的母亲出生在私塾先生家庭，没上过学但聪明能干、善良贤惠、坚强勤劳，54岁开始独自养育3个15岁至21岁的子女成长成家立业，年满85岁了还能快速心算日常账目，每天还坚持做饭养鸡，我要感谢母亲对我的抚养教育。我的父亲在我读大三时病逝，至今已过30年了，但他热情洋溢、英俊帅气的模样永远留在我的脑海中。父亲只上过几年学，但字写得很好，长期担任生产队会计、队长，由于为人公道正派、乐于助人，村民们对他和我母亲都非常敬佩，有困难常找他们帮忙解决，有纠纷也找他们帮助调解，这对我人格的养成产生了很大影响。就如大多数农村家庭一样，父亲很少辅导我的学习，但对我的教育很上心，常骑车带我到新华书店买书，为我取得的每一个进步感到自豪，每年总要接待几次周围一带有文化有见识的客人，并让我参与他们的交谈。过年时父亲自己写中堂和春联，让我跟着粘贴，向我讲解其中的含义。记得有一年中堂取自古诗："舍南舍北皆春水，但见群鸥日日来。花径不曾缘客扫，蓬门今始为君开。盘飧市远无兼味，樽酒家贫只旧醅。肯与邻翁相对饮，隔篱呼取尽馀杯。"两边的对联是"气蒸云梦泽，波撼岳阳城"。还有一年中堂是父亲从一位朋友处抄来的："人言七十古稀，我言七十为奇。前十年幼小，后十年衰老，中间只有五十年，一半在梦里过了。算来只有二十五年在世，又有多少奔波烦恼。"据说这是改编自唐寅的《七十词》。现在想来，这是父亲与朋友人到中年时的感叹，还是他冥冥之中对自己命运的预判？无从得知，我所能做的仅是将这篇博士论文献给我的父亲，愿他在天堂放心、安息！

沈水生

2021年2月26日于北京家中